8급~4급
한자선생님

차례

기초 글자 * 3

8급 한자 * 23

7급 한자 * 39

6급 한자 * 71

5급 한자 * 121

4급 한자 * 177

찾아보기 * 305

기초
글자

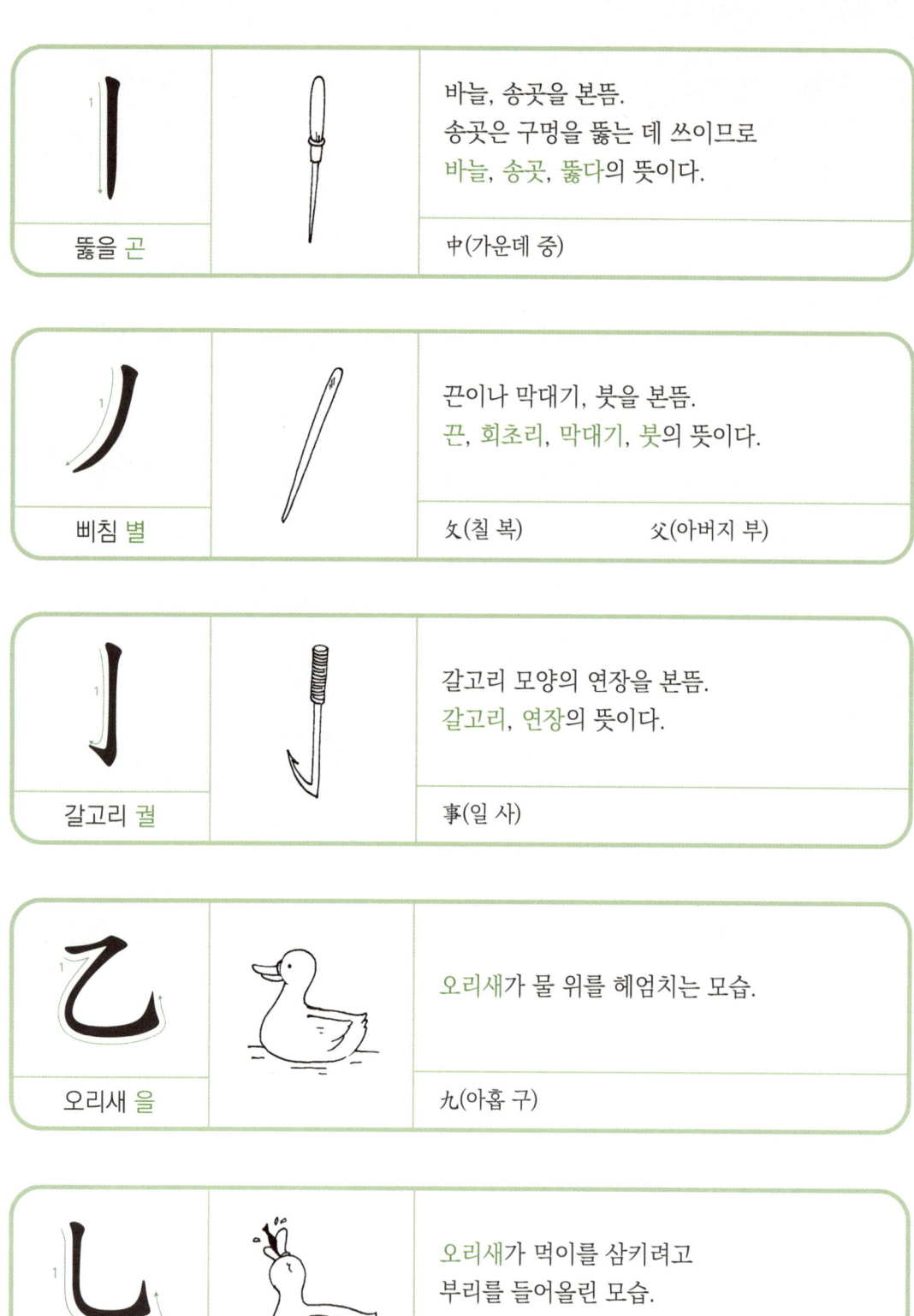

뚫을 곤		바늘, 송곳을 본뜸. 송곳은 구멍을 뚫는 데 쓰이므로 바늘, 송곳, 뚫다의 뜻이다.
		中(가운데 중)

삐침 별		끈이나 막대기, 붓을 본뜸. 끈, 회초리, 막대기, 붓의 뜻이다.
		攵(칠 복)　　父(아버지 부)

갈고리 궐		갈고리 모양의 연장을 본뜸. 갈고리, 연장의 뜻이다.
		事(일 사)

오리새 을		오리새가 물 위를 헤엄치는 모습.
		九(아홉 구)

오리새 을		오리새가 먹이를 삼키려고 부리를 들어올린 모습.
		七(일곱 칠)

 사람 인		두 사람이 서로 기대어 의지하고 있는 모습. 사람은 서로 돕고 의지하며 사는 사회적동물이다. 合(합할 합)　　食(먹을 식)
 사람 인 (변)		서 있는 사람의 옆모습을 본뜸. (글자의 왼쪽에 위치한 부수를 '변'이라 함.) 依(의지할 의)　　休(쉴 휴)
 누운사람 인		누워 있는 사람을 본뜸. 죽은 사람, 아픈 사람, 잠자는 사람, 게으른 사람, 엎드린 사람의 뜻이다. 每(항상 매)
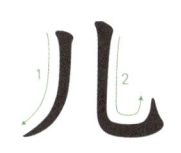 걷는사람/어진사람 인		걷고 있는 사람의 다리를 본뜸. 걷는 사람, 부지런한 사람, 어진 사람의 뜻이다. 先(먼저 선)
 갓머리 두		갓을 본뜸. 갓은 머리에 쓰며, 선비의 상징이므로 갓, 머리, 선비의 뜻이다. 交(사귈 교)

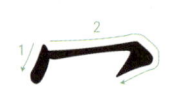 덮을 멱		물건을 덮어 놓은 보자기를 본뜸. 보자기는 물건을 덮거나 쌀 때 사용하므로 보자기, 덮다, 싸다의 뜻이다. 軍(군대 군)
 점 복		거북이가 몸을 일으켜 뒷다리로만 서 있는 모습. 옛날엔, 거북의 등딱지가 갈라진 정도로 가뭄을 예측(점)하였으니 거북, 점의 뜻이다. 外(바깥 외)
 나 사		팔을 굽혀 엄지손가락으로 스스로를 가리키는 모양. 또는 뾰족한 화살촉 모양. 나, 화살촉의 뜻이다. 至(이를 지)
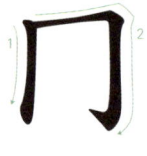 성 경		성문을 본뜸. 성문은 성의 상징이므로 성문, 성의 뜻이다. 南(남쪽 남)
 비수 비		비수(丿)로 자신의 명치를 찌르는 모습. 우로 90° 돌리면 지팡이 짚은 노인의 모습이니 비수, 노인의 뜻이다. 비수(匕首): 날카로운 짧은 칼.

		초가집의 지붕을 본뜸. 지붕, 집의 뜻이다.
집 면		家(집 가)

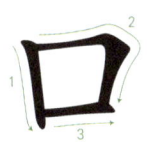	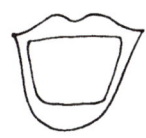	말하고 있는 입을 본뜸. 말하고 먹고 읽고 부르고 명령하고, 입으로 할 수 있는 모든 것을 뜻한다.
입 구		兄(형 형)　　國(나라 국)

		동양식의 활을 본뜸. 활을 쏘는 군사는 궁수(弓手)이다.
활 궁		弟(아우 제)

		방패를 본뜸.
방패 간		南(남쪽 남)

	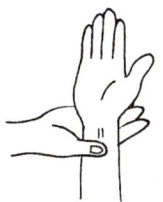	한의사가 엄지(丶)로 손목(뼈마디)의 맥을 짚은 모습.
마디 촌		三寸(삼촌): 아버지, 어머니의 형과 아우.

 칠 복		엎드린 사람(ㄥ)을 막대기(ノ) 두 개로 곤장을 치다. 敎(가르칠 교)

 창 과		전쟁터에서 쓰는 날카로운 창을 치켜든 모습. 國(나라 국)

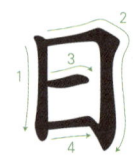 해/날 일		해(태양)를 본뜸. 해가 뜨면 날이 시작되므로 해와 날의 뜻이다. 一日(일일): 하루.

 달 월	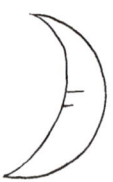	반달을 본뜸. 한 달은 일개월(一個月)이다. 一月(일월): 한 해의 첫 번째 달. 일월

 불 화		火(灬) 모닥불을 본뜸. 灬는 숯불이다. 火木(화목): 불 피울 나무 = 땔감.

 물 수	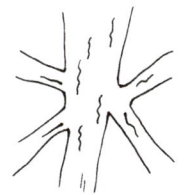	여러 갈래의 작은 물줄기가 모여 큰 강이 되어 흐르다. 水中(수중): 물의 가운데 = 물속.
 물 수 (변)	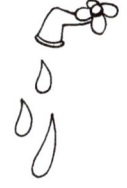	물방울이 아래로 떨어지는 모습을 본뜸. (글자의 왼쪽에 위치한 부수를 '변'이라 함.) 江(강 강)
 나무 목		나무를 심고 양쪽으로 받침대를 세워 두다. 土木(토목): 흙과 나무.
 쇠 금/성 김		산(人) 아래 흙(土) 속에 묻혀 있는 돌(一)과 금광석(丶丶)을 본뜸. 쇠, 돌, 금의 뜻이며 성씨 김으로도 쓰임. 白金(백금): 녹슬지 않는 백색 금.
 흙 토		싹(十)이 흙바닥(一), 토양(土壤)에서 돋아나다. 흙, 땅, 대지의 뜻이다. 土壤(토양): 흙덩어리.

		촛불의 불꽃을 본뜸. 촛불, 불꽃, 불똥의 뜻이다.
불똥 주		主(주인 주)

		고드름이 떨어지며 부러진 모양을 본뜸. 고드름은 물이 언 얼음이며 차가우니 얼다, 얼음, 차갑다의 뜻이다.
얼음 빙		冬(겨울 동)

		떨어지는 홍시를 받아 먹기 위해 감나무 아래에서 벌리고 있는 입이나 그릇을 본뜸.
입벌릴/그릇 감		出(날 출)

		▪ 卩(㔾) 구부린 무릎을 본뜸. 무릎, 꿇다의 뜻이다.
무릎마디 절		命(목숨 명)

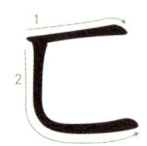		▪ 匚(匸) 물건을 벽장(匚)에 숨기거나 삼태기(匸)로 덮어 감추다. (삼태기: 짚으로 엮어 만든 쓰레받기 모양의 도구.)
감출 혜		直(곧을 직)

 쌀 포		끈(丿)으로 물건을 둘러(㇆)싸서 묶다. **싸다, 묶다**의 뜻이다. 色(빛 색)
 터럭 삼		머리털 세 가닥을 본뜸. **머리털, 셋**의 뜻이다. 辵(쉬엄쉬엄갈 착)
 걸을 척		머리털(丿)을 날리며 **걷는** 사람(亻)을 본뜸. 後(뒤 후)
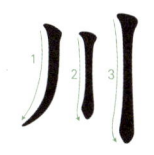 내 천		**냇물**이 흐르는 모양을 본뜸. 山川(산천): 산과 냇물.
 싹날 철		콩의 어린 **싹**을 본뜸. 出(날 출)

 어릴/작을 요		어린 아기가 포대기에 싸여 있는 모습. 後(뒤 후)
 하품 흠		누워있는(㇒) 사람(人)이 하품하다. 입을 벌리는 것을 뜻함. 飮(마실 음)
 마음 심		▪ 心(忄) 사람의 심장을 본뜸. 옛 사람들은 마음이 심장에 있는 것으로 여겼다. 愛(사랑 애)
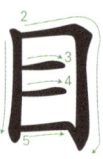 눈 목		눈을 본뜸. 눈짓으로 목례(目禮)하다. 算(셈 산)
 굽을 곡		손잡이가 달린 둥그런 꽃바구니를 본뜸. 구불구불 엮어 동그랗게 만든 꽃바구니는 굽은 곡선(曲線)이다. 農(농사 농)

 수건 건		빨랫줄(丨)에 수건(冂)이 걸려 있는 모양을 본뜸. 수건, 직물, 헝겊의 뜻이다. 市(시장 시)
 제단/보일 시		묘소 앞, 제물을 올리는 제단(二)과 받침대(小)를 본뜸. 제단, 제사, 신, 귀신의 뜻이다. 祖(조상 조)
 개 견		짖고 있는 개를 본뜸. 然(그러할 연)
 개 견 (변)		앞다리를 세우고 앉아 있는 개를 본뜸. 獨(홀로 독)
 문/집 호		여닫이 문을 본뜸. 아파트문의 000호(戶). 所(곳/장소 소)

 또 우		제사 지낼 때, 술잔을 두 손으로 올리는 모습. 잔을 오른손으로 들고 왼손으로 또 받쳐 들다. 友(벗 우)
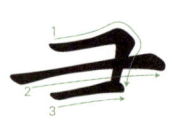 오른손 우		물건을 잡기 위해 뻗은 손을 본뜸. 事(일 사)
 도끼 근	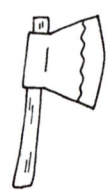	도끼날을 본뜸. 무거운 도끼가 백 근(斤)이다. 近(가까울 근)
 사방/모 방		사방으로 모가 난 조각배를 본뜸. 旗(깃발 기)
 달 감		단 곶감을 만들기 위해 감을 실로 꿰어 막대기에 매달아 놓은 모습. 其(그 기)

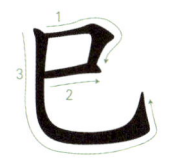 뱀 사		머리를 치켜든 뱀(코브라)을 본뜸. 色(빛 색)
 땅(고을)이름 파		고을 안의 집터 두 개(ㅁ ㅁ)와 집터로 통하는 길(ㄴ)을 본뜸. (고을, 땅의 이름으로 쓰임.) 邑(고을 읍)
 걸을 발	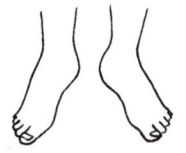	양발을 본뜸. 걷다, 시작의 뜻이다. 登(오를 등)
 실 사		실타래를 본뜸. 紙(종이 지)
 귀 이		귀를 본뜸. 聞(들을 문)

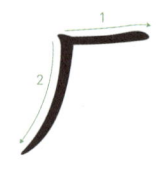		아랫부분이 움푹 파인 바위를 본뜸. 오랜 옛날엔 동굴이나 움푹 파인 바위 아래에서 살았으니 바위나 집을 뜻함.
바위집 엄		反(뒤집을 반)
		厂의 지붕에 점을 찍어, 일반 주택보다 큰 건물을 표현함. · 큰 건물: 궁, 관청, 창고, 상점, 공장
큰바위집 엄		席(자리 석)　　　度(법도 도)
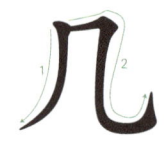	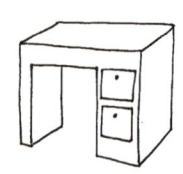	책상이나 궤를 본뜸. (궤: 네모난 나무통)
책상 궤		風(바람 풍)
		▪ 阜(阝) 좌로 90도 돌리면 언덕(산) 모양이다. ＊阝가 글자의 왼쪽에 붙으면 언덕 부, 　글자의 오른쪽에 붙으면 고을 읍으로 쓰임.
언덕 부		陽(볕 양)　　　郡(고을 군)
	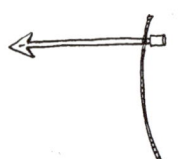	줄이 달린 쇠 화살을 본뜸. 1획: 화살, 2획: 줄, 3획: 줄 걸이
줄화살 익		代(대신할 대)　　　式(법 식)

 없을 물		끈(丿)을 옆으로 한 번(㇆), 앞으로 두 번(彡) 둘러서 묶어 포장하다. 포장하면 물건이 보이지 않으니 없음을 뜻함. 物(물건 물)
 손톱 조	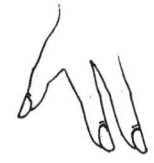	▫ 爪(爫) 손톱을 본뜸. 손톱, 손가락, 손의 뜻이다. 愛(사랑 애)
 말 두		나무판(一丨)을 이어 만든 말이나 되를 본뜸. 丶丶은 곡식. 科(과목 과)
 끌 인		신발을 바닥에 끌면서 걷는 모습을 본뜸. 끌다, 느린 걸음의 뜻이다. 庭(뜰 정)
 뛸 착		▫ 辵(辶) 머리털(彡)을 날리며 빠르게 발(足)로 뛰다. 뛰다, 서두르다, 빠른 걸음의 뜻이다. 運(움직일 운)　　速(빠를 속)

		좌로 90도 돌리면 멧돼지의 머리와 튀어나온 이빨의 모습이다.
돼지머리 계		彔(깎을 록)
		책상(几)처럼 높은 형틀에 묶인 죄인을, 두 손(又)으로 몽둥이를 잡고 내려치다.
몽둥이 칠 수		發(필/시작 발)
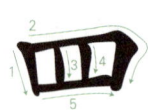	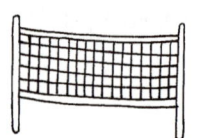	테니스나 배구의 네트를 본뜸.
그물 망		買(살 매)
		몸살감기로 머리(亠)에 열이 나는 것(爿)을 표현함.
병들 녘		病(병들 병)
		화살을 쏘아 적장을 쓰러뜨려(ㄥ) 큰(大) 공을 세우다.
화살 시		醫(의원 의)

		받침이 긴 제사용 그릇을 엎어 놓은 모습을 본뜸.
그릇 명		溫(따뜻할 온)

		양을 본뜸. 1~3획: 뿔과 머리, 4.5획: 네 다리, 6획: 등과 꼬리
양 양		洋(큰바다 양)

		날갯짓하는 새의 양쪽 날개를 본뜸.
깃 우		習(익힐 습)

		글을 쓰려고 손(⺕)을 뻗어 두(二) 손가락으로 붓(丨)을 잡다.
붓 율		書(글 서)

	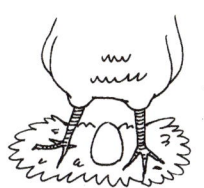	닭이 둥지에서 알(一)을 품는 모습을 본뜸. 귀한 손님에게 닭고기와 술을 대접한다 하여 닭, 술의 뜻이다.
닭/술 유		醫(의원 의)

 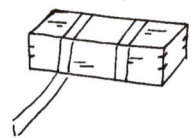

관을 본뜸.
관은 주검의 집이자 지붕이므로
주검, 지붕의 뜻이다. (주검: 죽은 사람의 몸)

주검/지붕 시

局(판 국)　　　屋(집 옥)

거북이(卜)를 보고 말하다(口).
거북이 등의 갈라진 정도를 보고
가뭄을 예측(점)하다.

점칠 점

店(가게 점)

대나무 조각을 엮어 만든 책을 본뜸.

책 책

典(법 전)

무릎(兀)을 담요(冖)로 덮은 모습.

덮을 아

要(중요할 요)

절구를 본뜸.

절구 구

兒(아이 아)　　　舊(옛 구)

 새 조		부리를 치켜들고 천적을 경계하며 알을 품고 있는 새를 본뜸. 島(섬 도)
 조각 장		네모난 널빤지 조각을 본뜸. 將(장수 장)　　壯(씩씩할 장)
 힘 빠진 다리 발		힘이 빠져 어기적어기적 걷는 다리를 본뜸. 舞(춤출 무)
 우물 정		나무를 엮어 만든 우물 뚜껑의 모양을 본뜸. 講(강의할 강)
 항아리 부		열(十) 사람을 눕게(ㅅ) 한 그릇(ㄴ)이니 술이 담긴 항아리이다. 謠(노래 요)

 받쳐들 공	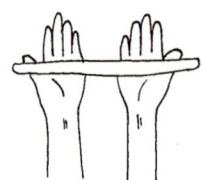	물건을 두 손으로 받쳐 든 모습을 본뜸. 戒(경계할 계)
 무릇 범		가방 고리(丶)가 달린 책상(几)은 흔히 볼 수 있으니 무릇(대체로) 평범(平凡)하다. 築(쌓을 축)
 풀/꽃 훼		잎(十)과 잎(十)의 사이에서 피어나온 꽃(十)을 본뜸. 꽃이 피는 풀은 화훼(花卉)이다. 憤(분할 분)
 짐승 발자국 유		사나운 짐승의 발 또는 발자국을 본뜸. 離(떠날 리)

8급

父	■ 눈물(丶丶) + 회초리(ノ) 두 개 자식을 올바른 길로 인도하기 위해서 눈물(丶丶)을 머금고 회초리(ノ)를 든 아버지이다.
아버지 부	父子(부자): 아버지와 아들.　　父女(부녀): 아버지와 딸.
부 수　　父	
총 획　　4	丶　丷　父　父

母	(우로 90도 돌려보면) 어머니의 젖가슴을 본뜸.
어머니 모	父母(부모): 아버지와 어머니.　　母子(모자): 어머니와 아들.
부 수　　母	
총 획　　5	乚　므　므　母　母

子	아기가 양팔을 벌리고 누워 있는 모습을 본뜸. 아들, 자녀를 뜻함.
아들 자	子女(자녀): 아들과 딸.　　男子(남자): 남성인 사람.
부 수　　子	
총 획　　3	了　子

女	기다란 비녀(一)를 꽂은 여인의 머리와 어깨를 본뜸.
여자 녀	女子(여자): 여성인 사람.　　母女(모녀): 어머니와 딸.
부 수　　女	
총 획　　3	く　夂　女

■ 책(臼) + 주먹밥(爻) + 덮을 멱(冖) + 아들 자(子)
책(臼)과 주먹밥(爻)을 보자기(冖)에 싸서
배움터인 학교(學校)로 가는 자녀(子)에게 주다.

배울 학	
부 수	子
총 획	16

學生(학생): 배우는 사람.   學父母(학부모): 학생의 부모.

` 丶 ʻ ʿ ʾ ʿʾ ʿʾ 𦥑 𦥑 𦥒 䚇 學 學 學 學

■ 갓머리 두(亠) + 아버지 부(父)
갓(亠)을 쓰고 아버지(父)께서 외출하다.
사람들을 만나며 사귀어 교제(交際)하다.

사귈 교	
부 수	亠
총 획	6

交際(교제): 서로 사귐.   交換(교환): 서로 바꿈.

丶 一 宀 六 亦 交

■ 나무 목(木) + 사귈 교(交)
나무(木)가 있는 운동장에서 뛰어놀며
친구를 사귀는(交) 곳이 학교(學校)이다.

학교 교	
부 수	木
총 획	10

學校(학교): 배움터이자 친구를 사귀는 곳.

一 十 才 木 朮 朴 柡 柼 栳 校

소싸움으로 한쪽 뿔이 빠진 소의 머리를 본뜸.

소 우	
부 수	牛
총 획	4

牛乳(우유): 소의 젖.   鬪牛(투우): 소싸움.

丿 ᅩ 二 牛

先	■ 소 우(牛)와 걷는사람 인(儿)의 합자
	소(牛)를 몰아 쟁기질하며 걷는사람(儿)이다.
	소가 먼저 선두(先頭)로 가다.
먼저 선	先頭(선두): 맨 앞.　　　先進國(선진국): 먼저 진보한 나라.
부수　儿	
총획　6	ノ 一 土 牛 先 先

生	■ 소 우(牛) + 하나 일(一)
	소(牛)가 한(一) 마리의 새끼를 낳다.
	한 생명(生命)이 태어나다.
날/살 생	先生(선생): 먼저 살아온 경험과 지혜로 학생을 가르치는 사람.
부수　生	
총획　5	ノ 一 ヒ 牛 生

兄	■ 입 구(口) + 어진사람 인(儿)
	입(口)으로 연설하는 어진사람(儿)은 단체의 대표이다.
	대표, 맏이, 형의 뜻이다.
형 형	兄夫(형부): 언니의 남편.　　學父兄(학부형): 학생의 아버지와 형.
부수　儿	
총획　5	ノ 口 口 尸 兄

弟	■ 토끼 귀(ㅛ) + 활 궁(弓) + 사람 인(人)
	토끼 귀(ㅛ) 모양의 귀마개를 하고 활(弓)쏘기
	놀이하는 사람(人)은 개구쟁이 아우이다.
아우 제	兄弟(형제): 형과 아우.　弟子(제자): 스승으로부터 가르침을 받는 사람.
부수　弓	
총획　7	ヽ ソ ソ 丷 弓 弟 弟

一	성냥개비 한 개.
	하늘을 뜻함.
하나 일	一口二言(일구이언): 한 가지 일에 대하여 말을 이랬다저랬다 함.
부 수 一	
총 획 1	一

二	성냥개비 두 개.
	위는 하늘, 아래는 땅을 뜻함.
둘 이	一石二鳥(일석이조): 돌 하나로 새 두 마리를 잡음.
부 수 二	
총 획 2	一 二

三	성냥개비 세 개.
셋 삼	三十(삼십): 30, 서른.　　三寸(삼촌): 아버지, 어머니의 형과 아우.
부 수 三	
총 획 3	一 二 三

四	■ 걷는사람 인(儿) + 네모(口)
	걷는사람(儿)이 일하는 네모난(口) 밭은
	모서리가 네 개이다.
넷 사	四十(사십): 40, 마흔.　　四寸(사촌): 삼촌의 아들딸.
부 수 口	
총 획 5	丨 冂 冂 四 四

五	성냥개비 네 개 중에 하나가 부러져 다섯이 되었다.
다섯 오	
부수 二	五十(오십): 50, 쉰.　　五月(오월): 한 해의 다섯 번째 달.
총획 4	一 丁 五 五

六	■ 갓머리 두(亠) + 눈물(八) 과거시험에서 여섯 번 떨어진 선비(亠)의 눈물(八).
여섯 륙	
부수 八	六十(육십): 60, 예순.　　五六月(오뉴월): 5월과 6월을 이르는 말.
총획 4	丶 亠 六 六

七	■ 오리새 을(乚) + 하나 일(一) 엄마오리(乚)를 따라 아기오리 일곱 마리가 일렬(一)로 헤엄치다.
일곱 칠	
부수 一	七十(칠십): 70, 일흔.　　七旬(칠순): 나이 70세.
총획 2	一 七

八	손가락을 네 개씩 편, 양팔을 본뜸. 네 개씩 양쪽으로 나누어져 있으니 '여덟'과 '나누다'를 뜻함.
여덟/나눌 팔	
부수 八	八十(팔십): 80, 여든.　八方美人(팔방미인): 여러 가지 일에 능숙한 사람.
총획 2	丿 八

九	■ 오리새 을(乙) + 삐침 별(丿) 열 마리의 오리(乙)가 나란히 헤엄치다가 한 마리가 삐쳐(丿), 날아갔으니 아홉 마리만 남다.
아홉 구	
부 수 乙	九十(구십): 90, 아흔.
총 획 2	丿 九

十	■ 바늘(丨) + 하나 일(一) 바늘(丨) 열 개를 하나(一)로 묶어 놓은 것을 본뜸.
열 십	
부 수 十	十月(시월): 한 해의 열 번째 달. 十中八九(십중팔구): 거의 대부분.
총 획 2	一 十

大	다리와 팔을 벌려 몸을 크게 하다.
큰 대	
부 수 大	巨大(거대): 엄청나게 큼. 大國(대국): 큰 나라, 국력이 강한 나라.
총 획 3	一 ナ 大

小	무릎을 끌어안고 앉아 몸을 작게 하다. (양쪽의 점은 팔꿈치)
작을 소	
부 수 小	大小(대소): 크고 작음. 小人(소인): 작은 사람, 마음이 좁은 사람.
총 획 3	亅 小 小

東	■ 나무 목(木) + 해 일(日) 산등성이의 나무(木) 사이로 해(日)가 뜨는 동쪽이다.
동쪽 동	東大門(동대문): 동쪽의 큰 문.　　東海(동해): 동쪽에 있는 바다.
부 수　木	
총 획　8	一 冂 冂 日 目 車 東 東

西	새의 몸통(一)과 다리(儿), 둥지(口)를 본뜸. 해가 지면 새도 둥지로 들어가므로 해가 지는 서쪽의 뜻이다.
서쪽 서	東問西答(동문서답): 물음과 상관없는 엉뚱한 대답.
부 수　西	
총 획　6	一 冂 冂 冋 西 西

南	■ 열 십(十) + 성 경(冂) + 투구의 뿔(丷) + 방패 간(干) 열(十) 명의 투구(丷) 쓴 병사가 방패(干)를 들고 성문(冂)을 지키다. 열 명이나 지키는 성의 정면은 남쪽의 남문(南門)이다.
남쪽 남	· 집이나 성은 대부분 햇빛이 잘 들도록 남향으로 지음.
부 수　十	
총 획　9	一 十 冂 冋 冋 冋 冋 南 南

北	성문 앞에서 두 명의 병사가 서로 등을 맞대고 앉아 졸고 있는 모습. 출입이 드문 북쪽의 작은 북문(北門)이다.
북쪽 북	東西南北(동서남북): 동쪽·서쪽·남쪽·북쪽.
부 수　匕	
총 획　5	丨 ㅓ ㅓ 爿 北

午	■ 누운사람 인(ノ) + 시계의 네 방향(十) 낮 12시(十)에 누워 있는 사람(ノ)이다. 낮에 오침(午寢)하다.
낮 오	午寢(오침): 낮에 자는 잠.　　　正午(정오): 낮 12시.
부 수　十	
총 획　4	ノ 二 生 午

年	낮(午)에 지게를 엎어 놓다(∠→一). 추수를 끝내고 낮에도 쉬는 겨울이다. 겨울은 해, 년(年)이 바뀌는 계절이다.
해 년	一年(일년): 한 해.　　　年中(연중): 한 해 동안.
부 수　干	
총 획　6	ノ 二 生 午 年 年

中	■ 네모(口) + 뚫을 곤(丨) 네모난(口) 물건의 가운데, 중앙(中央)을 송곳(丨)으로 꿰뚫다.
가운데 중	中立(중립): 어느 한 쪽에 치우치지 않음.
부 수　丨	
총 획　4	丨 口 口 中

山	세 개의 산봉우리(⋀)를 본뜸.
산 산	山中(산중): 산속.　　　山川草木(산천초목): 산과 내, 풀과 나무.
부 수　山	
총 획　3	丨 山 山

夂	뒷짐을 지고(1획) 천천히 걷는 옆모습을 본뜸.
천천히 걸을 쇠	*夂는 3획이고, 夊은 4획이다.
부수 夂	
총획 3	ノ 夕 夂

夕	夂에서 앞발을 내딛지 못한 모습. 어두워서 걷기가 어려운 밤이다.
밤/저녁 석	秋夕(추석): 가을 밤, 음력 8월 15일. 夕食(석식): 저녁 식사.
부수 夕	
총획 3	ノ 夕 夕

外	■ 밤 석(夕) + 점 복(卜) 밤(夕)에 거북이(卜)가 물 바깥으로 외출(外出)하다. (특히, 아기거북은 낮에 나오면 새의 먹이가 되기 때문.)
바깥 외	外交(외교): 다른 나라와 관계를 맺는 일.
부수 夕	
총획 5	ノ 夕 夕 夘 外

門	양쪽으로 열리는 두 짝의 문을 본뜸. · 門前成市(문전성시): 문 앞에 시장을 이룸. '찾아오는 사람이 많음'을 비유하는 말.
문 문	校門(교문): 학교의 문. 東門(동문): 동쪽에 있는 문.
부수 門	
총획 8	丨 冂 冂 冃 冎 門 門 門

青	■ 하나 일(一), 흙 토(土), 달 월(月)의 합자 땅(土) 위에 우뚝 솟은 한(一) 그루의 커다란 나무는 달(月)빛에도 푸른 청색(靑色)이다.
푸를 청	靑色(청색): 푸른색.　　　靑年(청년): 신체적으로 젊은 사람.
부수　靑	
총획　8	一 二 キ 主 丯 青 青 青

白	껍질을 벗긴 알밤을 본뜸. 속껍질까지 벗긴 알밤은 흰 백색(白色)이다.
흰 백	白色(백색): 흰색.　　　靑白(청백): 청색과 백색.
부수　白	
총획　5	′ ィ 冂 白 白

老	흙(土)에 묻힌 막대기(丿)와 비수(匕)이다. 옛날엔 늙은 노인(老人)이 죽으면, 생전에 지녔던 지팡이와 비수를 시신과 함께 묻었다.
늙을 로	老人(노인): 늙은 사람.　老長(노장): 나이 많은 사람을 높여 이르는 말.
부수　老	
총획　6	一 十 土 耂 老 老

長	바늘(丨) 세 개(三)로 옷 만드는 일을 하여 한(一) 집안을 떠받치는(人) 가장이다. 가장(家長)은 긴 생을 살아온 집안의 어른이다.
어른/긴 장	家長(가장): 한 가정을 이끌어 나가는 사람.
부수　長	
총획　8	丨 ⼁ ⼾ ⼾ 乕 € 토 長 長

孝

- 늙을 로(老)와 아들 자(子)의 합자
- 늙은(老) 부모를 아들(子)이 업어 효도(孝道)하다.

효도 효	
부 수	子
총 획	7

孝道(효도): 자손으로서 마땅히 해야 할 부모에 대한 도리.

一 十 土 耂 耂 孝 孝

教

- 효도 효(孝)와 칠 복(攵)의 합자
- 효도(孝)하지 않는 자를 매로 치며(攵) 효에 대해 가르쳐 교육(敎育)하다.

가르칠 교	
부 수	攵
총 획	11

敎生(교생): 가르치는 법을 실습하는 학생.

丿 乂 爻 爻 爻 孝 孝 教 教 教 教

至

- 하나 일(一) + 화살촉(厶) + 흙 토(土)
- 땅(土)에서 쏘아 올린 화살의 화살촉(厶)이 하늘(一)에 이르다.

이를 지	
부 수	至
총 획	6

冬至(동지): 겨울에 이르러 밤이 가장 긴 날.

一 厂 スァ 云 至 至

室

- 집 면(宀) + 이를 지(至)
- 지붕(宀) 아래에 이르렀으니(至) 집의 안, 실내(室內)이다.

집 실	
부 수	宀
총 획	9

敎室(교실): 학습 활동이 이루어지는 방.

丶 丶 宀 宀 宁 宏 室 室 室

韋	호랑이의 가죽을 벗겨 펼쳐 놓은 모양을 본뜸. 프: 머리와 양쪽의 앞다리, 口: 몸통, 牛: 양쪽의 뒷다리와 꼬리.	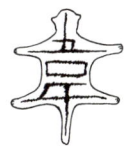
가죽 위	韋編三絶(위편삼절): 책을 엮은 가죽끈이 세 번이나 끊어질 정도로 공부에 힘씀.	
부 수 韋		
총 획 9	ㄱ 为 놈 놈 告 告 書 書 韋	

韓	수평선(一)을 뚫고(丨) 떠오른 해(日)가 사방(十)을 비추니 가죽(韋)옷을 입은 부족 사람들이 모여들어 민족을 이루다. 단일 민족으로 이루어진 나라, 한국(韓國)이다.
나라 한	韓國(한국): 우리나라. 韓服(한복): 우리나라 고유의 옷.
부 수 韋	
총 획 17	一 十 十 古 古 古 直 卓 卓' 卓' 韩 韩 韓 韓 韓 韓

國	군인들이 창(戈)을 들고 한(一: 7획)마디 암호(口)를 쓰며 나라의 둘레(口)를 지키다.
나라 국	國土(국토): 나라의 땅. 國民(국민): 주권을 가진 나라의 구성원.
부 수 口	
총 획 11	丨 冂 冂 冋 冋 同 同 國 國 國 國

王	■ 하나 일(一) + 흙 토(土) 흙(土)을 일구며 살아가는 백성을 이끄는 임금은 한(一) 나라의 왕(王)이다.
임금 왕	國王(국왕): 나라의 임금. 王室(왕실): 임금의 집안.
부 수 王	
총 획 4	一 二 千 王

車	자동차를 본뜸.
수레 차/거	1획: 앞 바퀴(앞차축)　　　日: 승차 공간(좌석)
부수　車	6획: 뒷 바퀴(뒷차축)　　　｜: 차의 뼈대
총획　7	車道(차도): 차가 다니는 길.　電動車(전동차): 전기의 힘으로 움직이는 차.
	一 ㄈ ㄇ 冇 盲 盲 車

軍	■ 덮을 멱(冖) + 수레 차(車)
군대 군	군대(軍隊)에서 전차(車)를 위장막으로 덮어(冖) 숨겨 두다.
부수　車	(위장막: 적의 눈에 띄지 않도록 덮어씌우는 천막이나 그물.)
총획　9	國軍(국군): 나라를 지키는 군대.　　海軍(해군): 바다를 지키는 군대.
	' ㄇ ㄇ 冖 宀 旨 冒 宣 軍

氏	한 사람(亻), 시조에서 여러 갈래로 자손이 뻗어나감을 표현함.
성씨/뿌리 씨	시조는 성씨(姓氏)의 뿌리이니 '성씨'와 '뿌리'의 뜻이다.
부수　氏	姓氏(성씨): '성'을 높여 이르는 말.
총획　4	一 ㄈ 乓 氏

民	■ 덮을 멱(冖) + 성씨 씨(氏)
백성 민	임금이 덕으로 덮어야(冖) 하는,
	성씨(氏)를 가진 모든 사람은 백성이다.
부수　氏	住民(주민): 일정한 지역에 살고 있는 사람.
총획　5	一 ㄱ 冖 曰 民

百

- 하나 일(一) + 흰 백(白)
팔순잔치에서, 접시 하나(一)에 흰(白) 밤
일백(一百) 개를 쌓아 올려 장수(100세)를 기원하다.

일백 백	
부 수	白
총 획	6

百萬(백만): 만의 백 배. 　　百年(백년): 일백의 해.

一 ア 厂 丆 百 百

草

- 草(艹) ■ 풀모양(艹) + 해 일(日) + 지평선(一) + 뚫을 곤(丨)
지평선(一)을 뚫고(丨) 떠오른 해(日)의 빛을 받아,
풀(艹)이 자라서 초원(草原)을 이루다.

풀 초	
부 수	艹
총 획	10

草原(초원): 풀이 자란 들판. 　　草木(초목): 풀과 나무.

禺

원숭이가 웅크리고 앉아 있는 모습.
田: 원숭이 머리　　内: 웅크린 팔, 다리, 몸통.

원숭이 우	
부 수	内
총 획	9

億萬(억만): 만의 억 배, 셀 수 없을 만큼 많은 수를 비유하는 말.

丨 冂 曰 日 甲 吕 禺 禺 禺

萬

- 풀 초(艹) + 원숭이 우(禺)
초원(艹)에 원숭이(禺) 무리가 매우 많으니
일만(一萬) 마리가 넘을 것이다.

일만 만	
부 수	艹
총 획	13

萬年(만년): 일만의 해, 긴 세월. 　　萬國(만국): 세계의 모든 나라.

車 萬 韓
外 三 一 四 二 韋
夕 草 南
民 大 軍 九 門 氏 王 北 青 教 室
國 八 長 七 先 生 校
早 夂 女 交 金 白
宇 五 老 孝 兄 子 口 父 匕 日
至 牛 弓 木 月 火
小 戈 西 土 午 母 水
東 干 學

7급

春	■ 둘 이(二) + 큰 대(大) + 해 일(日)
	하늘과 땅(二)의 대(大)자연이 따뜻한 햇살(日)을 받아 깨어나는 봄, 춘삼월(春三月)이다.

봄 춘	
부 수	日
총 획	9

*二: 위 一은 하늘, 아래 一은 땅을 뜻함.   春風(춘풍): 봄바람.

一 二 三 丰 夫 表 春 春 春

自	코를 본뜸.
	코는 얼굴의 중앙에 있으니 얼굴의 뜻이며, 얼굴은 자기 자신(自身)을 나타내는 부분이다.

스스로 자	
부 수	自
총 획	6

自身(자신): 자기 몸.   自動(자동): 스스로 움직임.

′ 丫 冂 白 自 自

頁	사람의 머리를 본뜸.
	(一은 머리카락, 自는 얼굴, 8.9획은 목)

머리 혈	
부 수	頁
총 획	9

春三月(춘삼월): 봄의 경치가 가장 좋은 음력 3월.

一 二 丆 丙 百 百 百 頁 頁

夏	■ 머리 혈(頁)과 천천히 걸을 쇠(夂)의 합자
	더위를 먹어 머리(頁)의 회전이 느려지는(夂) 여름에 하지(夏至)가 있다.

여름 하	
부 수	夂
총 획	10

夏至(하지): 여름에 이르러 낮이 가장 긴 날.

一 二 丆 丙 百 百 頁 夏 夏

- 나무 목(木) + 벼 잎(丿)

나무(木)에 벼 잎(丿)을 붙여 벼를 표현함.

벼 화	
부 수	禾
총 획	5

禾穀(화곡): 벼에 속하는 곡식을 이르는 말.

一 二 千 禾 禾

- 벼 화(禾) + 불 화(火)

벼(禾)가 익어 불(火)처럼 황금빛을 내는 가을에 추석(秋夕)이 있다.

가을 추	
부 수	禾
총 획	9

春秋(춘추): 봄가을.　　秋夕(추석): 가을밤, 음력 8월 15일.

一 二 千 禾 禾 禾 秒 秋 秋

- 천천히 걸을 쇠(夂) + 얼음 빙(冫)

바닥이 얼어(冫) 빙판이니, 천천히(夂) 걸어야 하는 겨울에 동지(冬至)가 있다.

겨울 동	
부 수	冫
총 획	5

春夏秋冬(춘하추동): 봄, 여름, 가을, 겨울.

丿 ク 夂 冬 冬

力

힘을 들여 어깨(フ)에 나무토막(丿)을 메다.

힘 력	
부 수	力
총 획	2

人力(인력): 사람의 힘, 노동력.　　國力(국력): 나라가 지닌 힘.

フ 力

田	네모반듯한 밭을 본뜸.	
밭 전		
부 수	田	田畓(전답): 밭과 논. 田園(전원): 밭과 동산이 있는 시골.
총 획	5	丨 冂 冂 田 田

男	■ 밭 전(田) + 힘 력(力)	
	밭(田)에서 힘(力)써 일하는 사내는 남자(男子)이다.	
사내 남		
부 수	田	男便(남편): 아내의 배우자.
총 획	7	丨 冂 冂 田 田 男 男

老	흙(土)에 묻힌 막대기(丿)와 비수(匕)이다. 옛날엔 늙은 노인(老人)이 죽으면, 생전에 지녔던 지팡이와 비수를 시신과 함께 묻었다.	
늙을 로		
부 수	老	男女老少(남녀노소): 남자와 여자, 늙은이와 젊은이 = 모든 사람.
총 획	6	一 十 土 耂 耂 老

■ 작을 소(小) + 삐침 별(丿)
적을 소: 작은(小) 열매를 막대기(丿)로 따 보니
　　　　먹을 수 있는 양이 적어 소량(少量)이다.
젊을 소: 몸이 작을(小) 때부터 붓(丿)을 들어
　　　　글을 익히는 젊은 소년(少年)이다.

적을/젊을 소		
부 수	小	
총 획	4	丿 小 小 少

肉

- 肉(月)
사람의 가슴(冂)과 갈비뼈(仌)를 본뜸.
동물의 고기, 사람의 육신(肉身)을 뜻함.

고기 육	
부 수	肉
총 획	6

· 肉은 다른 글자와 함께 쓰일 때 月로 쓰이는 경우가 많음.

丨 冂 冂 内 肉 肉

育

- 갓머리 두(亠) + 나 사(厶) + 고기 육(月)
부모님이 선비(亠)로 키우려고
내(厶) 몸(月)을 길러 육성(育成)하다.

기를 육	
부 수	月
총 획	8

育成(육성): 길러 자라게 함.

丶 亠 云 云 产 育 育 育

林

- 나무 목(木) + 나무 목(木)
나무들(木木)이 모여 있는 숲은 산림(山林)이다.

숲 림	
부 수	木
총 획	8

育林(육림): 숲을 기름, 나무를 가꾸는 일.

一 十 才 木 木 村 材 林

然

- 고기 육(月) + 개 견(犬) + 숯불(灬)
개(犬) 고기(月)를 숯불(灬)에 구워 먹다.
원시적인 자연(自然) 그대로의 삶이다.

그러할 연	
부 수	灬
총 획	12

自然(자연): 스스로 그러함, 저절로 된 그대로의 현상.

丿 ク 夕 夕 夘 舛 狀 犾 然 然 然 然

言	■ 갓머리 두(亠) + 둘 이(二) + 입 구(口) 선비(亠)는 신중히 두(二) 번 생각하고 입(口)으로 말하여 언급(言及)한다.	
말씀 언	言及(언급): 어떤 일에 대하여 말함.	言行(언행): 말과 행동.
부 수	言	
총 획	7	丶 亠 亠 言 言 言 言

語	■ 말씀 언(言) + 다섯 오(五) + 입 구(口) 말(言)소리 내어 다섯(五) 번씩 읽으며(口) 우리말, 국어(國語)를 공부하다.	
말씀 어	國語(국어): 나라말.	言語(언어): 말소리와 문자.
부 수	言	
총 획	14	丶 亠 亠 言 言 言 言 訂 訏 訏 語 語 語 語

文	■ 갓머리 두(亠) + 붓(丿) + 손(乀) 선비(亠)가 손(乀)으로 붓(丿)을 잡고 글을 쓰며 문자(文字)를 익히다.	
글 문	文字(문자): 글과 글자.	語文(어문): 말과 글.
부 수	文	
총 획	4	丶 亠 ナ 文

字	■ 집 면(宀) + 아들 자(子) 집(宀)에서 아들(子)이 글자의 자원(字源)을 익히다.	
글자 자	字源(자원): 글자의 근본 원리.	字音(자음): 글자의 음.
부 수	子	
총 획	6	丶 丷 宀 宁 字 字

姓	■ 여자 녀(女) + 날 생(生)
	여자(女)가 아기를 낳다(生).
	부모의 성씨(姓氏)를 따르다.

성씨 성	姓氏(성씨): '성'을 높여 이르는 말.　　姓名(성명): 성씨와 이름.
부 수	女
총 획	8　　 く タ 女 女 女 姓 姓 姓

名	■ 밤 석(夕) + 입 구(口)
	밤(夕)엔 어두워서 알아볼 수 없으니
	입(口)으로 이름을 물어 확인하다.

이름 명	有名(유명): 이름이 나 있음.　　名門(명문): 이름난 집안이나 학교.
부 수	口
총 획	6　　 ノ ク タ 夕 名 名

天	■ 하나 일(一) + 큰 대(大)
	大자로 팔다리를 벌리고 서서 하늘(一)을 보다.

하늘 천	天地(천지): 하늘과 땅, 온세상.　　天國(천국): 하늘 나라.
부 수	大
총 획	4　　 一 二 チ 天

命	사람(人)이 한(一)마디 말로(口)
	무릎(卩) 꿇은 자에게 명령(命令)하다.
	"목숨을 걸고 임무를 완수하라!"

목숨 명	天命(천명): 하늘이 준 목숨, 타고난 수명.
부 수	口
총 획	8　　 ノ 人 人 合 合 合 命 命

不

- 하나 일(一)과 작을 소(小)의 합자
하나(一)의 작은(小) 실수만 보고
'그가 부정(不正)하다' 하면 아니 된다.

아니 부/불		不正(부정): 바르지 않음.	不信(불신): 믿지 아니함.
부 수	一		
총 획	4	一 フ 不 不	

足

사람의 발을 본뜸.
발목(口), 복사뼈(4.5획),
발뒤꿈치(6획), 발과 발가락(7획).

발 족		手足(수족): 손과 발.	不足(부족): 넉넉하지 않음, 모자람.
부 수	足		
총 획	7	丶 ロ ロ ア ア 足 足	

出

- 싹날 철(屮) + 입벌릴 감(凵)
싹(屮)이 입을 벌리고(凵)
땅속에서 나가 탈출(脫出)하다.

날 출		出入(출입): 들어가고 나감 = 드나듦.	
부 수	凵		
총 획	5	丨 屮 屮 出 出	

入

머리를 숙이고 들어가는 모습.
안으로 들어가 입장(入場)하다.

들 입		入場(입장): 마당으로 들어감.	入學(입학): 학교에 들어감.
부 수	入		
총 획	2	ノ 入	

止	출발 신호를 기다리며 그쳐 정지(停止)하다. (획순대로 몸통, 팔, 뒤쪽 다리, 땅.) 
그칠 지	停止(정지): 그쳐 머무름. 中止(중지): 일을 중도에 그만둠.
부 수 止	
총 획 4	ㅣ ㅏ ㅑ 止

正	■ 출발선(一) + 그칠 지(止) 달리기 시합의 출발선(一)에 그쳐(止) 서다. 선을 밟지 않고, 바르고 정직(正直)하게 시합하다.
바를 정	正門(정문): 건물의 정면에 있어 주로 드나드는 문.
부 수 止	
총 획 5	一 丁 下 正 正

直	■ 열 십(十) + 눈 목(目) + 감출 혜(ㄴ) 열(十) 명의 눈(目)이 보고 있어서 부정을 숨길(ㄴ) 수 없으니 곧고 정직(正直)하다.
곧을 직	正直(정직): 바르고 곧음. 直感(직감): 곧바로 느낌.
부 수 目	
총 획 8	一 十 广 亣 苆 肯 盲 直

植	■ 나무 목(木) + 곧을 직(直) 나무(木)를 곧게(直) 심어 식목(植木)하다.
심을 식	植木(식목): 나무를 심음. 植物(식물): 심어져 자라는 생물.
부 수 木	
총 획 12	一 十 扌 才 朩 朾 朾 桁 栢 柏 植 植

曰

입(口)의 윗입술과 아랫입술을 본뜸.
입술을 움직여 말하며 왈가왈부(曰可曰否)하다.

曰可曰否(왈가왈부): 어떤 일에 대해 옳거니 옳지 않거니 하며 말다툼함.

말할 왈	
부 수	曰
총 획	4

丨 冂 曰 曰

便

똥오줌 변: 엄마(亻)가 이미 한(一) 번 변기에 누라고
말했(曰)는데도 고쳐지지 않는 똥싸개 아이를
회초리(丿)를 들어(\:손) 야단치다.

편할 편: 야단맞은 후로는 똥을 잘 가리어 똥 치울 일 없으니
편안(便安)하다.

똥오줌 변/편할 편	
부 수	亻
총 획	9

丿 亻 亻 亻 俨 佰 恒 便 便

氏

한 사람(亻), 시조에서 여러 갈래로 자손이 뻗어나감을 표현함.
시조는 성씨(姓氏)의 뿌리이니 '성씨'와 '뿌리'의 뜻이다.

氏族(씨족): 뿌리가 같은 친족 집단.

성씨/뿌리 씨	
부 수	氏
총 획	4

一 匚 F 氏

紙

■ 실 사(糸) + 뿌리 씨(氏)

실(糸)뿌리(氏)처럼 미세한 닥나무 껍질의 섬유질로
만든 종이가 한지(韓紙)이다.

便紙(편지): 상대편에게 하고 싶은 말을 적어 보내는 글.

종이 지	
부 수	糸
총 획	10

𠃋 𠃋 幺 幺 糸 糸 紅 紅 紙 紙

寺	토굴(土) 속에서 손가락 마디(寸)를 마주 대고 기도하는 곳은 절, 사원(寺院)이다. 깨달음을 얻고자 속세(인간사회)에서 벗어나 절의 토굴에서 수행하다.
절 사	寺院(사원): 절 집.　　　　　山寺(산사): 산속의 절.
부 수　寸	
총 획　6	一 十 土 圡 寺 寺

時	■ 날 일(日) + 절 사(寺) 시계가 없던 옛날엔 날(日)마다 절(寺)에서 타종하여 때, 시간(時間)을 알렸다.
때 시	時間(시간): 머무름 없이 무한히 연속되는 흐름.
부 수　日	
총 획　10	丨 冂 月 日 日' 旪 旪 旪 時 時

門	양쪽으로 열리는 두 짝의 문을 본뜸.
문 문	杜門不出(두문불출): 문을 막고 나가지 아니함.
부 수　門	
총 획　8	丨 冂 冂 冃 門¹ 門 門 門

間	■ 문 문(門) + 해 일(日) 문(門)틈으로 햇빛(日)이 들어오다. 문틈은 문과 문의 사이, 간격(間隔)이다.
사이 간	間食(간식): 끼니 사이에 먹음.　　中間(중간): 두 사물이나 현상의 사이.
부 수　門	
총 획　12	丨 冂 冂 冃 門¹ 門 門 門 門 間 間 間

且

접시 위에 겹겹이 쌓은 시루떡을 본뜸.
제물로, 시루떡을 접시(一)에 올리고 또 올리고 또 올리다.
제사는 집안의 중차대(重且大)한 행사이다.

또 차		重且大(중차대): 매우 중요하고 큼.
부 수	一	
총 획	5	丨 冂 月 目 且

祖

■ 제단 시(示) + 또 차(且)
제단(示)에 떡(且)을 올리고
조상(祖上)님께 제사하다.

조상 조		祖上(조상): 어버이 윗대 어른들. 祖國(조국): 조상 대대로 살아온 나라.
부 수	示	
총 획	10	一 二 亍 亍 示 礻 礽 袒 袒 祖

問

■ 문 문(門) + 입 구(口)
문(門)앞에서 입(口)을 벌려 물어보다.
"들어가도 될까요?"

물을 문		學問(학문): 물어 배움. 自問(자문): 스스로에게 물음.
부 수	口	
총 획	11	丨 卩 𩲆 𩲆 𩲆 門 門 門 問 問 問

聞

■ 문 문(門) + 귀 이(耳)
문(門)에 귀(耳)를 가까이하고 엿듣다.
* 門: 문 문, 問: 입으로 물을 문, 聞: 귀로 들을 문

들을 문		新聞(신문): 새로 들은 소식. 所聞(소문): 세상에 떠도는 소식.
부 수	耳	
총 획	14	丨 卩 𩲆 𩲆 𩲆 門 門 門 門 問 閏 閏 聞 聞

刀

■ 刀(刂)
요리사의 넓적한 칼을 본뜸.
칼, 베다, 자르다를 뜻함.

칼 도	
부 수	刀
총 획	2

面刀(면도): 얼굴털 깎는 칼.   竹刀(죽도): 대나무 칼, 검도에서 쓰는 도구.

フ 刀

竹

■ 누운사람 인(ㅅㅅ) + 칼 도(刂)
형틀에 묶인 죄인들(ㅅㅅ)을 대나무 칼(刂)로 벌하다.
죽도(竹刀)로 곤장을 치다.

대나무 죽	
부 수	竹
총 획	6

竹馬故友(죽마고우): 대나무말 타고 놀던 고향의 벗, 어릴 적부터 친한 벗.

合

■ 사람 인(人) + 하나 일(一) + 입 구(口)
사람(人)들이 말한(口) 의견을 모아 하나(一)로 합하다.

합할 합	
부 수	口
총 획	6

合同(합동): 합하여 하나로 함, 일을 함께함.   合心(합심): 마음을 합함.

ノ 人 亼 合 合 合

答

■ 대나무 죽(竹) + 합할 합(合)
종이가 없던 옛날, 대나무(竹)조각을 끈으로 엮어(合)
그 위에 글을 써서 대답(對答)하다.

대답할 답	
부 수	竹
총 획	12

對答(대답): 물음에 대하여 답함.   問答(문답): 물음과 대답.

百	■ 하나 일(一) + 흰 백(白)
	팔순잔치에서, 접시 하나(一)에 흰(白) 밤
	일백(一百) 개를 쌓아 올려 장수(100세)를 기원하다.

일백 백	
부 수	白
총 획	6

一 ア 丆 百 百 百

千	■ 하나 일(一) + 사람 인(亻)
	급식을 받기 위해 일렬(一)로 늘어선 사람(亻)이
	일천(一千) 명이다.

일천 천	
부 수	十
총 획	3

千年(천년): 일천의 해, 1000년.   千金(천금): 많은 돈.

丿 二 千

算	■ 대나무 죽(竹) + 눈 목(目) + 열 십(十) + 열 십(十)
	대나무(竹)밭에서 눈(目)으로
	대나무 20개(十十)를 셈하여 계산(計算)하다.

셈 산	
부 수	竹
총 획	14

計算(계산): 수를 셈, 이해득실을 따짐.   算出(산출): 셈하여 냄.

百姓(백성): 국민을 일컫는 옛말.   千百(천백): 수천 수백의 많은 수.

새끼줄로 묶어 둔 벼 가마니(婁)를
아내(女)가 손으로 치며(攵) 셈하여, 수(數)를 확인하다.
(벼 가마니를 도둑으로부터 지키기 위해 새끼줄로 묶어 둠.)

셈 수	
부 수	攵
총 획	15

數學(수학): 셈법을 배움 = 수의 양, 공간에 관한 학문.

丶 口 甲 甲 罒 串 曲 婁 婁 婁 數 數 數

衣	
	■ 衣(衤)
	■ 갓머리 두(亠) + 옷고름(㐅)
	갓(亠)을 쓰고 옷고름(㐅)을 매어 의복(衣服)을 갖추다.
옷 의	
부 수 衣	衣服(의복): 옷.　　　衣食住(의식주): 입을 옷과 먹을 음식과 살 집.
총 획 6	丶 一 ナ ナ 衤 衣 衣

辰	
	■ 사람 인(人)과 옷 의(衣)의 합자
	별들이 하늘을 덮을 때,
	예쁜 옷(衣)을 입고 사랑하는 사람(人)을 만나다.
별 진 / 때 신	
부 수 辰	生辰(생신): 태어난 때, '생일'의 높임말.
총 획 7	一 厂 厂 厂 厊 辰 辰

農	
	■ 굽을 곡(曲) + 별 진(辰)
	허리를 굽혀(曲), 별(辰)이 보일 때까지
	농사일하는 농부(農夫)이다.
농사 농	
부 수 辰	農夫(농부): 농사짓는 일이 직업인 사람.
총 획 13	丶 冂 曰 曲 曲 曲 芦 芹 芦 芦 農 農 農

村	
	■ 나무 목(木) + 마디 촌(寸)
	나무(木)가 우거진 산의 마디(寸)마다
	마을을 이룬 농촌(農村)이다.
마을 촌	
부 수 木	農村(농촌): 대부분의 주민이 농사짓는 마을.
총 획 7	一 十 ナ 木 木 村 村

工	옛날에 목수가 쓰던, 접히는 자를 본뜸. 장인이 집 만드는 공사(工事)를 하다. · 장인(匠人): 도끼(斤)로 홈(匚)을 파는 사람(人), 기술자. 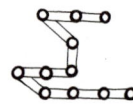
장인/만들 공	
부 수 　 工	工事(공사): 만드는 일, 토목이나 건축 등에 관한 일.
총 획 　 3	一 丁 工

夫	■ 갓머리 두(亠) + 큰 대(大) 갓(亠)을 쓴 사내가 몸을 크게(大) 하고 의젓하게 서 있는 모습. 사내, 남편, 지아비를 뜻함. 
사내 부	
부 수 　 大	工夫(공부): 학문, 기술 따위를 배우고 익힘.　　夫婦(부부): 남편과 아내.
총 획 　 4	一 二 丯 夫

來	■ 사람 인(人人) + 나무 목(木) 친구와 함께(人人) 나무(木) 그늘에서 놀다. "친구야! 다가올 내일(來日)도 같이 놀자!" 
올 래	
부 수 　 人	外來語(외래어): 바깥에서 들어와 국어처럼 쓰이는 말.
총 획 　 8	一 ア 厂 厼 㭆 來 來 來

世	■ 열 십(十) + 열 십(十) + 열 십(十) + 둘 이(二) 먼 옛날에는, 30(十十十)년이 두(二) 번이면 인간이 태어나 세상(世上)을 살아가는 기간이었다. 
인간 세	
부 수 　 一	世上(세상): 인간과 만물이 머무는 곳.
총 획 　 5	一 十 卅 丗 世

前	■ 뿔 달린 투구(亠) + 고기 육(肉/月) + 칼 도(刂)
	장수가 투구(亠)를 쓰고
	칼(刂)을 몸(月)의 앞, 전면(前面)에 차다.
앞 전	
부 수 刂	前面(전면): 앞면.　　　前進(전진): 앞으로 나아감.
총 획 9	丶 丷 亠 亣 产 前 前 前 前

後	■ 걸을 척(彳) + 어릴 요(幺) + 천천히 걸을 쇠(夊)
	맨 앞에서 걷는(彳) 인솔교사의 뒤를
	어린(幺) 아이들이 천천히(夊) 따르며 소풍 가다.
뒤 후	
부 수 彳	後門(후문): 뒷문.　　　前後(전후): 앞과 뒤.
총 획 9	丿 彡 彳 彳' 彳" 祉 移 移 後

左	■ 하나 일(一) + 붓(丿) + 만들 공(工)
	한(一) 자루의 붓(丿)을 만들어(工)
	왼쪽, 좌측(左側)의 붓통에 꽂아 두다.
왼쪽 좌	
부 수 工	左之右之(좌지우지): 이리저리 제 마음대로 다룸.
총 획 5	一 ナ 𠂇 左 左

右	■ 하나 일(一) + 붓(丿) + 입 구(口)
	한(一) 자루의 붓(丿)으로 글을 쓰고 입(口)으로 읽다.
	글은 오른쪽으로 읽어가므로 오른쪽, 우측(右側)의 뜻이다.
오른쪽 우	
부 수 口	右往左往(우왕좌왕): 우로 갔다 좌로 갔다 갈팡질팡함.
총 획 5	一 ナ 𠂇 右 右

· 55

手	▣ 手(扌: '변'으로 쓰임)
	손가락을 편 손을 본뜸.
	손, 손동작을 뜻함.
손 수	手中(수중): 손 안. 手話(수화): 손짓으로 이야기함.
부수 手	
총획 4	一 二 三 手 一 十 扌

舌	▣ 일천 천(千) + 입 구(口)
	천(千) 가지의 말하는(口) 재주를 가진
	혀로 설전(舌戰)하다.
혀 설	舌戰(설전): 말로 옳고 그름을 다툼. 毒舌(독설): 남을 사납게 비방함.
부수 舌	
총획 6	一 二 千 千 舌 舌

話	▣ 말씀 언(言) + 혀 설(舌)
	혀(舌)를 움직여 말(言)하다.
	이야기하는 화술(話術)이 뛰어나다.
이야기 화	話術(화술): 이야기하는 재주, 생각을 말로 표현하는 기술.
부수 言	
총획 13	` 一 ㅗ ㅓ 言 言 言 訁 訁 訐 訐 話 話

江	▣ 물 수(氵) + 만들 공(工)
	오랜 세월 물(氵)이 흘러 만들어진(工) 것은 강(江)이다.
강 강	韓江(한강): 태백에서 시작하여 서울을 지나 서해로 흐르는 강.
부수 氵	
총획 6	` ⺀ 氵 氵 江 江

活

- 물 수(氵) + 일천 천(千) + 입 구(口)

물(氵)이 잘 나는 샘으로
천(千) 명이 먹고(口) 살며 생활(生活)하다.

살 활	
부 수	氵
총 획	9

生活(생활): 살아서 활동함.　　活動(활동): 성과를 내기 위해 움직임.

丶 丶 氵 汀 汀 汗 汗 活 活

米

- 나무 목(木) + 쌀알(丶丶)

나무(木)에 쌀알(丶丶)을 붙여 쌀을 표현함.

쌀 미	
부 수	米
총 획	6

白米(백미): 희게 찧은 멥쌀.　　黑米(흑미): 검은 쌀.

丶 丶 丷 二 半 米 米

氣

- 누운사람 인(𠂉) + 매트(一) + 침대(乁) + 쌀 미(米)

병상에 누운 환자(气)가 쌀(米)죽을 먹고
기운(氣運)을 내다.

기운 기	
부 수	气
총 획	10

生氣(생기): 살아있는 기운.　　活氣(활기): 활발한 기운.

丿 𠂉 乞 气 气 気 気 氣 氣 氣

色

- 쌀 포(勹)와 뱀 사(巴)의 합자

뱀(巴)의 머리를 묶어(勹) 놓았으니
피가 통하지 않아 빛, 색(色)이 변하다.

빛 색	
부 수	色
총 획	6

白色(백색): 흰색.　　氣色(기색): 마음의 작용으로 드러나는 얼굴빛.

丿 勹 乌 刍 刍 色

化	■ 사람 인(亻) + 비수 비(匕)
	사람(亻)이 노인(匕)이 되어 노화(老化)하다.
	(匕를 우로 90도 돌리면 지팡이 짚은 노인.)
될 화	
부 수 匕	老化(노화): 늙어 약하게 됨. 美化(미화): 아름답게 되도록 꾸밈.
총 획 4	ノ 亻 仁 化

花	■ 풀 초(艹) + 될 화(化)
	풀(艹)잎이 꽃이 되다(化).
	날이 따뜻해지니 꽃이 피어 개화(開花)하다.
꽃 화	
부 수 艹	生花(생화): 살아 있는 꽃. 花草(화초): 꽃이 피는 풀.
총 획 8	一 十 卄 艹 艾 芢 花 花

菫	■ 풀 초(艹) + 둘 이(二) + 네모(口) + 흙 토(土)
	두 개(二)의 네모난(口) 진흙(土)논에 모(艹)를 심다.
진흙논 근	
부 수 艹	겨우 근(僅): 사람이 진흙 논에 모를 심어 겨우, 근근(僅僅)이 먹고살다.
총 획 12	一 十 卄 艹 艾 芇 苗 莒 堇 菫 菫 菫

漢	■ 물 수(氵)와 진흙논 근(菫)의 합자
	양쯔강의 길고 긴 물(氵)줄기를 기반으로
	논(菫)농사가 발달한 한(漢)나라이다.
한나라 한	
부 수 氵	漢文(한문): 한자로 쓰인 글. 漢詩(한시): 한문으로 이루어진 시.
총 획 14	丶 氵 氵 氵 汁 汁 汁 泄 涥 渾 漢 漢 漢

雨

하늘(一) 아래 구름(冂)에서
빗방울(ㆍㆍ)이 떨어지다(丨).
비가 내리니 우산(雨傘)을 쓰다.

비 우	
부 수	雨
총 획	8

雨水(우수): 빗물.　　　　雨衣(우의): 비옷.

一 ㄅ 币 币 币 雨 雨 雨

電

■ 비 우(雨) + 구름(冂) + 번개(乚)
비(雨)가 오며 구름(冂)에서 번개(乚)가
지상으로 떨어져 방전(放電)되다.

번개 전	
부 수	雨
총 획	13

放電(방전): 전기를 띤 물체에서 전기가 빠짐.

一 ㄅ 币 币 币 雨 雨 雨 雪 雪 雷 電

平

■ 방패 간(干) + 좌우(ㆍㆍ)
방패(干)의 좌우(ㆍㆍ)면은 평평(平平)하다.

평평할 평	
부 수	干
총 획	5

平平(평평): 높낮이가 없이 고르고 판판함.

一 ㄅ 乊 亚 平

安

■ 집 면(宀) + 여자 녀(女)
집안(宀)일을 아내(女)가 슬기롭게 해결하여
집안이 편안(便安)하다.

편안할 안	
부 수	宀
총 획	6

便安(편안): 걱정 없이 좋음.　　　　平安(평안): 탈 없이 잘 있음.

丶 宀 宀 灾 安 安

豕	돼지를 본뜸.
	(좌로 90도 돌려보면)
	1획: 머리 2~5획: 등, 다리, 꼬리 6.7획: 귀
돼지 시	
부 수 豕	豕心(시심): 욕심이 많은 돼지 같은 마음.
총 획 7	一 ア 丆 豸 豸 豸 豕

家	■ 집 면(宀) + 돼지 시(豕)
	한 지붕(宀) 아래에서 돼지(豕)를 기르며 사는
	시골집의 가정(家庭)이다.
집 가	
부 수 宀	國家(국가): 국민·영토·주권의 요소를 갖춘 사회 집단.
총 획 10	丶 宀 宀 宀 宀 宁 㝍 家 家 家

事	■ 하나 일(一) + 입 구(口) + 오른손 우(彐) + 갈고리 궐(亅)
	한(一) 가족을 먹여(口) 살리기 위해서
	손(彐)에 연장(亅)을 들고 일하다.
일 사	
부 수 亅	家事(가사): 집안일. 工事(공사): 만드는 일, 토목·건축 등에 관한 일.
총 획 8	一 丆 丏 曰 写 写 写 事

內	■ 성 경(冂) + 들 입(入)
	성(冂)으로 들어(入)갔으니
	성의 안, 성내(城內)이다.
안 내	
부 수 入	家內(가내): 집안. 市內(시내): 시의 경계 안, 도시의 안.
총 획 4	丨 冂 冈 內

主	■ 불똥 주(丶) + 임금 왕(王)
	집안을 촛불(丶)처럼 환하게 밝히며 꾸려 나가는 왕(王)은 가장이며, 가장은 그 집의 주인(主人)이다.
주인 주	主人(주인): 대상을 소유한 사람, 집안이나 단체를 이끌어 가는 사람.
부 수 丶	
총 획 5	丶 亠 亠 宁 主

住	■ 사람 인(亻) + 주인 주(主)
	사람(亻)이 주인(主)으로 살며 거주(居住)하다.
살 주	居住(거주): 일정한 곳에 머물러 삶.
부 수 亻	
총 획 7	丿 亻 亻 亻 仁 住 住

所	■ 문 호(戶) + 도끼 근(斤)
	문(戶) 안에 도끼(斤)를 넣어 둔 곳은 도끼가 보관된 장소(場所)이다.
곳/장소 소	場所(장소): 일이 일어나는 곳. 住所(주소): 사는 곳.
부 수 戶	
총 획 8	' ⺄ ⼹ 戶 戶 所 所 所

有	■ 낚싯대(一) + 끈(丿) + 고기 육(肉/月)
	낚싯대(一)의 낚싯줄(丿)에 물고기(月)가 걸리다. 물고기를 가지고 있으니 유능(有能)한 낚시꾼이다.
있을 유	有名(유명): 이름이 알려져 있음. 所有(소유): 가지고 있음.
부 수 月	
총 획 6	一 ナ 冇 冇 有 有

每	■ 누운사람 인(ㅗ) + 어머니 모(母) 잠만 자는(ㅗ) 게으름쟁이를 엄마(母)는 항상, 매일(每日) 걱정한다.	
항상 매		
부 수	母	每日(매일): 항상, 날마다. 每年(매년): 해마다.
총 획	7	ノ 一 仁 与 每 每 每

海	■ 물 수(氵) + 항상 매(每) 물(氵)이 항상(每) 있는 곳은 바다, 해양(海洋)이다.	
바다 해		
부 수	氵	海洋(해양): 넓고 큰 바다. 海外(해외): 바다 건너 바깥 = 다른 나라.
총 획	10	` ` 氵 氵 汇 汇 海 海 海 海

里	■ 밭 전(田) + 흙 토(土) 밭(田)으로 쓸 수 있는 땅(土)이 있으니 마을이 이루어지다. (옛날 농경사회에서는 경사가 심하거나 돌이 많은 곳엔 정착할 수 없었음)	
마을 리		
부 수	里	海里(해리): 해상의 거리단위. 千萬里(천만리): 아주 먼 거리.
총 획	7	丶 冂 曰 日 旦 里 里

休	■ 사람 인(亻) + 나무 목(木) 사람(亻)이 나무(木) 그늘에서 쉬며 휴식(休息)하다.	
쉴 휴		
부 수	亻	休息(휴식): 숨을 돌리며 쉼. 休日(휴일): 쉬는 날.
총 획	6	ノ 亻 仁 什 休 休

也

- 뚫을 곤(|) + 구멍(匕)
겨울잠에서 깬 뱀들이 땅속에서 구멍(匕)을 뚫고(|) 잇달아 나오다.
어조사로 쓰이거나 잇다, 잇달다를 뜻함.

어조사/잇기 야

| 부 수 | 乙 |
| 총 획 | 3 |

· 어조사(語助辭): 다른 글자를 돕는 말.

フ 九 也

地

- 흙 토(土) + 잇기 야(也)
토지(土)가 잇달아(也) 있으니
넓은 땅, 대지(大地)이다.

땅 지

| 부 수 | 土 |
| 총 획 | 6 |

大地(대지): 넓고 큰 땅.   地球(지구): 둥근 땅, 우리 별.

一 十 土 圠 地 地

重

- 일천 천(千) + 마을 리(里)
건축하기 위해 천(千) 개의 돌을 마을(里)로 옮기다.
너무 무거워서 중장비(重裝備)를 쓰다.

무거울 중

| 부 수 | 里 |
| 총 획 | 9 |

重裝備(중장비): 무거운 건설 장비.

一 二 千 千 千 盲 重 重

動

- 무거울 중(重) + 힘 력(力)
아무리 무거운(重) 것이라도
힘(力)이 가해지면 움직인다.

움직일 동

| 부 수 | 力 |
| 총 획 | 11 |

地動(지동): 땅이 움직임, 지구의 공전과 자전.

一 二 千 千 千 盲 重 重 動 動

其	■ 달 감(甘) + 제사용 그릇(丌)
	제사용 그릇(丌) 위에 놓인 단(甘) 곶감,
	그것은 제물이다.
그 기	其他(기타): 그 외에 또 다른 것.　　其間(기간): 그 사이.
부 수　八	
총 획　8	一 十 廾 甘 甘 旹 其 其

旗	사방(方)에서 사람(人)들이 깊이 숨겨둔
	깃발을 들고 나와 '대한민국 만세!'를 외치다.
	그(其) 깃발이 태극기(太極旗)이다.
깃발 기	國旗(국기): 나라를 상징하는 깃발.　　軍旗(군기): 군대를 상징하는 깃발.
부 수　方	
총 획　14	丶 亠 亠 方 方 方 扩 扩 旃 旃 旃 旗 旗 旗

全	■ 들 입(入) + 임금 왕(王)
	여왕(王)벌이 들어(入) 있는 벌집은 온전하다.
	(여왕벌이 없으면 벌들이 모두 날아감.)
온전할 전	全國(전국): 온 나라.　　安全(안전): 위험성이 없어 온전히 편안함.
부 수　入	
총 획　6	丿 入 入 全 全 全

面	사람의 낯, 얼굴을 본뜸.
	一: 이마　　自: 코　　冂: 양볼
낯/얼굴 면	全面(전면): 전체 면.　　前面(전면): 앞면.
부 수　面	
총 획　9	一 丆 丆 丌 而 而 面 面 面

豆	콩깍지 속의 콩을 본뜸. 1,7획: 콩깍지　口: 콩　5,6획: 영양공급줄 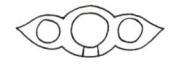 콩으로 두부(豆腐)를 만들다.	
콩 두	豆乳(두유): 콩우유.	豆油(두유): 콩에서 짜낸 기름.
부수	豆	
총획	7	一 ㄱ 丂 戸 豆 豆 豆

登	■ 걸을 발(癶) + 콩 두(豆) 뒷동산의 콩(豆)밭으로 걸어(癶) 올라 등산(登山)하다.	
오를 등	登山(등산): 산에 오름.	登校(등교): 학교에 감.
부수	癶	
총획	12	丨 ⺈ ⺈ ⺈ 癶 癶 ᅏ 癶 登 登 登 登

己	무릎을 꿇고 앉아, 허리를 굽혀 글을 쓰는 몸을 본뜸. 	
몸 기	自己(자기): 스스로의 몸.	十年知己(십년지기): 십 년을 사귀어 온 친구.
부수	己	
총획	3	一 ㄱ 己

記	■ 말씀 언(言) + 몸 기(己) 훈장님 말씀(言)을 몸(己)을 굽혀 기록(記錄)하다.	
기록할 기	日記(일기): 날마다 기록한 글.	登記(등기): 사실 관계를 기록함.
부수	言	
총획	10	丶 亠 二 三 言 言 言 訁 記 記 記

旦

- 해 일(日) + 지평선(一)

지평선(一) 위에 해(日)가 떴으니 아침이다.

아침 단	
부 수	日
총 획	5

一旦(일단): 하루의 아침, 우선 먼저.

丨 冂 日 旦 旦

昜

- 아침 단(旦) + 없을 물(勿)

아침(旦)이 오면 어둠은 없어지고(勿) 햇살만이 가득하다.

- 勿 없을 물: 끈(丿)을 옆으로 한 번(㇆),
  앞으로 두 번(㇒) 둘러서 묶어 포장하다.
- * 포장하면 물건이 보이지 않으니 없음을 뜻함.

햇살 양	
부 수	日
총 획	9

丨 冂 日 旦 昜 昜 昜 昜 昜

場

- 흙 토(土) + 햇살 양(昜)

흙(土)바닥에 햇살(昜)이 잘 드니 마당으로 적합하다.
(농경사회의 마당은 곡식을 말리거나 탈곡하는 장소.)

마당 장	
부 수	土
총 획	12

場內(장내): 마당 안 = 일이 진행되고 있는 장소의 안쪽.

一 十 土 圵 圹 垧 坦 坦 場 場 場

市

- 갓머리 두(亠) + 수건 건(巾)

갓(亠-남자)과 수건(巾-여자)을 쓰고
많은 사람들이 모인 옛날 시장(市場)이다.

시장 시	
부 수	巾
총 획	5

市場(시장): 물건의 거래가 이루어지는 마당.

丶 亠 亠 市 市

首	■ 뿔 달린 투구(亠) + 스스로 자(自) 뿔 달린 투구(亠)를 쓴 우두머리의 얼굴(自)이다. 우두머리, 대장, 머리, 으뜸의 뜻이다.
머리 수	首席(수석): 으뜸인 자리.　　國家元首(국가원수): 나라를 대표하는 사람.
부 수　首	
총 획　9	丶 丷 丷 ゛ 产 产 首 首 首

辵	■ 辵(辶) ■ 터럭 삼(彡)과 발 족(足)의 합자 머리털(彡)을 날리며 빠르게 발(足)로 뛰다.
뛸 착	彳(끌 인): 느린 걸음.　　　　辶(뛸 착): 빠른 걸음.
부 수　辵	
총 획　7	一 ㄱ ㄹ ㄹ 두 두 辵　　丶 冫 冫 辶

道	■ 머리 수(首) + 뛸 착(辶) 우두머리(首)를 따라 병사들이 뛰어서(辶) 지나간 길은 도로(道路)이다.
길 도	人道(인도): 사람이 다니는 길.　　水道(수도): 물길, 상수도와 하수도.
부 수　辶	
총 획　13	丶 丷 丷 ゛ 产 产 首 首 首 首 道 道 道

立	사람이 갓(亠)을 쓰고 반듯하게 서 있는 모습. 亠: 머리　3.4획: 어깨, 팔, 다리　5획: 바닥
설 립	自立(자립): 스스로 섬.　　道立(도립): 도에서 세움.
부 수　立	
총 획　5	丶 一 亠 亇 立

良	촛불(丶)을 밝히고 바르게 앉아 정신 수양하는 모습. 수양하여 이치에 밝고 마음씨가 좋은, 어진 사람이 되다.
좋을/어질 량	良心(양심): 어진(좋은) 마음.　　不良(불량): 기능, 품행 따위가 좋지 못함.
부 수　　艮	
총 획　　7	丶 ㄱ ㅋ ㅋ 自 良 良

食	■ 사람 인(人) + 좋을 량(良) 사람(人)이 바르게 앉은 자세(良)로 밥을 먹으며 식사(食事)하다.
먹을 식	食水(식수): 먹는 물.　　外食(외식): 밖에서 먹음.
부 수　　食	
총 획　　9	丿 人 亽 今 今 刍 食 食 食

	■ 소 우(牛) + 없을 물(勿) 소고기(牛)를 끈으로 둘러 포장하다(勿). 선물할 물건(物件)이다.
물건 물	動植物(동식물): 동물과 식물.　　萬物(만물): 세상에 있는 모든 것.
부 수　　牛	
총 획　　8	丿 ㄴ 丬 牛 爿 牞 物 物

	■ 입 구(口) + 고을이름 파(巴) 먹을(口)거리가 많은 고을(巴)의 읍내(邑內) 시장이다. ・阝: 글자의 왼쪽에 붙으면 언덕 부, 오른쪽에 붙으면 고을 읍으로 쓰임.
고을 읍	邑面(읍면): 행정 구역 단위인 '읍'과 '면'.
부 수　　邑	
총 획　　7	丶 口 口 무 므 므 邑

同	■ 성 경(冂) + 하나 일(一) + 입 구(口)
	성(冂)안에 하나(一) 뿐인 우물의 물을 같이 먹으며(口) 동고동락(同苦同樂)하다.

같을 동		同時(동시): 같은 때.　　同苦同樂(동고동락): 괴로움도 즐거움도 함께함.
부 수	口	
총 획	6	丨 冂 冂 同 同 同

洞	■ 물 수(氵) + 같을 동(同)
	같은(同) 샘물(氵)을 먹고 살아가는 한 마을이다.

마을 동		洞內(동내): 동네의 안.　　洞長(동장): '동'의 행정을 맡아보는 우두머리.
부 수	氵	
총 획	9	丶 丶 氵 氵 沉 洞 洞 洞 洞

穴	■ 집 면(宀) + 여덟 팔(八)
	지붕(宀) 아래 여덟(八) 개의 환기 구멍이다. (창문이 생기기 전에는 방마다 두 개씩 환기 구멍을 내었음.)

구멍 혈		穴見(혈견): 좁은 식견.　　經穴(경혈): 뜸이나 침을 놓기에 적당한 자리.
부 수	穴	
총 획	5	丶 丷 宀 宂 穴

空	■ 구멍 혈(穴) + 만들 공(工)
	구멍(穴)을 만들다(工). 그 구멍은 빈 공간(空間)이다.

빌 공		空間(공간): 아무것도 없는 빈 곳.　　空中(공중): 하늘과 땅 사이의 빈 곳.
부 수	穴	
총 획	8	丶 丷 宀 宂 穴 空 空 空

可	국회 의장이 윗입술(一)과 아랫입술(丨)을 크게 벌리어 말하다(口). 이치에 닿는 법안을 옳게 가결(可決)하여 공표하다.
옳을 가	可決(가결): 옳다고 결정함. 不可(불가): 옳지 아니함, 할 수 없음.
부 수 口	
총 획 5	一 丁 丂 可 可

歌	■ 옳을 가(可) + 옳을 가(可) + 하품 흠(欠) 하품(欠)할 때처럼 입을 거듭 크게 벌리며(可可) 노래하는 가수(歌手)이다.
노래 가	歌手(가수): 노래 부르는 것이 직업인 사람.
부 수 欠	
총 획 14	一 丁 丂 可 哥 哥 哥 哥 哥 歌 歌 歌 歌

上	■ 점 복(卜) + 하나 일(一) 거북이(卜)가 땅(一) 위에 서 있는 모습.
위 상	地上(지상): 땅의 위. 海上(해상): 바다의 위.
부 수 一	
총 획 3	丨 卜 上

下	■ 하나 일(一) + 점 복(卜) 수면(一) 아래 거북이(卜)가 물으로 나가기 위해 물 밖을 살피는 모습.
아래 하	上下(상하): 위아래. 下校(하교): 학교에서 집으로 돌아옴.
부 수 一	
총 획 3	一 丅 下

6급

始	■ 여자 녀(女) + 나 사(厶) + 입 구(口)
	여자(女)가 내(厶) 입(口)에 뽀뽀하여
	사랑이 처음 시작(始作)되었다.
처음 시	始作(시작): 어떤 일을 처음으로 함.　　始祖(시조): 처음이 되는 조상.
부수　女	
총획　8	〈 纟 女 女 如 如 始 始

作	■ 사람 인(亻) + 누운사람 인(ノ) + 바늘(丨) + 둘 이(二)
	사람(亻)이 잠자기(ノ) 전까지 밤늦도록
	바늘(丨) 두 개(二)로 옷 만드는 작업(作業)을 하다.
만들/지을 작	作心三日(작심삼일): 굳게 먹은 마음이 삼일을 넘기지 못함.
부수　亻	
총획　7	ノ 亻 亻 亻 作 作 作

昨	■ 날 일(日)과 만들 작(作)의 합자
	날(日)이 만들어지다(作).
	하루의 24시간이 지나 어제가 되다.
어제 작	昨今(작금): 어제와 지금, 어제오늘.　　昨日(작일): 오늘의 바로 전날.
부수　日	
총획　9	丨 冂 日 日 日' 昨 昨 昨 昨

年	낮(午)에 지게를 엎어 놓다(↙→ㅗ).
	추수를 끝내고 낮에도 쉬는 겨울이다.
	겨울은 해, 년(年)이 바뀌는 계절이다.
해 년	昨年(작년): 지난해.　　學年(학년): 한 해를 단위로 구분한 학교 교육 과정.
부수　千	
총획　6	ノ ㄥ ㄠ 乍 듵 年

言	■ 갓머리 두(亠) + 둘 이(二) + 입 구(口) 선비(亠)는 신중히 두(二) 번 생각하고 입(口)으로 말하여 언급(言及)한다.
말씀 언	一口二言(일구이언): 한 입으로 두 말함.
부수	言
총획	7	` 亠 ㇘ 言 言 言 言

行	■ 걸을 척(彳) + 하나 일(一) + 삼거리(丁) 걸어서(彳) 일(一)자 길과 삼거리(丁) 길을 다니는 행인(行人)이다.
다닐 행	行人(행인): 길을 다니는 사람. 行事(행사): 어떤 일을 행함.
부수	行
총획	6	′ 彳 彳 彳 行 行

訓	■ 말씀 언(言) + 내 천(川) 냇물(川)처럼 막힘없이 말(言)하며 가르쳐 훈육(訓育)하다.
가르칠 훈	訓育(훈육): 품성이나 도덕을 가르쳐 기름.
부수	言
총획	10	` 亠 ㇘ 言 言 言 訓 訓 訓

育	■ 갓머리 두(亠) + 나 사(厶) + 고기 육(肉/月) 부모님이 선비(亠)로 키우려고 내(厶) 몸(月)을 길러 육성(育成)하다.
기를 육	敎育(교육): 지식이나 기술, 체력을 가르쳐 기름.
부수	月
총획	8	` 亠 云 云 育 育 育 育

音

- 설 립(立) + 말할 왈(曰)
서서(立) 윗입술과 아랫입술(曰)을 움직이며
판소리, 음악(音樂)하다.

소리 음

부 수	音
총 획	9

音樂(음악): 목소리·악기로 하는 예술.   音色(음색): 소리의 독특한 색깔.

丶 亠 ㅗ 亠 立 产 咅 咅 音 音

樂

- 어릴 요(幺) + 흰 백(白) + 나무 목(木)
어린아이들(幺幺)이 지휘봉(흰白 나무木 막대기)에
맞추어 즐겁게 노래하며 좋아하다.

**즐거울 락/노래 악
/좋아할 요**

부 수	木

樂山樂水(요산요수): 산수와 경치를 좋아함.

美

- 양 양(羊)과 큰 대(大)의 합자
무리를 이끄는 대장(大) 양(羊)의 빼어난 모습이 아름답다.

아름다울 미

부 수	羊
총 획	9

八方美人(팔방미인): 여러 가지 일에 능숙한 사람.

丶 丷 䒑 ᐞ 羊 芏 姜 美 美

術

- 나무 목(木) + 하나 일(一=丶) + 다닐 행(行)
나무(木) 한(丶) 그루 가꾸는 일을 행(行)하려면
재주와 기술(技術)이 필요하다.

재주 술

부 수	行
총 획	11

美術(미술): 아름다움을 표현하는 재주.

丿 彳 千 朮 朮 徉 徉 術 術 術

太	■ 큰 대(大) + 불똥 주(丶) 세상에서 가장 큰(大) 불똥(丶)은 온 세상을 밝히는 큰 태양(太陽)이다.
클 태	太陽(태양): 큰 빛을 내는 별.　　太祖(태조): 한 왕조를 세운 첫째 임금.
부 수　太	
총 획　4	一 ナ 大 太

陽	■ 언덕 부(阝) + 햇살 양(昜) 언덕(阝)에 햇살(昜)이 들었으니 볕든 양지(陽地)이다.
볕 양	陽地(양지): 볕든 땅.　　夕陽(석양): 저녁 무렵의 햇볕.
부 수　阝	
총 획　12	㇉ ㇌ 阝 阝' 阝'' 阝''' 阳 阳 陽 陽 陽

晝	■ 붓 율(聿) + 해 일(日) + 지평선(一) 지평선(一) 위에 해(日)가 뜨면 붓(聿)을 들어 글공부하다. 전기가 없던 옛날엔 밝은 낮, 주간(晝間)에 글을 쓰며 익혀야 했다.
낮 주	晝間(주간): 낮 동안.　　白晝(백주): 하얗게 밝은 낮.
부 수　日	
총 획　11	一 ㇈ ㇉ ㇊ 聿 聿 書 書 書 書 晝

夜	■ 갓머리 두(亠) + 사람 인(亻) + 밤 석(夕)과 천천히 걸을 쇠(夂)의 합자 갓(亠)을 쓴 사람(亻)이 밤(夕)에 천천히 걸으며(夂) 서성이다. 밤, 야간(夜間)에 애인을 기다리다.
밤 야	夜間(야간): 밤사이, 밤 동안.　　晝夜(주야): 낮과 밤.
부 수　夕	
총 획　8	丶 亠 广 宀 疒 夜 夜 夜

貝	조개가 이동할 때의 모습을 본뜸. 옛날, 바다에서 먼 내륙에서는 귀한 조개껍데기를 화폐로 사용하였으니 돈을 뜻함. 
조개/돈 패	魚貝類(어패류): 물고기와 조개류를 통틀어 이르는 말.
부 수 貝	
총 획 7	ㅣ 冂 冂 月 目 貝 貝

買	■ 그물 망(罒) + 돈 패(貝) 망태기(罒)와 돈(貝)을 가지고 시장에 간 선비의 아내가 애완견을 사서 매수(買收)하다.
살 매	買收(매수): 물건을 사들임. · 망태기: 새끼줄을 엮어 만든 옛날의 가방.
부 수 貝	
총 획 12	丶 冂 冂 罒 罒 罒 買 買 買 買 買 買

士	■ 열 십(十) + 하나 일(一) 하나(一)를 배우면 열(十)을 깨닫는 현명한 사람은 선비이다.
선비 사	· 선비: 학문과 인품이 뛰어나 가정과 사회에 이로운 사람.
부 수 士	
총 획 3	一 十 士

賣	■ 선비 사(士) + 살 매(買) 선비(士)가 공부에 방해된다며 아내가 사온(買) 애완견을 팔아 매도(賣渡)하다.
팔 매	賣渡(매도): 다른 사람에게 팔아넘김. 賣買(매매): 사고파는 행위.
부 수 貝	
총 획 15	一 十 士 吉 吉 吉 吉 声 青 青 賣 賣 賣

讀	■ 말씀 언(言) + 팔 매(賣) 물건을 파는(賣) 노점 상인처럼 큰 소리로 말(言)하다. 옛 선인들은 글을 크게 읽으며 독서(讀書)하였다.
읽을 독	讀書(독서): 글을 읽음.　　讀後感(독후감): 글을 읽고 난 후의 느낌.
부수　言	
총획　22	丶 亠 亠 言 言 言 計 計 誌 諸 諸 諸 諸 請 請 請 讀 讀 讀

書	■ 붓 율(聿) + 말할 왈(曰) 붓(聿)을 들어, 말하는(曰) 것을 글로 적는 서기(書記)이다.
글 서	白面書生(백면서생): 글만 읽고 세상일에 대한 경험은 없는 사람.
부수　曰	
총획　10	一 ㄱ ㅋ 글 肀 聿 聿 書 書 書

公	■ 여덟/나눌 팔(八) + 나 사(厶) 내(厶)가 공정하게 가운데를 잘라 나누니(八) 양쪽의 길이가 같아 공평(公平)하다.
공평할 공	公平(공평): 어느 쪽으로도 치우치지 않고 고름.
부수　八	
총획　4	ノ 八 公 公

共	가마(丑)를 앞뒤 두 사람(八)이 함께 공동(共同)으로 들다.
함께 공	共同(공동): 둘 이상이 일을 함께함.
부수　八	
총획　6	一 十 卄 丑 共 共

目	눈을 본뜸. 눈짓으로 목례(目禮)하다. 
눈 목	注目(주목): 관심을 가지고 봄. 面目(면목): 얼굴과 눈.
부수 目	
총획 5	ㅣ ㄇ ㅌ 月 目

是	■ 해 일(日)과 발 족(足)의 합자 어두운 곳에서 벗어나 해(日)처럼 밝은 곳으로 발(足)길을 돌려 옳게 시정(是正)하다.
옳을 시	是正(시정): 잘못된 것을 옳고 바르게 고침.
부수 日	
총획 9	ㅣ ㄇ ㅁ 日 므 무 무 昰 是

題	■ 옳을 시(是) + 머리 혈(頁) 옳게(是) 표현된 머리(頁)말은 제목(題目)이다.
제목 제	題目(제목): 내용을 대표하는 머리말. 主題(주제): 중심이 되는 문제.
부수 頁	
총획 18	ㅣ ㄇ ㅁ 日 므 무 무 昰 是 是 匙 匙 題 題 題 題 題

科	■ 벼 화(禾) + 말 두(斗) 벼(禾)를 말(斗)로 헤아려 용도(세금용, 식용)에 맞게 나누다. 벼를 나누듯이 지식을 각 분야별로 정리한 영역이 과목(科目)이다.
과목 과	敎科書(교과서): 가르치는 데 사용하는 책.
부수 禾	
총획 9	ㄱ 二 千 千 禾 禾 秆 科 科

見	■ 눈 목(目) + 걷는사람 인(儿) 눈(目)으로 보며 걷다(儿). 직접 보며 견학(見學)하다.
볼 견	見學(견학): 방문하여 보고 배움.
부수 : 見	
총획 : 7	丨 冂 冂 冃 目 貝 見

親	나무(木)의자에 올라서서(立) 자식이 돌아올 길을 멀리까지 보고(見) 있는 어버이이다. 부모 자식 사이보다 더 친한 사이가 있을까?
어버이/친할 친	父親(부친): 아버지를 이르는 말.　　親孫(친손): 아들의 자손.
부수 : 見	
총획 : 16	丶 亠 亠 立 立 辛 辛 辛 亲 亲 新 新 親 親 親 親

孫	■ 아들 자(子) + 하나 일(一) + 실 사(糸) 자녀(子)로 인하여 한(一) 가닥의 실(糸)처럼 이어진 혈연이 손자(孫子)이다.
손자 손	子孫(자손): 대대손손의 자녀.
부수 : 子	
총획 : 10	乛 了 子 孑 孖 孙 孙 孫 孫 孫

	■ 손톱 조(爫) + 덮을 멱(冖) + 마음 심(心) + 천천히 걸을 쇠(夂) 천천히(夂) 다가가서 손(爫)으로 감싸(冖) 안아 가슴(心)에 품으며 사랑, 애정(愛情)을 표현하다.
사랑 애	親愛(친애): 친근하게 사랑함.　　愛國(애국): 나라를 사랑함.
부수 : 心	
총획 : 13	丶 丷 爫 爫 爫 爫 爫 爫 愛 愛 愛 愛 愛

多

- 밤 석(夕) + 밤 석(夕) = 깊은 밤
깊은 밤엔 별자리의 종류가 많고 다양(多樣)하다.

많을 다
부 수	夕
총 획	6

ノ ク タ 夕 多 多

多樣(다양): 모양·양식이 여러 가지로 많음.　　多讀(다독): 많이 읽음.

幸

- 흙 토(土) + 투구의 뿔(丷) + 방패 간(干)
투구(丷)를 쓴 병사가 방패(干)를 들고 국토(土)를 지키다.
건강하여 국방의 의무를 다할 수 있으니 다행(多幸)이다.

다행 행
부 수	干
총 획	8

一 十 土 耂 圡 圥 幸 幸

多幸(다행): 일이 잘되어 매우 좋음.　　不幸(불행): 다행하지 아니함.

成

- 사람 인(人) + 창 과(戈)
사람(人)이 창(戈)술을 익혀 무과에 합격하다.
뜻을 이루어 성공(成功)하다.

이룰 성
부 수	戈
총 획	7

丿 厂 厂 万 成 成 成

成功(성공): 뜻한 바를 이룸.　　成長(성장): 사람·동식물 등이 자라남.

功

- 만들 공(工) + 힘 력(力)
신무기를 만드는(工) 작업에 힘(力)쓰다.
그 무기로 적을 물리쳐 나라에 공을 세운 공신(功臣)이다.

공/공세울 공
부 수	力
총 획	5

一 丁 工 巧 功

功臣(공신): 나라에 공을 세운 신하.　　功名(공명): 공을 세워 이름남.

古

- 열 십(十) + 입 구(口)
열(十) 세대 동안 오랜 기간 읽히며(口)
전해진 이야기는 옛 고전(古典)이다.

옛 고

부 수	口
총 획	5

古典(고전): 가치를 지닌 옛날 책.   古代(고대): 옛 시대.

一 十 亠 古 古

今

- 사람 인(人) + 하나 일(一) + 낫(ㄱ)
사람(人)이 낫(ㄱ) 하나(一) 들고
"이제 지금부터 일하자!" 하다.

이제 금

부 수	人
총 획	4

古今(고금): 옛날과 지금.   今年(금년): 지금 연도, 올해.

丿 人 亽 今

部

- 설 립(立) + 입 구(口) + 고을 읍(邑/阝)
옹기종기 떼 지어 서서(立) 이야기하는(口)
고을(阝)의 부족(部族)이다.

떼 부

부 수	阝
총 획	11

部族(부족): 떼를 이루어 생활하는 민족.

丶 亠 丷 立 产 产 咅 咅 咅' 剖 部

族

- 사방 방(方) + 사람 인(人) + 화살 시(矢)
사방(方)에서 활과 화살(矢)을 든 사람(人)들이
모여들어 한겨레, 민족(民族)을 이루다. (겨레: '민족'의 순우리말)

겨레 족

부 수	方
총 획	11

· 수천 년 전의 활과 화살은 사냥으로 살아가기 위한 필수품이었음.

丶 亠 宀 方 方 方 扩 於 扩 族 族

穴

- 집 면(宀) + 여덟 팔(八)

지붕(宀) 아래 여덟(八) 개의 환기 구멍이다.
(창문이 생기기 전에는 방마다 두 개씩 환기 구멍을 내었음.)

구멍 혈	
부 수	穴
총 획	5

穴見(혈견): 좁은 식견.　　經穴(경혈): 뜸이나 침을 놓기에 적당한 자리.

`丶 丷 宀 宂 穴`

窓

- 구멍 혈(穴) + 나 사(厶) + 마음 심(心)

환기 구멍(穴) 아래에서 내(厶) 마음(心)을 받아 달라 하며 구애하다.
한옥의 환기구가 오늘날의 창문(窓門)으로 발달하였다.

창 창	
부 수	穴
총 획	11

同窓(동창): 같은 학교를 졸업한 사람.

`丶 丷 宀 宂 穴 穵 窊 窏 窓 窓 窓`

開

- 문 문(門) + 문을 잠그는 빗장(幵)

빗장(幵)을 풀고 문(門)을 열어 개방(開放)하다.

열 개	
부 수	門
총 획	12

開放(개방): 열어 놓음, 제한된 것을 풀어 자유롭게 함.

`丨 冂 冂 門 門 門 門 門 門 閂 開 開`

放

- 사방 방(方) + 칠 복(攵)

사방(方)을 막대기로 쳐(攵) 풀숲의 뱀을 쫓다.
뱀을 잡지 않고, 놓아 방면(放免)하다.

놓을/쫓을 방	
부 수	攵
총 획	8

放免(방면): 자유롭게 놓아줌.　　放學(방학): 잠시 배움을 내려놓음.

`丶 亠 方 方 方 放 放 放`

社	■ 제단 시(示) + 흙 토(土) 토지(土)의 풍년을 기원하기 위해 제단(示)에 농부들이 모이다.
모일 사	社會(사회): 사람들이 모여 살아가는 곳.
부 수 示	
총 획 8	一 二 亍 亍 示 示 社 社

	사람(人)들이 하나(一)의 주제를 놓고 서로의 눈(四)을 보며 말하다(日). 모여서 회의(會議)하다.
모일 회	會議(회의): 여럿이 모여 의논함.
부 수 日	
총 획 13	丿 人 亼 亼 스 合 合 合 合 合 會 會 會

平	■ 방패 간(干) + 좌우(ㆍㆍ) 방패(干)의 좌우(ㆍㆍ)면은 평평(平平)하다.
평평할 평	平日(평일): 공휴일이 아닌 보통의 날.
부 수 干	
총 획 5	一 ㄏ ㄏ 二 平

	벼(禾)를 찧어 밥을 지어 먹다(口). 옛날엔 굶어 죽는 사람이 많아, 가족이 굶지 않고 밥을 먹을 수 있는 것만으로도 화목(和睦)했다.
화목할 화	和睦(화목): 서로 뜻이 맞고 정다움.　　平和(평화): 다툼 없이 평온함.
부 수 口	
총 획 8	一 二 千 禾 禾 和 和 和

高	■ 성루(亠) + 성 경(冂) + 네모(口) 네모난(口) 돌로 성(冂)을 쌓고 성루(亠)를 높게 세우다.
높을 고	高山(고산): 높은 산.　　高等(고등): 등급이나 수준이 높음.
부 수　高	
총 획　10	丶 亠 亠 亠 亠 宁 高 高 高 高

京	■ 높을 고(高)와 작을 소(小)의 합자 높은(高) 건물과 작은(小) 집이 많은 곳은 서울이다.
서울 경	在京(재경): 서울에 있음.　　上京(상경): 서울로 감.
부 수　亠	
총 획　8	丶 亠 亠 亠 宁 亨 亨 京

及	앞서 가는 사람(人)을 따라 잡은 모습(⺄). 급기야(及其也), 앞서 가는 사람에 이르다.
이를 급	及其也(급기야): 마침내.　　言及(언급): 어떤 일에 대하여 말함.
부 수　又	
총 획　4	丿 ⺄ 乃 及

級	■ 실 사(糸) + 이를 급(及) 실(糸)로 짠 원단의 상태가 1등급(等級)의 수준에 이르다(及).
등급 급	等級(등급): 높고 낮음이나 좋고 나쁨을 구분한 단계.
부 수　糸	
총 획　10	幺 幺 幺 糸 糸 糸 紗 紗 級 級

對	■ 들판에 풀이 가지런히 난 모양(业) + 양 양(羊) + 마디 촌(寸) 들판(业)에서 목동이 손가락 마디(寸)로 조심스럽게 양(羊)을 몰며 가까이 대하다.	
대할 대	對面(대면): 얼굴을 대함.	對話(대화): 마주 대하여 이야기함.
부 수	寸	
총 획	14	⼀ ⺊ ⺊⺊ ⺊⺊ ⺊⺊ ⺊⺊ ⺊⺊ ⺊⺊ ⺊⺊ 丵 丵 對 對

寺	토굴(土) 속에서 손가락 마디(寸)를 마주 대고 기도하는 곳은 절, 사원(寺院)이다. 깨달음을 얻고자 속세(인간사회)에서 벗어나 절의 토굴에서 수행하다.	
절 사	寺院(사원): 절 집.	山寺(산사): 산속의 절.
부 수	寸	
총 획	6	一 十 土 丰 寺 寺

等	■ 대나무 죽(竹) + 절 사(寺) 대나무(竹)가 절(寺)의 토굴 위에 무리지어 균등(均等)하게 자라다. (토굴 붕괴를 막기 위해 대나무 뿌리 아래에 굴을 파서 수행터로 씀.)	
무리 등	均等(균등): 고르고 가지런함.	對等(대등): 서로 비슷함.
부 수	竹	
총 획	12	ノ ト ド 个 竹 竺 竺 竺 等 等 等 等

待	■ 걸을 척(彳) + 절 사(寺) 부지런히 걸어서(彳) 절(寺)에 갔더니, 사람들이 도를 깨달은 성인을 만나기 위해 기다리며 대기(待期)하다.	
기다릴 대	待期(대기): 기약하고 기다림.	期待(기대): 이루어지기를 바라며 기다림.
부 수	彳	
총 획	9	ノ ク 彳 彳 彳 待 待 待 待

央	
가운데 앙	■ 성 경(冂) + 큰 대(大) 성문(冂)의 가운데, 중앙(中央)에 大자로 서서 들어오지 못하게 막다.
부 수 　大	中央(중앙): 가운데.　　　　中央線(중앙선): 가운데를 지나는 선.
총 획 　5	丨 冂 冂 央 央

英	
꽃봉오리 영	■ 풀 초(艹) + 가운데 앙(央) 풀(艹)잎과 풀잎의 사이, 가운데(央)에 꽃봉오리가 맺히다.
부 수 　艹	英才(영재): 꽃봉오리처럼 빼어난 재주.　　英語(영어): 영국말.
총 획 　9	一 十 艹 艹 艹 莎 英 英

特	
특별할 특	■ 소 우(牛) + 절 사(寺) 소(牛)고기 요리를 절(寺)에서 먹으니 특별(特別)한 날이다. (수행하는 절에서는 평상시엔 고기를 먹지 못함.)
부 수 　牛	特別(특별): 보통과 다름.　　　英特(영특): 특별히 뛰어남.
총 획 　10	丿 一 牛 牛 牛 牪 特 特 特

別	
다를 별	■ 고깃덩어리(口) + 칼 도(刀, 刂) 정육점에서 고기(口)를 잘라(刀, 刂) 진열하다. 고기는 부위별로 맛이 다른 별미(別味)이다.
부 수 　刂	別味(별미): 다른 맛, 특별히 좋은 맛.　　區別(구별): 구분하여 갈라놓음.
총 획 　7	丨 冂 口 另 另 別 別

虫	뿔(5,6획) 달린 벌레를 본뜸. 벌레 충(蟲)의 본자. 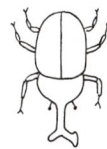
벌레 충	蟲齒(충치): 벌레 먹은 이.　　害蟲(해충): 해로운 벌레.
부 수　虫	
총 획　6	ㅣ ㄇ ㅁ 中 虫 虫

強	■ 활 궁(弓) + 나 사(厶) + 벌레 충(虫) 활(弓)을 쏘아 벌레(虫)를 맞춘 나(厶)는 명사수이므로 전투에 강한 강자(強者)이다.
강할 강	強者(강자): 강한 사람.　　強國(강국): 군사력·경제력이 강한 나라.
부 수　弓	
총 획　11	ㄱ ㄱ 弓 弖 弘 弘 弘 弘 弹 強 強

弱	활(弓)시위를 두 번(二) 당겨 장력이 약함을 확인하다. 옆의 활도 장력이 약하다. (활이 제 기능을 할 수 있는지 검사하다.)
약할 약	強弱(강약): 강함과 약함.　　老弱者(노약자): 늙거나 약한 사람.
부 수　弓	
총 획　10	ㄱ ㄱ 弓 弓 弓 弓 弓 弱 弱 弱

者	■ 늙을 로(老)와 흰 백(白)의 합자 늙어(老) 백발(白)이 된 사람은 열심히 살아온 근로자(勤勞者)이다.
사람 자	勤勞者(근로자): 부지런히 일하는 사람.　　記者(기자): 기록하는 사람.
부 수　耂	
총 획　9	一 十 土 耂 耂 耂 者 者 者

風	■ 책상 궤(几) + 벼 잎(一) + 벌레 충(虫) 벌레(虫)가 궤짝(几)에 들어가 벼 잎(一)을 덮고 겨울바람을 피하다.
바람 풍	
부 수 : 風	風力(풍력): 바람의 힘.　　風習(풍습): 옛부터 전해 내려온 습관.
총 획 : 9	ノ 几 几 凡 凨 凨 凨 風 風

習	■ 깃 우(羽) + 흰 백(白) 흰(白)색의 학이 날갯짓(羽)하며 나는 방법을 익히어 연습(練習)하다.
익힐 습	
부 수 : 羽	練習(연습): 되풀이하여 익힘.　　學習(학습): 배워 익힘.
총 획 : 11	⺕ ⺕ ⺕ 羽 羽 羽 羽 羽 習 習 習

向	■ 집 면(宀) + 창문(口) 집(宀)의 창문(口)이 남쪽 방향(方向)을 향하니 방안에 따뜻한 햇살이 잘 들다.
향할 향	
부 수 : 口	風向(풍향): 바람의 방향.　　向上(향상): 위로 향함, 이전보다 나아짐.
총 획 : 6	ノ 亻 冂 向 向 向

代	물이 불어나 강을 건너지 못하는 사람들을 대신(代身)하여, 무사(亻)가 강 건너편 나무에 줄화살(弋)을 쏘다. 그 줄을 잡고 안전하게 강을 건너다.
대신할 대	
부 수 : 亻	代身(대신): 남을 대리함, 다른 것으로 바꾸어 채움.
총 획 : 5	ノ 亻 仁 代 代

骨	■ 무릎 뼈(冎) + 덮을 멱(冖) + 고기 육(肉/月) 고기(月)살에 덮여(冖) 있는 무릎뼈(冎)를 표현함.
뼈 골	言中有骨(언중유골): 예사로운 말 속에 단단한 속뜻이 들어 있음.
부 수 骨	
총 획 10	丨 冂 冂 叼 冎 冎 咼 骨 骨 骨

豊	■ 굽을 곡(曲) + 콩 두(豆) 콩이 많이 열려 콩(豆)나무가 굽었으니(曲) 풍년(豊年)이다.
풍년 풍	豊年(풍년): 농작물의 수확량이 많은 해.
부 수 豆	
총 획 13	丨 冂 冂 由 曲 曲 曲 曹 豊 豊 豊 豊

體	뼈(骨)가 풍년(豊)이니 뼈에 두툼하게 살이 붙은 몸, 신체(身體)이다. (뼈가 흉년이면 해골)
몸 체	全體(전체): 온몸, 전부. 體育(체육): 운동으로 몸을 튼튼하게 단련함.
부 수 骨	
총 획 23	丨 冂 冂 咼 冎 冎 骨 骨 骨 骱 骿 骨 體 體 體 體 體 體 體 體

身	■ 임신부의 옆모습(身) + 막대기(丿) 임신부가 몸, 신체(身體)를 막대기(丿)에 의지하다.
몸 신	身體(신체): 사람의 몸. 心身(심신): 사람의 마음과 몸.
부 수 身	
총 획 7	丿 冂 冂 白 皀 身 身

	맷돌을 본뜸. 맷돌이 돌아 회전(回轉)하다. 
돌 회	回答(회답): 연락에 대한 대답.　回生(회생): 다시 살아남.
부 수　口	
총 획　6	丨 冂 冂 回 回 回

	■ 네모난 논(囗) + 모 + 돌 회(回) 모내기한 논(囗)을 돌아보며(回) 모내기 현황을 그린 그림이 도면(圖面)이다.
그림 도	圖面(도면): 기계, 건축의 설계 또는 토지를 나타낸 그림.
부 수　囗	
총 획　14	丨 冂 冂 冂 冂 冂 囨 囨 图 图 圖 圖 圖 圖

形	■ 비녀(幵) + 터럭 삼(彡) 머리털(彡)을 올려 비녀(幵)를 꽂은 머리의 모양, 형태(形態)가 아름답다.
모양 형	圖形(도형): 그림의 모양.　形便(형편): 일이 되어가는 모양이나 결과.
부 수　彡	
총 획　7	一 二 チ 开 开 形 形

	양쪽(八)이 똑같게 가운데를 갈라(丨) 둘(二)로 나누었으니 절반(折半)이다.
반 반	半信半疑(반신반의): 반은 믿고 반은 의심함.
부 수　十	
총 획　5	丶 丷 半 半 半

區	큰 지역(匚)을 행정 구역별로 나누어(品) 구분(區分)하다. (용산구, 동작구, 강남구…)
구분할 구	區分(구분): 갈라 나눔.　　區間(구간): 어떤 지점과 다른 지점과의 사이.
부 수　匚	
총 획　11	一 丆 帀 品 品 品 品 品 品 品 區

分	■ 여덟/나눌 팔(八) + 칼 도(刀) 칼(刀)로 잘라 양쪽(八)으로 나누어 분리(分離)하다.
나눌 분	分離(분리): 나누어 떨어지게 함.　　分明(분명): 틀림없이.
부 수　刀	
총 획　4	ノ 八 今 分

定	■ 집 면(宀)과 발 족(足)의 합자 집(宀)에 발(足)이 머물다. 떠돌이로 살다가 집이 생겨, 살 곳이 정해지다.
정할 정	安定(안정): 흔들림 없이 일정한 상태를 유지함.
부 수　宀	
총 획　8	丶 丷 宀 宀 宀 宁 定 定

式	■ 줄화살 익(弋) + 만들 공(工) 줄화살(弋)은 일정한 법, 방식(方式)에 따라 만들어야(工) 제 기능을 할 수 있다.
법 식	方式(방식): 일정한 방법과 형식.　　定式(정식): 일정하게 정한 방식.
부 수　弋	
총 획　6	一 二 干 王 式 式

戌	■ 끈(丿) + 하나 일(一) + 창 과(戈)
개 술	끈(丿) 하나(一)로 개 목줄을 만들어 창(戈)을 들고 개와 함께 수색하다.
	· 12지지(地支) - 子(자) 丑(축) 寅(인) 卯(묘) 辰(진) 巳(사)
부 수 : 戈	午(오) 未(미) 申(신) 酉(유) 戌(술) 亥(해)
총 획 : 6	丿 厂 厂 戌 戌 戌

咸	■ 개 술(戌) + 입 구(口)
	개(戌)는 한 마리가 짖으면(口) 모두 다 함께 짖는다.
모두/다 함	咸興差使(함흥차사): 함흥에 간 차사 벼슬아치가 감감무소식임.
부 수 : 口	
총 획 : 9	丿 厂 厂 厂 戌 戌 咸 咸 咸

感	■ 모두/다 함(咸) + 마음 심(心)
	사람은 모두 다(咸: 누구나) 마음(心)으로 느끼는 감정(感情)이 있다.
느낄 감	感情(감정): 느끼는 기분.　　感動(감동): 깊이 느끼어 마음이 움직임.
부 수 : 心	
총 획 : 13	丿 厂 厂 厂 戌 戌 咸 咸 咸 感 感 感

動	■ 무거울 중(重) + 힘 력(力)
	아무리 무거운(重) 것이라도 힘(力)이 가해지면 움직인다.
움직일 동	手動(수동): 손으로 조작하여 움직임.
부 수 : 力	
총 획 : 11	丿 二 千 千 台 台 台 重 重 動 動

玉	■ 불똥 주(丶) + 셋 삼(三) + 뚫을 곤(丨) 불똥(丶)같이 붉은 옥구슬 세 개(三)를 송곳으로 뚫어서(丨) 실로 꿰어 옥귀걸이를 만들다.
구슬 옥	
부 수	玉	玉石(옥석): 옥과 돌, 좋은 것과 나쁜 것.
총 획	5	一 二 干 王 玉

現	■ 구슬 옥(玉, 丶는 생략됨) + 볼 견(見) 옥(玉)돌을 갈면 아름다운 빛깔이 나타나는 현상(現象)을 볼(見) 수 있다.
나타날 현	
부 수	玉	現象(현상): 나타나는 모양과 상태.　　出現(출현): 나타나 드러남.
총 획	11	一 二 干 王 玔 玔 玔 玔 玔 現 現

在	■ 하나 일(一) + 사람 인(亻) + 흙 토(土) 어느 한(一) 사람(亻)이 거주하는 땅(土)이니 그가 살고 있는 소재지(所在地)이다.
있을 재	
부 수	土	所在地(소재지): 자리 잡고 있는 곳.　　現在(현재): 지금.
총 획	6	一 ナ 才 た 存 在

運	■ 군대 군(軍) + 뛸 착(辶) 군인들(軍)이 뛰며(辶) 몸을 움직여 운동(運動)하다.
움직일 운	
부 수	辶	運動(운동): 건강을 위해 몸을 움직임.　　幸運(행운): 행복한 운수.
총 획	13	′ ′′ 冖 冖 戸 戸 昌 昌 軍 軍 運 運 運

米	■ 나무 목(木) + 쌀알(丶丿)
	나무(木)에 쌀알(丶丿)을 붙여 쌀을 표현함.
쌀 미	
부수: 米	米飮(미음): 묽게 쑨 쌀죽.　　玄米(현미): 벼의 겉껍질만 벗겨 낸 쌀.
총획: 6	丶 丶丿 二 半 米 米

飮	■ 먹을 식(食)과 하품 흠(欠)의 합자
	밥을 먹은(食) 후 하품(欠)하듯 입을 벌려 물을 마시다.
마실 음	
부수: 食	食飮(식음): 먹고 마심.　　飮酒(음주): 술을 마심.
총획: 13	丿 亻 𠆢 𠆢 𠆢 今 𩙿 𩙿 𩙿 𩙿 飮 飮 飮

病	■ 병들 녁(疒) + 하나 일(一) + 사람 인(人) + 성 경(冂)
	한(一) 사람(人)이 홀로 성(冂)을 지키다.
	과로로 인해 병들어(疒) 병(病)이 나다.
병들 병	
부수: 疒	重病(중병): 목숨이 위태로울 정도로 위중한 병.
총획: 10	丶 二 广 广 疒 疒 疒 病 病 病

席	■ 큰바위집 엄(广) + 열 십(十十) + 하나 일(一) + 수건 건(巾)
	왕궁(广)에 수건(巾)으로 덮인 21(十十과一)개의 방석(方席)은
	왕과 신하들이 앉을 자리이다. (왕과 신하 20명)
자리 석	
부수: 巾	病席(병석): 병자가 앓아누워 있는 자리.
총획: 10	丶 二 广 广 庐 庐 庐 庐 席 席

史	■ 입 구(口) + 붓(丿) + 손(乀)
	손(乀)으로 붓(丿)을 들어, 임금이 말하는(口) 것을 기록하다.
	한 나라의 역사(歷史)이다.
역사 사	歷史(역사): 지나온 기록.　　　國史(국사): 나라의 역사.
부 수　口	
총 획　5	丨 口 口 屮 史

吏	■ 하나 일(一) + 역사 사(史)
	한(一) 나라의 역사(史)를 기록하는
	벼슬아치, 관리(官吏)는 사관(史官)이다.
벼슬아치 리	官吏(관리): 관직에 있는 사람.　　靑白吏(청백리): 청렴한 벼슬아치.
부 수　口	
총 획　6	一 ニ 三 亖 吏 吏

使	■ 사람 인(亻) + 벼슬아치 리(吏)
	고을 관리(吏: 사또) 옆에 서서 보좌하는 사람(亻: 이방)이다.
	사또가 이방을 부리어 사용(使用)하다.
부릴 사	使用(사용): 부리어 씀.　　天使(천사): 하늘이 부리는 사자, 착한 사람.
부 수　亻	
총 획　8	丿 亻 亻 亻 乍 乍 使 使

用	사각 형태로 엮은 대나무를 비스듬히 세워,
	김을 햇볕에 건조하는 데 써 사용(使用)하다.
쓸 용	用語(용어): 어떤 분야에서 주로 쓰는 말.
부 수　用	
총 획　5	丿 冂 刀 月 用

失	■ 누운사람 인(丿) + 큰 대(大) 게으른 사람(丿)은 크고(大) 소중한 시간을 잃으니, 실패(失敗)한다.	
잃을 실	失手(실수): 잘못을 저지름.　失敗(실패): 뜻대로 되지 않고 일이 틀어짐.	
부 수	大	
총 획	5	丿 ㄧ ㆍ 失 失

申	■ 뚫을 곤(丨) + 말할 왈(曰) 송곳(丨)으로 찍듯이 정확하게 말하다(曰). 도둑을 알려 신고(申告)하다.	
알릴 신	申告(신고): 알림.　　內申(내신): 외부에 공개하지 않고 상급 기관에 알림.	
부 수	田	
총 획	5	丨 冂 曰 曰 申

神	■ 제단/보일 시(示) + 알릴 신(申) 보일(示) 수 없는 신에 대하여 후세에 알리다(申). 옛부터 전해 내려오는 신(귀신)의 이야기, 신화(神話)이다.	
귀신 신	失神(실신): 정신을 잃음.　　神話(신화): 신성한 이야기.	
부 수	示	
총 획	10	ㆍ ㆍ 千 千 禾 禾 和 和 和 神

明	■ 해 일(日) + 달 월(月) 해(日)와 달(月)을 함께 두어 밝음을 표현함. 밝은 달은 명월(明月)이다.	
밝을 명	失明(실명): 시력을 잃음.　　明白(명백): 의심할 여지 없이 분명함.	
부 수	日	
총 획	8	丨 冂 日 日 旫 明 明 明

各	■ 천천히 걸을 쇠(夂) + 입 구(口) 천천히(夂) 퍼지는 입(口)소문에 대한 반응은 사람에 따라 각각(各各) 다르다.
각각 각	各各(각각): 사람이나 물건의 하나하나.
부 수 口	
총 획 6	ノ ク 夂 冬 各 各

介	■ 사람 인(人) + 둘 이(二) 사람(人)이 두(二) 사람 사이에 끼여 중개(仲介)하다.
끼일 개	仲介(중개): 두 사람 사이에 끼여 일이 잘 되도록 힘씀.
부 수 人	
총 획 4	ノ 人 介 介

界	■ 밭 전(田) + 끼일 개(介) 밭과 밭(田) 사이에 끼여(介) 있는 경계를 경계선(境界線)으로 표시하다.
경계/지경 계	各界(각계): 사회의 각 분야. 世界(세계): 지구상의 모든 나라.
부 수 田	
총 획 9	丶 冂 冂 田 田 毘 界 界

堂	■ 기와지붕(⺌) + 실내공간(口) + 흙 토(土) 흙(土)을 쌓아 지대를 높인 집터에 기와집(尚)을 짓다. 명당(明堂)에 들어선 집이다.
집 당	書堂(서당): 글공부하는 집. 明堂(명당): 좋은 묫자리나 집터.
부 수 土	
총 획 11	丨 丶 丷 ⺌ 屮 ⺌ 尚 尚 堂 堂 堂

求	■ 하나 일(一) + 땀방울(丶) + 물 수(水) 땀방울(丶)을 흘리며 열심히 한(一) 우물을 파야 물(水)을 구할 수 있다.	
구할 구	求職(구직): 일자리를 구함.	求愛(구애): 사랑을 구함.
부수 水		
총획 7	一 十 十 才 求 求 求	

球	■ 구슬 옥(玉, 丶는 생략됨) + 구할 구(求) 구슬(玉)처럼 둥그런 공을 구하여(求) 축구(蹴球) 놀이하다.	
 공 구	足球(족구): 발로 하는 배구 형식의 공놀이.	
부수 玉		
총획 11	一 二 千 王 玉 玗 玗 玗 玙 球 球	

合	■ 사람 인(人) + 하나 일(一) + 입 구(口) 사람(人)들이 말한(口) 의견을 모아 하나(一)로 합하다.	
합할 합	合成(합성): 합하여 하나가 됨.	和合(화합): 화목하게 어울림.
부수 口		
총획 6	丿 人 人 今 合 合	

班	■ 임금 왕(王) + 칼 도(刂) + 임금 왕(王) 두 왕(王王)이 영토를 잘라(刂) 나누어 통치하다.	
나눌 반	班長(반장): 반의 대표.	合班(합반): 반을 합함.
부수 王		
총획 10	一 二 千 王 王 廷 玡 玨 班 班	

第

- 대나무 죽(竹)과 아우 제(弟)의 합자
대나무(竹) 마디처럼 질서 있는 차례의 뜻과
제(弟)의 음으로 이루어진 글자.

차례 제	
부 수	竹
총 획	11

安全第一(안전제일): 안전이 가장 우선임.

丿 亇 亇 亇 竹 竹 竺 竺 竽 第 第

路

- 발 족(足) + 각각 각(各)
발(足)이 각각(各)의 목적지로 향하는
길, 도로(道路)를 따라가다.

길 로	
부 수	足
총 획	13

活路(활로): 어려움을 이겨나갈 길.

丶 冂 口 日 甲 早 呈 趴 趴 趵 趵 路 路

泉

- 흰 백(白) + 물 수(水)
흰(白) 물(水)이니 깨끗한 샘물이다.

샘 천	
부 수	水
총 획	9

溫泉(온천): 따뜻한 물이 나오는 샘.   源泉(원천): 물이 흘러나오는 근원.

丿 亇 白 白 白 自 身 泉 泉

線

- 실 사(糸) + 샘 천(泉)
옹달샘(泉)에서 나오는 물이 실(糸)개천처럼 흘러
기다란 줄, 선(線)을 만들다.

줄 선	
부 수	糸
총 획	15

路線(노선): 정해 놓은 길.   第一線(제일선): 맨 앞줄.

乚 乡 幺 幺 乡 糸 糸 糽 紒 紒 紒 綧 綧 線 線

甲

- 입 구(口) + 장수의 기다란 칼(╂)

긴 칼(╂)을 빼어 들고, 출전하는 군사들에게 사기를 북돋우다(口).
군 서열 첫 번째인 갑옷 입은 장수이다.

갑옷/첫째천간 갑	
부 수	田
총 획	5

甲富(갑부): 첫째가는 부자.　　甲板(갑판): 큰 배 위의 평평한 바닥.

丨 冂 曰 日 甲

單

갑옷(甲) 입은 한(一) 명의 장수가 거듭 소리쳐 부르다(口口).
전투에서 병사를 모두 잃고 홀로, 단신(單身)으로
살아남은 장수가 부하를 찾아 헤매다.

홀로 단	
부 수	口
총 획	12

單身(단신): 혼자의 몸.　　單語(단어): 자립하여 쓸 수 있는 말.

丶 丷 吅 吅 吅 吅 吜 單 單 單 單 單

戰

- 홀로 단(單) + 창 과(戈)

홀로(單) 창(戈)을 들고 나가
적과 싸우는 전사(戰士)이다.

싸움 전	
부 수	戈
총 획	16

戰士(전사): 전투하는 군사.　　戰死(전사): 전쟁터에서 죽음.

丶 丷 吅 吅 吅 吅 吜 單 單 單 戰 戰 戰

死

- 하나 일(一) + 밤 석(夕) + 비수 비(匕)

어둠(夕) 속에서 날아온 하나(一)의 비수(匕)에 맞아
죽어 사망(死亡)하다.

죽을 사	
부 수	歹
총 획	6

九死一生(구사일생): 아홉 번 죽을 고비를 넘기고 살아남.

一 丆 歹 歹 死 死

	자루가 긴 경계용 창을 본뜸.(ノ : 장식용 끈)  창을 바닥에 짚고 서서 경계 근무하다.
창 모	矛盾(모순): 창과 방패, 말이나 행동의 앞뒤가 일치하지 않음.
부 수 矛	
총 획 5	ㄱ ㄱ ㄱ 予 矛

	끈(ノ)이 떨어진 창(矛)이다. -끈 떨어진 창 주인 누구여? -나 여~
나 여	ㄥ(나 사): 팔을 굽혀 엄지손가락으로 스스로를 가리키는 모양.
부 수 亅	
총 획 4	ㄱ ㄱ ㄱ 予

	■ 마을 리(里) + 나 여(予) 고향 마을(里)엔 내(予)가 어릴 적 뛰어놀던 들과 야산(野山)이 있다.
들 야	野山(야산): 들 가까이에 있는 나지막한 산. 平野(평야): 평평한 들판.
부 수 里	
총 획 11	ㄱ 口 日 旦 甲 里 里' 野 野 野

業	■ 들판에 풀이 가지런히 난 모양(业) + 양 양(羊) + 여덟 팔(八) 양치기가 들판(业)에서 양(羊) 여덟(八) 마리를 방목하다. 양치기는 양을 몰며 기르는 일이 직업(職業)이다.
일 업	職業(직업): 맡아 하는 일. 野業(야업): 들에서 하는 일.
부 수 木	
총 획 13	ㄱ ㄲ ㅛ 业 业 业 业 业 业 丵 業 業 業

勇	■ 창 모(矛), 쓸 용(用), 힘 력(力)의 합자 창(矛)을 힘(力)차게 쓸(用) 수 있는 병사는 날렵하고 용감(勇敢)하다.
날랠 **용**	勇敢(용감): 용기가 있으며 기운참.　　勇氣(용기): 씩씩한 기운.
부 수 　力	
총 획 　9	甬　甬　甬　甬　勇　勇

氣	■ 누운사람 인(𠂉) + 매트(一) + 침대(乙) + 쌀 미(米) 병상에 누운 환자(气)가 쌀(米)죽을 먹고 기운(氣運)을 내다.
기운 **기**	大氣(대기): 지구를 둘러싸고 있는 기체의 층.
부 수 　气	
총 획 　10	ノ　　　气　气　気　気　氣　氣　氣

通	■ 날랠 용(勇)과 뛸 착(辶)의 합자 날렵하게(勇) 뛰어(辶) 막힘없이 통과(通過)하다.
통과할/통할 **통**	通過(통과): 지나감.　　通信(통신): 소식을 전함.
부 수 　辶	
총 획 　11	甬　甬　甬　甬　甬　涌　涌　通

信	■ 사람 인(亻) + 말씀 언(言) 사람(亻)의 말(言)에는 믿음성이 있어야 한다.
믿을 **신**	自信(자신): 어떤 일을 해낼 수 있으리라고 스스로 믿음.
부 수 　亻	
총 획 　9	ノ　亻　亻　伫　伫　信　信　信　信

艮	양반다리를 하고 앉아 있는 모습을 본뜸. 편안히 앉아 머무르다. ・良(어질/좋을 량): 촛불(丶)을 밝히고 바르게 앉아 정신 수양하는 모습. 수양하여 이치에 밝고 마음씨가 좋은, 어진 사람이다.
머무를 간	
부 수	艮
총 획	6

フ ヨ ヨ 厚 艮 艮

根	■ 나무 목(木) + 머무를 간(艮) 나무(木)가 머물러(艮)있는 것은 근거지(根據地)에 뿌리를 박고 있기 때문이다.
뿌리 근	根據地(근거지): 뿌리를 둔 땅, 터전으로 삼는 곳.
부 수	木
총 획	10

一 十 才 木 木¹ 木³ 木³ 根 根 根

本	■ 나무 목(木) + 나무의 뿌리 부분(一) 나무(木)의 뿌리(一)는 그 나무의 근본(根本)이다.
근본 본	根本(근본): 뿌리, 사물의 본바탕.　　本部(본부): 중심이 되는 부서.
부 수	木
총 획	5

一 十 才 木 本

石	■ 바위집 엄(厂) + 네모(口) 바위(厂) 아래 놓인 네모난(口) 돌은 자연석(自然石)이다.
돌 석	自然石(자연석): 천연 그대로의 돌.　　根石(근석): 밑돌.
부 수	石
총 획	5

一 ア オ 石 石

采	■ 쌀 미(米)와 벼 화(禾)의 합자
	밥을 짓기 위해 쌀(米)자루에서
	껍질이 벗겨지지 않은 벼(禾)를 가려내다.
가려낼/분별할 변	禾(벼 화): 나무(木)에 벼 잎(ㅡ)을 붙여 벼를 표현함.
부 수 采	
총 획 7	ノ 　ㅇ 　ㅁ 　ㅍ 　푸 　采 　采

番	■ 가려낼 변(采) + 밭 전(田)
	참외밭(田)에서 익은 것부터 가려내어(采)
	차례대로 거두어들이다.
차례 번	番號(번호): 차례를 나타내는 수.　　番地(번지): 땅의 차례를 나타낸 수.
부 수 田	
총 획 12	ノ ㅇ ㅁ ㅍ 푸 采 采 番 番 番 番

虎	범, 호랑이를 표현함.
	⺊ = 머리, 　ノ = 꼬리, 　七 = 몸통,
	儿 = 7획은 뒷발, 8획은 앞발.
범 호	虎視眈眈(호시탐탐): 먹이를 노리는 범처럼 기회를 엿봄.
부 수 虍	
총 획 8	丨 ㅏ ⺊ 广 户 虍 虎 虎

號	■ 입 구(口) + 앞발을 치켜든 범(丂) + 범 호(虎)
	범(虎)이 몸을 세우고(丂) 짝을 부르다(口).
이름/부를 호	信號(신호): 떨어져 있는 지점 사이에 뜻을 전달하는 방법.
부 수 虍	
총 획 13	丨 ㅁ ㅁ ㅁ 号 号 号 号 號 號 號 號 號

醫

- 감출 혜(匚) + 화살 시(矢) + 몽둥이칠 수(殳) + 술 유(酉)
화살(矢)이나 몽둥이(殳)에 맞은 곳을 술(酉)로 소독하고
붕대로 감싸(匚) 치료하는 의원, 의사(醫師)이다.

의원 의	
부 수	酉
총 획	18

醫師(의사): 병을 진찰·치료하는 사람.   醫員(의원): 의생과 의사.

一 厂 丆 丆 医 医 医 医 医 医 医 医 医 医 医 医 医 医

藥

- 풀 초(艹) + 즐거울 락(樂)
즐거움(樂)을 주는 풀(艹)이니
괴로움(병)을 치료하는 약, 약초(藥草)이다.

약/약초 약	
부 수	艹
총 획	19

藥草(약초): 약이 되는 풀.   醫藥(의약): 병을 치료하는 약.

一 十 艹 艹 艹 艹 艻 苩 苩 茆 茆 苅 茲 蕋 藬 蕐 蕐 藥

果

- 밭 전(田) + 나무 목(木)
밭(田)에 나무(木)를 심어 과수원으로 가꾸다.
과수원 나무의 열매는 과실(果實)이다.

열매 과	
부 수	木
총 획	8

果實(과실): 먹을 수 있는 열매.   成果(성과): 이루어 열매를 맺음.

丨 冂 冂 日 旦 早 果 果

樹

- 나무 목(木) + 열 십(十) + 콩 두(豆) + 마디 촌(寸)
열(十)개의 콩(豆)나무(木)를 일정한 마디(寸)마다 심다.
콩나무를 세워 밭에 심다.

나무/세울 수	
부 수	木
총 획	16

果樹(과수): 열매를 맺는 나무.   樹林(수림): 나무가 우거진 숲.

一 十 才 木 木 术 札 杧 桔 桔 桔 桂 桂 樹 樹 樹

衣	■ 衣(衤) ■ 갓머리 두(亠) + 옷고름(𧘇) 갓(亠)을 쓰고 옷고름(𧘇)을 매어 의복(衣服)을 갖추다.
옷 의	錦衣還鄕(금의환향): 비단옷을 입고 고향에 돌아옴, 크게 성공하여 돌아옴.
부 수 衣	
총 획 6	丶 亠 亠 ナ 产 衣 衣

服	■ 고기 육(肉/月) + 무릎마디 절(卩) + 또 우(又) 무릎(卩)을 구부리고 또(又) 구부리며 몸(月)에 맞는 바지를 입다. 옷을 입어 복장(服裝)을 갖추다.
옷 복	服裝(복장): 옷차림.　　韓服(한복): 우리나라 고유의 옷.
부 수 月	
총 획 8	丿 冂 月 月 刖 刖 服 服

發	■ 걸을 발(癶) + 활 궁(弓) + 몽둥이칠 수(殳) 군대가 활(弓)과 몽둥이(殳)를 들고 발(癶)을 맞추어 가다. 전투를 시작하기 위해 출발(出發)하다.
필(피다)/쏠/시작 발	百發百中(백발백중): 백 번 쏘아 백 번 적중함.
부 수 癶	
총 획 12	丿 𬼽 𬼾 𬽀 癶 癶 癶 𤼩 𤼭 發 發 發

表	■ 흙 토(土)와 옷 의(衣)의 합자 땅(土)의 옷(衣)이므로 대지의 겉, 표면(表面)이다.
겉 표	表面(표면): 겉으로 나타난 부분.　　發表(발표): 드러내어 세상에 알림.
부 수 衣	
총 획 8	一 二 丰 主 丰 表 表 表

勝	■ 고기 육(肉/月) + 땀방울(丶) + 사내 부(夫) + 힘 력(力) 몸(月)을 낮추고 땀(丶)을 흘리며 힘(力)써 씨름하는 사내(夫)가 이겨 승리(勝利)하다.
이길 승	
부 수 力	勝利(승리): 겨루어서 이김. 勝算(승산): 이길 수 있는 가능성.
총 획 12	ノ 几 月 月 月 胖 胖 胖 脞 脞 勝 勝

利	■ 벼 화(禾) + 칼 도(刀/刂) 벼(禾)를 낫으로 베어(刂) 수확하다. 부지런히 일하면 삶에 이로우니 이득(利得)이다.
이로울 리	
부 수 刂	利得(이득): 이익을 얻음. 利用(이용): 이롭게 씀.
총 획 7	ノ 二 千 チ 禾 利 利

新	■ 설 립(立) + 나무 목(木) + 도끼 근(斤) 서(立) 있는 나무(木)를 도끼(斤)로 잘라 땔감으로 쓰다. 신년(新年)에 그루터기에서 새로운 가지가 돋아나다.
새로울 신	
부 수 斤	新年(신년): 새해. 新人(신인): 새로 등장한 사람.
총 획 13	丶 亠 宀 立 立 辛 辛 亲 亲 新 新 新

聞	■ 문 문(門) + 귀 이(耳) 문(門)에 귀(耳)를 가까이하고 엿듣다. *門: 문 문, 問: 입으로 물을 문, 聞: 귀로 들을 문
들을 문	
부 수 耳	新聞(신문): 새로운 소식. 今時初聞(금시초문): 지금 처음으로 들음.
총 획 14	丨 冂 冂 門 門 門 門 門 門 門 閂 閏 聞 聞

隹	추위를 이겨내기 위해 목을 움츠리고 앉아 있는 새를 본뜸. (丿 : 머리와 부리)
새 추	鳥(새 조): 부리를 치켜들고 천적을 경계하며 알을 품고 있는 새를 본뜸.
부 수 隹	
총 획 8	丿 亻 亻 亻 亻 亻 隹 隹

集	■ 새 추(隹) + 나무 목(木) 새(隹) 떼가 나무(木) 위에 모여 집합(集合)하다.
모을 집	集合(집합): 한데 모임. 集中(집중): 정신을 가운데로 모음.
부 수 隹	
총 획 12	丿 亻 亻 亻 亻 亻 隹 隹 隼 隼 集 集

計	■ 말씀 언(言) + 열 십(十) 말(言)소리 내어 열(十)까지 세며 계산(計算)하다.
셀 계	計算(계산): 수량을 셈함. 集計(집계): 한데 모아서 계산함.
부 수 言	
총 획 9	丶 亠 ㇁ 言 言 言 言 言 計

畫	■ 붓 율(聿) + 밭 전(田) + 일자길(一) 붓(聿)을 들어 밭(田)과 길(一)을 그리다. 마을 풍경을 그리는 화가(畫家)이다.
그림 화	畫集(화집): 그림을 모아 엮은 책.
부 수 田	
총 획 12	一 ㇇ ㇒ ㇒ 聿 聿 聿 書 書 書 書 畫

注	■ 물 수(氵) + 주인 주(主)
	머슴이 물(氵)을 길어다 주인(主)집
	물 항아리에 부어 주입(注入)하다.
부을 주	注入(주입): 부어 넣음. 注意(주의): 마음에 새겨 두고 조심함.
부 수 氵	
총 획 8	丶 丶 氵 氵 氵 汢 注 注

意	■ 소리 음(音) + 마음 심(心)
	마음(心)의 소리(音)는
	그가 뜻하는 바, 의지(意志)이다.
뜻 의	同意(동의): 같은 의미, 뜻을 같이함.
부 수 心	
총 획 13	丶 亠 十 立 产 产 音 音 音 音 意 意 意

庭	■ 큰바위집 엄(广) + 붓(丿) + 선비 사(士) + 끌 인(廴)
	궁(广)의 뜰, 정원(庭園)에서 선비(士)들이
	붓(丿)을 끌어(廴) 글을 쓰며 과거시험 보다.
뜰 정	庭園(정원): 뜰이나 꽃밭. 家庭(가정): 집을 포함한 생활 공동체.
부 수 广	
총 획 10	丶 亠 广 广 庐 庐 庄 庭 庭 庭

園	■ 둘레(口) + 하나 일(一) + 옷 의(衣) + 도시락(口)
	겉옷(衣) 하나(一)와 도시락(口)을 들고
	큰 둘레(口)의 놀이동산으로 소풍 가다.
동산 원	公園(공원): 공중의 위락 시설이 있는 동산. 樂園(낙원): 즐거운 동산.
부 수 口	
총 획 13	丨 冂 冂 円 円 円 周 周 周 園 園 園 園

急	■ 쌀 포(勹) + 오른손 우(ヨ) + 마음 심(心)
	손(ヨ)을 묶인(勹) 범인이
	불안한 마음(心)에 급하게 달아나다.

급할 급	急行(급행): 급하게 다님.	急死(급사): 갑자기 죽음.
부 수	心	
총 획	9	ノ ク ケ 刍 刍 刍 急 急 急

光	■ 횃불(⺌) + 걷는사람 인(儿)
	횃불(⺌)을 들고 걷는 사람(儿)이다.
	횃불에서 빛, 광채(光彩)가 나다.

빛 광	光彩(광채): 찬란한 빛.	光明(광명): 밝고 환한 빛.
부 수	儿	
총 획	6	ㅣ ㅑ ㅛ ⺌ 兯 光

束	■ 나무 목(木) + 새끼줄을 감은 모양(口)
	나무(木)를 해충으로부터 보호하기 위해
	벌레잡이 새끼줄을 감아(口), 묶어 결속(結束)하다.

묶을 속	結束(결속): 한 덩어리로 묶음.
부 수	木
총 획	7	一 ㄇ 冂 曰 束 束 束

速	■ 묶을 속(束) + 뛸 착(辶)
	운동화 끈을 묶고(束) 뛰다(辶).
	빠른 속력(速力)으로 달리다.

빠를 속	光速(광속): 빛의 속도.	急速(급속): 급하고 빠름.
부 수	辶	
총 획	11	一 ㄇ 冂 曰 束 束 束 涑 涑 速

110

禮	■ 제단 시(示) + 풍년 풍(豊)
	제단(示)에서 풍년(豊)을 기원하며
	예도(禮度)를 갖추어 예배(禮拜)하다.

예도 례	禮度(예도): 예절. 禮拜(예배): 예의를 갖추어 절함.
부 수 示	
총 획 18	一 亍 亍 亍 示 示 礻 礻 礻 礻 禰 禰 禮 禮 禮 禮 禮 禮

囚	사방이 막힌 네모난(囗) 방에
	갇혀 있는 사람(人)은 죄수(罪囚)이다.

가둘 수	罪囚(죄수): 교도소에 수감된 죄인.
부 수 囗	
총 획 5	丨 冂 冂 囚 囚

溫	■ 물 수(氵) + 가둘 수(囚) + 그릇 명(皿)
	물(氵)을 그릇(皿)에 담아 죄수(囚)에게 건네다.
	마음의 따뜻한 온기(溫氣)를 전하다.

따뜻할 온	溫氣(온기): 따뜻한 기운. 溫度(온도): 따뜻한 정도.
부 수 氵	
총 획 13	丶 丶 氵 氵 氵 沪 沪 沪 泅 泅 淵 溫 溫 溫

度	관청의 관리가 창고(广)에 있는 벼 21(十十과一)가마니를
	헤아리고 또(又) 헤아리다.
	관청의 양곡이 장부와 일치하는지 법도(法度)에 따라 거듭 확인하다.

헤아릴/법도 도	法度(법도): 도덕·법률 따위의 규범. 速度(속도): 빠른 정도.
부 수 广	
총 획 9	丶 亠 广 产 产 庐 庐 度 度

理

- 임금 왕(王) + 마을 리(里)

왕(王)이 마을(里)을 잘 다스리다.
세상의 원리(原理)를 깨달은 지도자이다.

다스릴/원리 리	
부 수	王
총 획	11

原理(원리): 근본이 되는 이치.

一 二 Ŧ 王 玨 玗 珇 珇 玾 理 理

由

사과나무에 매달린 사과를 본뜸.
사과(曰)는 꼭지(丨)로 말미암아 매달려 있다.

말미암을(이유) 유	
부 수	田
총 획	5

理由(이유): 까닭이나 근거.　　自由(자유): 자기 마음대로 할 수 있는 상태.

丨 冂 日 由 由

油

- 물 수(氵) + 말미암을 유(由)

물(氵)이 끓는 것으로 말미암아(由) 기름이 분리되다.
(소고기를 삶으면 기름이 분리되어 뜸.)

기름 유	
부 수	氵
총 획	8

油田(유전): 석유가 나는 곳.　　　豆油(두유): 콩에서 짜낸 기름.

丶 丶 氵 氵 沪 沖 油 油

銀

- 쇠 금(金) + 머무를 간(艮)

시상식에서 금(金)메달(우승자) 바로 옆에
머무는(艮) 은메달(준우승자)이다.

은 은	
부 수	金
총 획	14

金銀(금은): 금과 은.　　　銀行(은행): 금전을 융통하는 기관.

丿 𠂉 𠂉 牟 牟 余 金 金 鈩 鉅 鈤 鈤 銀 銀

彔	■ 돼지머리 계(彑) + 물 수(水)
	멧돼지(彑)가 수액(水)을 빨아먹기 위해
	이빨로 나무껍질을 깎아 내다.
깎을 록	彑(돼지머리 계): 좌로 90도 돌리면 멧돼지의 머리와 튀어나온 이빨의 모습.
부수 彑	
총획 8	⺊ ⺕ ⺕ 于 于 乎 乎 彔

綠	■ 실 사(糸) + 깎을 록(彔)
	나무껍질을 깍아(彔) 나온 수액으로
	실(糸)을 염색하니 푸른 녹색(綠色)이 되다.
푸를 록	新綠(신록): 새로 나온 잎의 푸른빛. 綠地(녹지): 초목이 푸르게 자란 땅.
부수 糸	
총획 14	⺀ ⺒ ⺓ 乡 糸 糸 紅 紅 紅 紓 紓 絽 綠 綠

黃	■ 22(十十+二) + 말미암을 유(由) + 여덟 팔(八)
	22억이, 그릇된 투자로 말미암아(由) 8(八)억으로 줄었으니
	하늘이 누렇게 황토(黃土)빛으로 보이다.
누를 황	黃土(황토): 누런 흙. 黃金(황금): 누런 금, 돈·재물을 비유하는 말.
부수 黃	
총획 12	一 十 卄 艹 半 芒 苎 苎 莆 黃 黃 黃

豆	콩깍지 속의 콩을 본뜸.
	1,7획: 콩깍지 口: 콩 5,6획: 영양공급줄
	콩으로 두부(豆腐)를 만들다.
콩 두	綠豆(녹두): 푸르스름한 콩. 黃豆(황두): 누런 콩.
부수 豆	
총획 7	一 𠆢 䒑 豆 豆 豆 豆

頭	■ 콩 두(豆) + 머리 혈(頁)
	콩(豆)으로 두부를 만드는 사람은
	머리(頁)의 두발(頭髮)이 단정해야 한다.

머리 두	
부 수	頁
총 획	16

頭髮(두발): 머리털.   書頭(서두): 글의 첫머리.

一 ー 戸 戸 戸 豆 豆 豆 豆 訂 訂 頭 頭 頭 頭 頭

角	■ 쌀 포(勹)와 쓸 용(用)의 합자
	순록의 뿔을 끈으로 묶어(勹), 벽에 매달아 장식품으로 쓰다(用).
	순록의 뿔에는 나뭇가지처럼 다양한 각도(角度)가 있다.

뿔 각	
부 수	角
총 획	7

角度(각도): 각의 크기, 생각하는 방향.   頭角(두각): 뛰어난 학식·재능.

ノ ク 乊 乃 角 角 角

反	■ 바위집 엄(厂) + 또 우(又)
	가재를 잡기 위해 바위(厂)를 두 손(又)으로
	뒤집어, 반대(反對)로 하다.

뒤집을 반	
부 수	又
총 획	4

反對(반대): 등지거나 서로 맞섬.

一 厂 反 反

省	■ 젊을 소(少) + 눈 목(目)
	부모가 젊은(少) 자녀를 눈(目)여겨보며
	주의 깊게 살피다.

살필 성/덜 생	
부 수	目
총 획	9

反省(반성): 자신의 언행을 돌이켜 살핌.   省略(생략): 덜어서 줄임.

丿 亅 小 少 少 省 省 省 省

114

才	■ 열 십(十) + 붓(丿) 붓(丿)을 들어 열(十)편의 글을 짓다. 글 짓는 재주가 뛰어나다.
재주 재	人才(인재): 재주가 뛰어난 사람. 天才(천재): 타고난 재주.
부 수 才	
총 획 3	一 十 才

童	■ 설 립(立) + 마을 리(里) 마을(里)의 산꼭대기에 올라서서(立) 산 너머의 마을을 보고 있는 아이의 순수한 마음은 동심(童心)이다.
아이 동	才童(재동): 재주가 뛰어난 아이. 學童(학동): 배우는 아이.
부 수 立	
총 획 12	` 亠 亠 후 立 产 音 音 音 音 童 童

短	■ 화살 시(矢) + 콩 두(豆) 옛날엔 화살(矢)이나 콩(豆)으로 짧은 단거리(短距離)나 좁은 간격을 재었다. (화살은 1m, 콩은 1cm)
짧을 단	長短(장단): 길고 짧음. 短章(단장): 짧은 글.
부 수 矢	
총 획 12	丿 ㅓ ㅗ 乍 矢 矢 矢 知 知 知 短 短

章	■ 소리 음(音) + 열 십(十) 소리(音) 내어 열(十) 번 읽으며 글, 문장(文章)을 익히다.
글 장	圖章(도장): 이름을 새겨 찍는 물건, 인장.
부 수 立	
총 획 11	` 亠 亠 产 产 音 音 音 童 章

永	■ 물 수(水) + 한 방울(丶) 한 방울 한 방울(丶)의 빗물(水)이 모여 강을 따라 길게 영원(永遠)히 흐르다.
길 영	
부 수 水	永遠(영원): 길고 먼 세월. 永永(영영): 영원히 언제까지나.
총 획 5	丶 亅 汀 永 永

遠	■ 하나 일(一: 1획) + 옷 의(衣) + 입 구(口) + 뛸 착(辶) 옷(衣) 한(一) 벌과 먹을(口) 것을 싸 들고 빠르게(辶) 걷다. 서둘러 걸어야 하니 먼 원거리(遠距離)이다.
멀 원	
부 수 辶	遠近(원근): 멀고 가까움. 遠大(원대): 뜻, 계획 등의 규모가 큼.
총 획 14	一 十 土 士 吉 告 声 幸 幸 袁 袁 湶 谏 遠

近	■ 도끼 근(斤) + 뛸 착(辶) 도끼(斤)를 들고 뛰어(辶)가서 금방 땔감을 구해오다. 가까운 근거리(近距離)이다.
가까울 근	
부 수 辶	親近(친근): 친하고 가까움. 近來(근래): 가까운 요즈음.
총 획 8	丿 厂 斤 斤 沂 沂 近

洋	■ 물 수(氵) + 양 양(羊) 물(氵)이 많은 큰 바다의 뜻과 양(羊)의 음으로 이루어진 글자.
큰바다 양	
부 수 氵	遠洋(원양): 육지에서 먼 바다. 洋弓(양궁): 서양식의 활.
총 획 9	丶 丶 氵 汁 汁 汁 洋 洋 洋

列

- 죽을 사(死)와 칼 도(刂)의 합자
정육점에서 죽은(死) 가축을 칼(刂)로 잘라
진열대에 상품으로 벌여 나열(羅列)하다.

벌일 렬
부 수	刂
총 획	6

羅列(나열): 죽 벌여 놓음.　　　列車(열차): 열 지어가는 차.

一 丅 歹 歹 列 列

例

- 사람 인(亻) + 벌일 렬(列)
사람(亻)들이 열(列)을 지어 서 있으니
질서의 본보기이다.

본보기 례
부 수	亻
총 획	8

例外(예외): 보통의 규정에서 벗어남.　　　例事(예사): 보통 있는 일.

丿 亻 亻 伢 伢 伢 例 例

君

- 오른손 우(彐) + 막대기(丿) + 입 구(口)
손(彐)에 지휘봉(丿)을 들고 말하다(口).
신하들에게 명하는 임금, 군주(君主)이다.

임금 군
부 수	口
총 획	7

君主(군주): 나라를 다스리는 최고 지위에 있는 사람, 임금.

フ ヲ ヨ 尹 尹 君 君

郡

- 임금 군(君) + 고을 읍(邑/阝)
고을(阝)의 뜻과 군(君)의 음으로 이루어진 글자.
* 阝: 글자의 왼쪽에 붙으면 언덕 부, 오른쪽에 붙으면 고을 읍으로 쓰임.

고을 군
부 수	阝
총 획	10

郡內(군내): 행정 구역상 군의 안쪽.

フ ヲ ヨ 尹 尹 君 君 君' 君阝 郡

朴	■ 나무 목(木) + 점 복(卜)
	거북이(卜)가 산꼭대기의 결승점(木)에 토끼보다 먼저 도착하다. 꾀부리지 않고 자신의 능력대로 순박(淳朴)하게 달린 결과이다.
순박할/성씨 박	
부수: 木	淳朴(순박): 꾸밈이나 거짓 없이 순수함.
총획: 6	一 十 オ 木 朴 朴

李	■ 나무 목(木) + 아들 자(子)
	자두나무(木) 아래에서 이씨(李氏) 아들(子)이 그네 타다.
성씨/자두나무 리	
부수: 子	李花(이화): 자두나무 꽃.
총획: 7	一 十 オ 木 本 李 李

苦	풀(艹: 산나물)이 오래(古)되다. 채취 시기를 놓친 나물을 먹으려니 너무 써서, 괴로워 고통(苦痛)스럽다.
쓸/괴로울 고	
부수: 艹	苦盡甘來(고진감래): 쓴 것이 다하면 단 것이 옴, 고생 끝에 즐거움이 옴.
총획: 9	一 十 十 艹 뜨 芊 芢 苦 苦

淸	■ 물 수(氵) + 푸를 청(靑)
	물(氵)이 푸르다(靑). 오염되지 않은 맑은 물, 청수(淸水)이다.
맑을 청	
부수: 氵	淸水(청수): 맑은 물. 淸算(청산): 셈하여 깨끗이 정리함.
총획: 11	丶 冫 氵 氵 汿 汢 浐 淸 淸 淸 淸

交	■ 갓머리 두(亠) + 아버지 부(父) 갓(亠)을 쓰고 아버지(父)께서 외출하다. 사람들을 만나며 사귀어 교제(交際)하다.	
사귈 교	交通(교통): 서로 통하여 오고 감.	交感(교감): 서로 맞닿아 느낌.
부 수	亠	
총 획	6	丶 亠 亠 六 交 交

雪	■ 비 우(雨) + 오른손 우(彐) 떨어지는 눈이 손(彐)에 닿아 물방울(雨)로 바뀌다.	
눈 설	雪景(설경): 눈이 내리거나 쌓인 경치.	春雪(춘설): 봄에 오는 눈.
부 수	雨	
총 획	11	一 厂 厂 币 币 币 雨 雪 雪 雪 雪

朝	■ 네 방향(十) + 해 일(日) + 지평선(一) + 뚫을 곤(丨) + 고기 육(月) 지평선(一)을 뚫고(丨) 해(日)가 떠올라 사방(十)을 비추니 몸(月)을 일으켜 아침 조회(朝會)에 참석하다.	
아침 조	朝會(조회): 아침 모임.	雪朝(설조): 눈 내리는 아침.
부 수	月	
총 획	12	一 十 十 古 古 古 直 車 朝 朝 朝 朝

消	■ 물 수(氵) + 작을 소(小) + 달 월(月) 달(月)이 지고 해가 뜨면 풀잎에 맺힌 작은(小) 이슬방울(氵)이 사라져 소멸(消滅)된다.	
사라질 소	消火(소화): 불을 끔.	消化(소화): 음식물을 분해하여 영양분을 흡수함.
부 수	氵	
총 획	10	丶 丶 氵 氵 氵 汁 汁 消 消 消

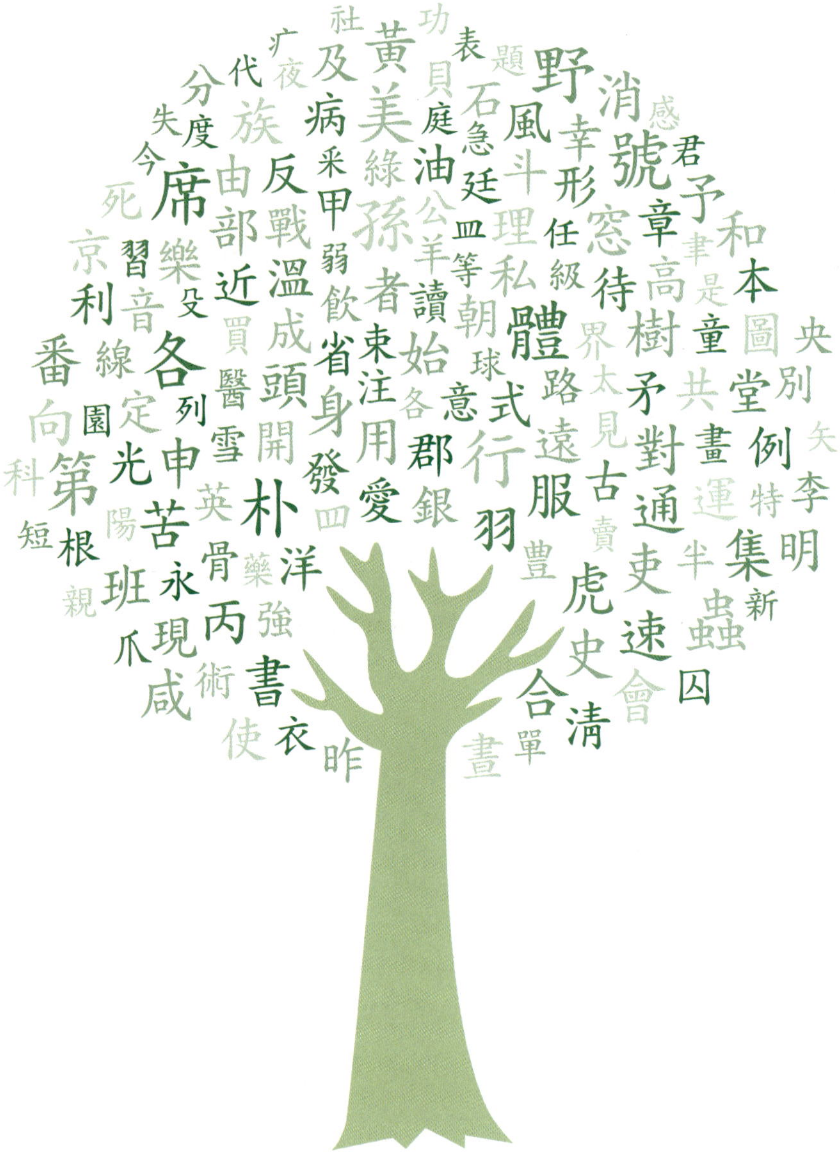

5급

價	■ 사람 인(亻) + 서쪽 서(西) + 조개 패(貝) 사람(亻)이 서해(西) 갯벌에서 조개(貝)를 잡다. 금방 잡은 신선한 조개의 값은 높은 가격(價格)이다.
값 가	價格(가격): 물건의 가치를 돈으로 나타낸 것.
부 수	亻
총 획	15	ノ 亻 亻 亻 亻 価 価 価 価 価 価 價 價 價 價

格	■ 나무 목(木) + 각각 각(各) 인간에게 인격이 있듯이 나무(木)도 각각(各) 격식(기둥감, 땔감)이 있다.
격식 격	格式(격식): 격에 맞는 방식.　　合格(합격): 조건에 맞음.
부 수	木
총 획	10	一 十 十 木 木 杉 杉 桁 格 格

參	■ 나 사(厶) + 사람 인(人) + 셋 삼(三) 나(厶) 같은 사람(人) 셋(三)이 끼리끼리 모임에 참여(參與)하다.
셋 삼/참여할 참	參與(참여): 참가하여 관계함.　　參見(참견): 남의 일에 간섭함.
부 수	厶
총 획	11	ˊ ˊ ˊ ㄥ ㅿ 厽 厽 夗 夯 參 參

加	■ 힘 력(力) + 입 구(口) 힘(力)을 내라고 말하여(口) 용기를 더해 주다.
더할 가	參加(참가): 모임에 참여하거나 가입함.
부 수	力
총 획	5	フ カ カ 加 加

思

- 밭 전(田) + 마음 심(心)
'밭(田)에 무엇을 심어야 소득이 가장 좋을까?' 하며
마음(心)속으로 생각하다.

생각 사	
부 수	心
총 획	9

思考(사고): 생각하고 궁리함.　　意思(의사): 무엇을 하고자 하는 생각.

丨 冂 日 田 田 凹 思 思 思

考

- 늙을 로(老)와 숫자 5의 합자
경험이 많아 조심성이 깊어진 노인(老)은
매사를 다섯(5) 번 생각하며 숙고(熟考)한다.

생각할 고	
부 수	耂
총 획	6

熟考(숙고): 깊이 생각함.　　參考(참고): 살펴서 생각함, 도움이 되는 자료.

一 十 土 耂 耂 考

改

- 몸 기(己) + 칠 복(攵)
몸(己)을 회초리로 쳐(攵),
못된 버릇을 고쳐 개선(改善)하다.

고칠 개	
부 수	攵
총 획	7

改善(개선): 잘못을 고쳐 좋게 함.　　改名(개명): 이름을 고침.

㇆ ㇇ 己 己' 改 改 改

善

- 양 양(羊), 풀 초(艹), 입 구(口)의 합자
양(羊)은 다른 동물을 해치지 않고
풀(艹)만 먹으니(口) 착하고 선(善)하다.

착할 선	
부 수	口
총 획	12

善意(선의): 착한 뜻, 좋은 마음.　　善良(선량): 착하고 어짊.

丶 丷 䒑 丷 圥 羊 羊 羊 善 善 善 善

觀

- 풀 초(艹) + 입 구(口) + 입 구(口) + 새 추(隹) + 볼 견(見)
풀(艹)숲에서 짹짹(口口)하는 새(隹)가
먹이(벌레)를 구하려고 주위를 살펴보며(見) 관찰(觀察)하다.

볼 관	
부 수	見
총 획	25

觀察(관찰): 자세히 살펴봄.   主觀(주관): 자기만의 관점.

客

- 집 면(宀) + 각각 각(各)
각각(各) 다른 선물을 들고 집(宀)들이 온
손님을 객실(客室)에서 맞이하다.

손님 객	
부 수	宀
총 획	9

觀客(관객): 구경하는 사람.   客觀(객관): 제 3자의 관점.

選

- 뱀 사(巳巳) + 함께 공(共) + 뛸 착(辶)
마을주민들이 제비(巳巳)뽑기하기 위해 서둘러(辶) 함께(共) 모이다.
정부에서 무료 지원된 농기구를 두고 당첨자를 뽑아 선정(選定)하다.

뽑을 선	
부 수	辶
총 획	16

*제비 = 뱀(巳)처럼 기다란 종이   選定(선정): 뽑아 정함.

擧

- 양쪽 두사람(𠀉) + 절굿공이(𠂉) + 절구통(𦥑) + 손 수(手)
절구질할 때 절굿공이를 높이 들어 올리듯이,
손(手)을 들어 거수(擧手)하다.

들 거	
부 수	手
총 획	18

選擧(선거): 투표를 통해 뽑음.   擧手(거수): 손을 들어 올림.

再

거듭/두 **재**	
부 수	冂
총 획	6

- 하나 일(一) + 성 경(冂) + 흙 토(土)

흙(土)을 거듭 쌓아
하나(一)의 성(冂)을 재건(再建)하다.

再建(재건): 다시 세움.   再考(재고): 다시 생각함.

一 丆 万 丙 再 再

建

세울 **건**	
부 수	廴
총 획	9

- 붓 율(聿) + 끌 인(廴)

붓(聿)을 끌어(廴) 글씨를 쓸 때 붓을 반듯하게 세우듯이,
건축물을 반듯하게 세워 건립(建立)하다.

建國(건국): 나라를 세움.   建物(건물): 사람이 사용하기 위해 지은 집.

フ ㄱ ⺕ ⺕ 글 聿 聿 津 建

健

굳셀 **건**	
부 수	亻
총 획	11

- 사람 인(亻) + 세울 건(建)

건축물처럼 꼿꼿이 서 있는(建) 사람(亻)이니
굳세고 건강(健康)하다. (아프거나 늙으면 허리가 굽어짐.)

健康(건강): 정신적·육체적으로 탈이 없고 튼튼함.

ノ 亻 亻 ⺕ ⺕ 亻⺕ 亻글 律 律 健 健

實

열매 **실**	
부 수	宀
총 획	14

- 집 면(宀) + 막대기에 꽂은 감(毌) + 돈 패(貝)

돈(貝)을 벌기 위해 지붕(宀) 아래에 감을 매달아(毌) 건조하다.
그 곶감열매는 실과(實果)이다.

實果(실과): 먹을 수 있는 열매.   健實(건실): 굳세고 착실함.

丶 宀 宀 宀 宁 宙 审 實 實 實 實 實 實 實

元	■ 둘 이(二) + 어진사람 인(儿) 두(二) 명의 어진사람(儿)은 지혜가 으뜸인 원로(元老)이다.
으뜸 원	元老(원로): 덕망이 으뜸가는 노인.
부 수 儿	
총 획 4	一 二 テ 元

完	■ 집 면(宀) + 으뜸 원(元) 집(宀)을 으뜸(元)으로 완전(完全)하게 짓다.
완전할 완	完全(완전): 온전히 모두 갖추어져 있음. 完成(완성): 완전히 이룸.
부 수 宀	
총 획 7	丶 丷 宀 宁 宇 完

央	■ 성 경(冂) + 큰 대(大) 성문(冂)의 가운데, 중앙(中央)에 大자로 서서 들어오지 못하게 막다.
가운데 앙	中央(중앙): 한가운데.
부 수 大	
총 획 5	丨 口 口 央 央

決	■ 물 수(氵)와 가운데 앙(央)의 합자 물꼬(氵)를 논의 왼쪽(夬)에 두기로 결정(決定)하다. (央의 왼쪽이 터져 있음.)
결정할 결	決定(결정): 결단을 내려 정함. 完決(완결): 완전히 결정함.
부 수 氵	
총 획 7	丶 丶 氵 氿 沪 決 決

落

떨어질 락

- 풀 초(艹) + 물 수(氵) + 각각 각(各)

풀잎(艹) 끝에 맺힌 이슬(氵)이
각각(各) 떨어져 낙하(落下)하다.

부 수	艹
총 획	13

落下(낙하): 아래로 떨어짐.   落選(낙선): 선거에서 떨어짐.

一 艹 艹 艹 艹 艹 艼 茨 茨 茨 落 落 落

葉

잎 엽

- 풀 초(艹) + 인간 세(世) + 나무 목(木)

가운데 글자 '世'로 인해 나뭇잎(艹)이
나무(木)에서 분리되었으니 떨어진 잎, 낙엽(落葉)이다.

부 수	艹
총 획	13

落葉(낙엽): 떨어진 잎.   葉書(엽서): 나뭇잎에 쓴 글, 편지.

一 艹 艹 艹 艹 艹 苹 苹 苹 苹 葉 葉 葉

景

볕/경치 경

- 해 일(日) + 서울 경(京)

해(日)가 서울(京) 하늘에 뜨니
볕 든 서울의 경치(景致)가 드러나다.

부 수	日
총 획	12

景致(경치): 자연의 아름다운 모습.   光景(광경): 벌어진 일의 형편.

丨 冂 日 曰 昦 昱 昱 景 景 景 景 景

致

이를 치

- 이를 지(至) + 칠 복(攵)

이르도록(至) 치다(攵).
말을 채찍으로 쳐, 결승선에 이르게 하다.

부 수	至
총 획	10

致死(치사): 죽음에 이름.   理致(이치): 도리에 이르는 근본 뜻.

一 工 互 즉 至 至 到 致 致 致

廣	■ 큰바위집 엄(广) + 누를 황(黃) 낡은 창고(广)에 황토(黃)칠을 하니 어둡던 창고가 넓은 광장(廣場)처럼 환해지다.	
넓을 광		
부 수	广	廣場(광장): 넓은 마당.　　　廣野(광야): 넓은 들, 벌판.
총 획	15	丶 亠 广 广 广 庐 庐 庐 庐 庐 庐 庐 廣 廣 廣

告	■ 소 우(牛)와 입 구(口)의 합자 소(牛)를 제물로 바치고 말하다(口). 왕이 즉위한 후 하늘에 알리어 고(告)하다.	
알릴 고		
부 수	口	廣告(광고): 널리 알림.　　告白(고백): 사실대로 솔직하게 말함.
총 획	7	丿 ㅕ 屮 生 牛 告 告

競	■ 설 립(立) + 형 형(兄) 청백팀의 대표(兄兄)가 출발선에 나란히 서다(立立). 달리기 우승을 다투며 경쟁(競爭)하다.	
다툴 경		
부 수	立	競爭(경쟁): 승부나 우열을 다툼.
총 획	20	丶 亠 立 立 立 产 音 音 竞 竞 竞 竞 竞 竞 竞 竞 竞 竞 競

爭	■ 손톱 조(爫) + 오른손 우(彐) + 갈고리 궐(亅) 동물은 손톱(爫)을 세우고, 인간은 손(彐)에 연장(亅)을 들고 다투며 전쟁(戰爭)한다.	
다툴 쟁		
부 수	爫	戰爭(전쟁): 다투어 싸움.　　言爭(언쟁): 말다툼.
총 획	8	丿 亠 爫 爫 岙 岙 爭 爭

陸	■ 언덕 부(阝) + 흙 토(土) + 걷는사람 인(儿) + 흙 토(土) 산(阝)과 대지(土)가 겹겹이(土) 펼쳐져 있어 걸어 다닐(儿) 수 있는 곳은 육지(陸地)이다.
육지 륙	陸地(육지): 물에 덮이지 않은 지구 표면.
부 수 阝	
총 획 11	' ' 阝 阝 阝⫶ 阹 陕 陕 陸 陸 陸

橋	■ 나무 목(木), 하늘 천(天), 높을 고(高)의 합자 통나무(木)로 하늘(天) 높이(高) 만들어 놓은 기다란 다리는 교량(橋梁)이다.
다리 교	陸橋(육교): 도로나 철로 위에 설치한 다리.
부 수 木	
총 획 16	一 十 ㄤ 木 ㄤ ㄤ 杧 杯 桥 桥 桥 桥 桥 橋 橋 橋

規	■ 사내 부(夫) + 볼 견(見) 가장(夫)이 항상 지켜보니(見) 가정의 법, 규범(規範)이 바로 서다.
법 규	規範(규범): 본보기가 되는 기준. 規定(규정): 규칙으로 정함.
부 수 見	
총 획 11	一 二 扌 夫 扌 却 却 却 規 規 規

則	■ 돈 패(貝) + 칼 도(刀/刂) 엽전(貝) 꾸러미의 줄을 칼(刂)로 자르다. 각자 일한 날만큼 규칙(規則)에 따라 품삯을 받다.
규칙 칙/곧 즉	規則(규칙): 다 같이 지키기로 정한 질서.
부 수 刂	
총 획 9	丨 冂 冂 月 目 貝 貝 則 則

原

- 바위집 엄(厂) + 흰 백(白) + 작을 소(小)

바위(厂) 아래, 깨끗하고(白) 작은(小) 옹달샘은
물줄기의 본바탕이며 원인(原因)이다.

본바탕 원	
부 수	厂
총 획	10

原因(원인): 어떤 일을 일으키는 근본 이유.

一 厂 厂 厂 所 后 后 原 原 原

因

네모난(口) 방에서 大자로 누워 자다.
방이 있음으로 인하여 편안하게 잘 수 있다.

인할 인	
부 수	口
총 획	6

因果(인과): 원인과 결과.　　要因(요인): 중요한 원인.

丨 冂 冂 用 円 因

念

- 이제 금(今) + 마음 심(心)

'지금(今)부터 열심히 공부하여 꿈을 이루겠노라'고
마음(心)속으로 생각하며 염원(念願)하다.

생각 념	
부 수	心
총 획	8

念願(염원): 간절히 원함.　　專念(전념): 오로지 한 가지 일에만 마음을 씀.

丿 人 亼 今 今 念 念 念

願

- 본바탕 원(原) + 머리 혈(頁)

인간의 머릿(頁)속 본성(原)은
누구나 부자가 되기를 원한다.

원할 원	
부 수	頁
총 획	19

自願(자원): 스스로 원함.　　民願(민원): 국민이 원하는 바를 요구하는 일.

一 厂 厂 厂 所 后 后 原 原 原 原 原 原 原 願 願 願 願 願

許

- 말씀 언(言) + 낮 오(午)

낮(午)처럼 밝은 표정으로 말(言)하며 허락(許諾)하다.
(허락하지 않을 때는 어두운 표정으로 말함.)

허락할 허	
부 수	言
총 획	11

許諾(허락): 청하는 바를 들어줌.

`丶 亠 言 言 言 言 訁 許 許 許`

可

국회 의장이 윗입술(一)과 아랫입술(亅)을
크게 벌리어 말하다(口).
이치에 닿는 법안을 옳게 가결(可決)하여 공표하다.

옳을 가	
부 수	口
총 획	5

許可(허가): 일을 하도록 허용함.   可能(가능): 할 수 있음.

`一 丆 可 口 可`

約

- 실 사(糸) + 쌀 포(勹) + 엄지 도장(丶)

실(糸)로 묶인(勹) 서류에 지장(丶)을 찍다.
서로 계약을 맺으며 약속(約束)하다.

맺을 약	
부 수	糸
총 획	9

節約(절약): 아끼어 씀.   約定(약정): 약속하여 정함.

`幺 幺 糹 糹 糸 紆 約 約`

束

- 나무 목(木) + 새끼줄을 감은 모양(口)

나무(木)를 해충으로부터 보호하기 위해
벌레잡이 새끼줄을 감아(口), 묶어 결속(結束)하다.

묶을 속	
부 수	木
총 획	7

約束(약속): 어기지 않기로 정하여 맺음.

`一 丆 冂 吊 束 束 束`

吉

- 선비 사(士) + 입 구(口)

인품이 뛰어난 선비(士)가 말하는(口) 것을
귀담아 들으면 삶에 이로우니 길하다.

길할(좋을) 길

부 수	口
총 획	6

吉凶(길흉): 좋은 일과 나쁜 일.　　不吉(불길): 길하지 아니함.

一 十 士 吉 吉 吉

凶

- 그릇 감(凵) + 금 간 모양(✕)

깨진(✕) 그릇(凵)은 보기 흉하다.

흉할 흉

부 수	凵
총 획	4

凶年(흉년): 농작물이 잘되지 아니한 해.

丿 ✕ 凶 凶

相

- 나무 목(木) + 눈 목(目)

나무(木) 탁자를 사이에 두고 마주 앉아
눈(目)을 보며 서로 상담(相談)하다.

서로 상

부 수	目
총 획	9

相談(상담): 서로 이야기하여 의논함.　　相見(상견): 서로 만나 봄.

一 十 才 木 札 机 相 相 相

談

- 말씀 언(言) + 불꽃이 높은 모닥불(炎)

모닥불(炎)에 둘러앉아 말(言)하다.
이야기 나누며 담화(談話)하다.

이야기 담

부 수	言
총 획	15

談話(담화): 서로 이야기를 주고받음.　　會談(회담): 모여서 이야기함.

丶 亠 亠 言 言 言 言 訁 訞 談 談 談 談 談

奉	■ 둘 이(二), 큰 대(大), 손 수(扌)의 합자 두(二) 명의 큰(大) 인물인 부모님을 손(扌)으로 받들어 봉양(奉養)하다.
받들 봉	奉養(봉양): 받들어 모심.　　　信奉(신봉): 믿고 받듦.
부 수　大	
총 획　8	一 二 三 丰 夫 夹 奏 奉

仕	■ 사람 인(亻) + 선비 사(士) 사람들(亻)이, 남을 위해 봉사(奉仕)하는 선비(士)를 섬기다.
벼슬/섬길 사	奉仕(봉사): 남을 위하여 일함.　　出仕(출사): 벼슬길에 나아감.
부 수　亻	
총 획　5	ノ 亻 亻 仕 仕

責	■ 하나 일(一) + 흙 토(土) + 돈 패(貝) 사또가 한(一) 고을의 토지(土)와 공금(貝)을 책임(責任)지고 관리하다.
책임/꾸짖을 책	責任(책임): 맡아서 해야 할 임무.　　問責(문책): 잘못을 묻고 꾸짖음.
부 수　貝	
총 획　11	一 二 キ 丰 丰 青 青 青 責 責 責

任	■ 사람 인(亻) + 붓(丿) + 선비 사(士) 붓(丿)을 든 선비(士)가 끊임없이 글을 쓰며 옆에 서 있는 사람(亻)에게 먹을 가는 임무(任務)를 맡기다.
맡길 임	任務(임무): 맡아 하는 일.　　任命(임명): 임무를 맡김.
부 수　亻	
총 획　6	ノ 亻 亻 仁 仟 任

養

기를 양

- 양 양(羊)과 먹을 식(食)의 합자
양(羊)에게 먹이(食)를 주며,
길러 양육(養育)하다.

養育(양육): 잘 자라도록 기름.   敎養(교양): 가르쳐 기름, 폭넓은 지식.

부 수	食
총 획	15

丶 丷 丷 䒑 羊 羊 美 美 養 養 養 養 養

兒

아이 아

- 절구 구(臼) + 걷는사람 인(儿)
절구(臼)처럼 머리가 큰 아기가 아장아장 걷다(儿).
사람의 어릴 적 체형이니 아이, 아동(兒童)이다.

兒童(아동): 어린아이.   育兒(육아): 어린아이를 기름.

부 수	儿
총 획	8

丿 丨 丨 臼 臼 臼 兒 兒

院

집 원

- 언덕 부(阝) + 완전할 완(完)
언덕(阝) 아래 의료 장비를 완전하게(完) 갖춘 집,
병원(病院)이 들어서다.

學院(학원): 공부하는 집.   開院(개원): 학원·병원 등을 처음으로 엶.

부 수	阝
총 획	10

丶 阝 阝 阝 阝 陀 陀 陀 院 院

宅

집 택

- 집 면(宀)과 일천 천(千)의 합자
자자손손 천(千) 년을 이어갈 집(宀)이니
명당에 들어선 집, 주택(住宅)이다.

住宅(주택): 사람이 살 수 있도록 지은 집.

부 수	宀
총 획	6

丶 宀 宀 宀 宅 宅

億	■ 사람 인(亻) + 뜻 의(意)
	사람(亻)들이 뜻(意)하는 바는 저마다 다르니 수없이 많은 억(億) 가지이다.
억 억	
부수 亻	億年(억년): 매우 긴 세월. 億萬(억만): 셀 수 없이 많은 수.
총획 15	丿 亻 亻 亻 亻 亻 俨 佇 倍 倍 倍 億 億 億

止	출발 신호를 기다리며 그쳐 정지(停止)하다. (획순대로 몸통, 팔, 뒤쪽 다리, 땅.) 
그칠 지	
부수 止	停止(정지): 그쳐 머무름. 休止(휴지): 그쳐서 쉼.
총획 4	丨 卜 止 止

歲	■ 그칠 지(止) + 사람 인(人) + 젊을 소(少) + 창 과(戈)
	젊은(少) 병사(人: 5,7획)가 창(戈)을 들고 그쳐(止) 서서 경계근무하다. 긴 병역 근무를 하며 한 해 두 해, 세월(歲月)을 헤아리다.
해 세	
부수 止	歲月(세월): 흘러가는 시간. 年歲(연세): 살아온 햇수, '나이'의 높임말.
총획 13	丨 卜 止 止 产 产 产 产 芹 芹 歲 歲 歲

倍	■ 사람 인(亻) + 설 립(亠) + 네모상자(口)
	사람(亻)이 상자(口) 위에 올라서다(亠). 키가 곱으로 배가(倍加)되다.
곱 배	
부수 亻	倍加(배가): 갑절로 더해짐. 倍數(배수): 갑절이 되는 수.
총획 10	丿 亻 亻 亻 亻 伫 佇 倍 倍 倍

必	■ 마음 심(心) + 삐침 별(丿) 마음(心)을 회초리(丿)질하다. 삐뚤어진 마음은 반드시, 필히 고쳐야 한다.
반드시 필	必要(필요): 반드시 중요함, 없어서는 아니됨.
부수 心	
총획 5	丶 丿 必 必 必

要	■ 덮을 아(襾) + 여자 녀(女) 다리를 덮는(襾) 일은 짧은 옷을 입은 여자(女)에게 중요(重要)하다.
중요할 요	重要(중요): 매우 소중함.　　　要約(요약): 요점을 간추림.
부수 襾	
총획 9	一 一 一 襾 襾 襾 要 要 要

令	■ 사람 인(人) + 하나 일(一) + 무릎마디 절(卩) 첫째(一)가는 장수(人)가 무릎(卩) 꿇은 부하에게 명령(命令)하다.
명령할 령	命令(명령): 윗사람이 아랫사람에게 무엇을 하도록 시킴.
부수 人	
총획 5	丿 人 亼 今 令

領	■ 명령할 령(令) + 머리 혈(頁) 명령하는(令) 우두머리(頁)가 부하들을 거느리며 영토(領土)를 지키다.
거느릴 령	要領(요령): 일에 있어 요긴하고 으뜸되는 것.
부수 頁	
총획 14	丿 𠂊 𠂊 𠂉 令 令 令 領 領 領 領 領 領 領

過

- 뼈 골(骨)과 뛸 착(辶)의 합자
뼈(骨) 빠지게 이리저리 뛰며(辶)
열심히 살아온 지난 과거(過去)이다.

지날 과

부 수	辶
총 획	13

過去(과거): 지나간 때.   通過(통과): 통하여 지남.

丨 冂 冋 冋 冏 咼 咼 咼 咼 渦 過 過 過

去

- 흙 토(土) + 나 사(厶)
내(厶)가 농사짓던 땅(土)을 팔아 거래(去來)하고
고향에서 떠나가다.

갈 거

부 수	厶
총 획	5

去來(거래): 주고받음, 물건을 매매하는 일.

一 十 土 去 去

歷

- 바위집 엄(厂) + 벼 화(禾禾) + 그칠 지(止)
산속의 바위집(厂)에서 벼(禾)를 찧어 먹고
그쳐(止) 지내며 학력(學歷)을 쌓다.

지낼 력

부 수	止
총 획	16

學歷(학력): 공부한 이력.   歷歷(역력): 환히 알 수 있게 또렷함.

一 厂 厂 厂 厃 厃 厃 厃 厤 厤 厤 厤 歷 歷 歷 歷

史

- 입 구(口) + 붓(丿) + 손(乀)
손(乀)으로 붓(丿)을 들어, 임금이 말하는(口) 것을 기록하다.
한 나라의 역사(歷史)이다.

역사 사

부 수	口
총 획	5

歷史(역사): 지나온 기록.   國史(국사): 나라의 역사.

丶 口 口 史 史

寒	■ 집 면(宀) + 우물 뚜껑(井) + 우물(八) + 얼음 빙(冫)
	집(宀)안의 뚜껑(井) 덮어둔 우물(八)을
	얼려(冫)버린 차가운 한기(寒氣)이다.
찰 한	大寒(대한): 큰 추위. 寒冷(한랭): 춥고 차가움.
부 수 宀	
총 획 12	丶 宀 宁 宇 宇 宙 宙 宭 寒 寒 寒

冷	■ 얼음 빙(冫) + 명령할 령(令)
	얼음(冫)같은 명령(令)이니 차갑고 냉정(冷靜)하다.
찰 랭	冷靜(냉정): 감정에 사로잡히지 않고 차분함.
부 수 冫	
총 획 7	丶 冫 冫 冫 冷 冷 冷

非	비행하는 새의 날개를 본뜸.
	한쪽 날개가 정상이 아닌 비정상(非正常)이다.
아닐 비	非理(비리): 이치에 어긋남. 非凡(비범): 평범하지 아니함.
부 수 非	
총 획 8	丿 亅 韦 丰 韦 非 非 非

舟	노를 저어 나아가는 조각배를 본뜸.
	앞이 뾰족(1획)하고, 양쪽으로 노(6획)가 달린
	작은 조각배는 편주(片舟)이다.
배 주	方舟(방주): 네모난 배. 輕舟(경주): 가벼운 배.
부 수 舟	
총 획 6	丿 亻 力 舟 舟 舟

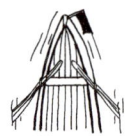

無

- 누운사람 인(亻) + 쌓아 놓은 장작(卌) + 불 화(灬)
시신(亻)을 장작(卌) 위에 올려놓고
불(灬)을 피워 화장하니 불에 타 없어지다.

없을 무
부 수	灬
총 획	12

無效(무효): 효과가 없음.   無關(무관): 관계 없음.

丿 亇 二 卢 卢 知 舞 無 無 無 無 無

罪

- 감옥의 창살(罒) + 아닐 비(非)
인간으로서 해서는 아니(非)될 짓을 하여 감옥(罒)에 갇힌,
허물이 있는 죄인(罪人)이다.

허물 죄
부 수	罒
총 획	13

無罪(무죄): 저지른 잘못이 없음.   重罪(중죄): 무거운 죄.

丨 冂 冂 罒 罒 罕 罕 罪 罪 罪 罪 罪

法

- 물 수(氵) + 갈 거(去)
물(氵)이 높은 곳에서 낮은 곳으로 흘러가는(去) 것처럼
근본 원리에 어긋남이 없는 것이 법(法)이다.

법 법
부 수	氵
총 획	8

不法(불법): 법에 어긋남.   立法(입법): 법을 제정함.

丶 丶 氵 汁 汁 法 法 法

典

- 책 책(冊) + 책상(丌)
책상(丌) 위에 놓인 책(冊)을 본뜸.
법을 기록한 책은 법전(法典)이다.

책 전
부 수	八
총 획	8

古典文學(고전문학): 가치를 지닌 옛 문학.

丨 冂 曰 冉 曲 曲 典 典

魚

물고기의 머리(⺈), 몸통(田), 지느러미(灬)를 본뜸.
(지느러미 = 등, 꼬리, 양옆)

물고기 어

부 수	魚
총 획	11

魚類(어류): 물고기 무리.   魚貝類(어패류): 물고기와 조개 부류.

⺈ ⺈ ⺈ 久 久 仵 侴 侴 角 魚 魚

類

■ 쌀 미(米) + 개 견(犬) + 머리 혈(頁)
쌀죽(米) 먹는 강아지(犬)무리의 머리(頁)가
서로 비슷하여 유사(類似)하다.

무리 류

부 수	頁
총 획	19

類似(유사): 서로 닮음.   分類(분류): 종류에 따라 나눔.

丶 丷 兰 米 米 米 米 粁 粁 类 類 類 類 類 類 類

漁

■ 물 수(氵) + 물고기 어(魚)
물(氵)에서 물고기(魚)를 잡는 사람은 어부(漁夫)이다.

고기잡을 어

부 수	氵
총 획	14

漁船(어선): 고기잡이하는 데 쓰는 배.

丶 丶 氵 氵 氵 汋 泎 渔 渔 渔 渔 漁 漁

船

■ 배 주(舟) + 책상 궤(几) + 물건 상자(口)
궤(几)와 물건 상자(口)를 싣고
항해하는 배(舟)는 선박(船舶)이다.

배 선

부 수	舟
총 획	11

船舶(선박): 큰 규모의 배.   船長(선장): 배와 선원을 이끄는 우두머리.

丿 丿 丿 月 月 舟 舟 舯 舯 船 船

旅	■ 사방 방(方), 사람 인(人), 옷 의(衣)의 합자 사방(方)에 옷(衣) 가방을 든 사람(人)들이다. 나그네들이 여행(旅行)하다.
나그네 려	旅行(여행): 거주지를 떠나 두루 돌아다님.
부수 方	
총획 10	丶 亠 亍 方 方 圤 圤 斿 斿 旅

弗	■ 활 궁(弓) + 칼 도(刀/刂) 활 만드는 기술자가 활(弓)이 마음에 들지 아니하여 칼(刂)로 잘라 버리다.
아닐 불	弗貨(불화): 미국 돈, 달러.
부수 弓	
총획 5	一 二 弓 弔 弗

費	■ 아닐 불(弗) + 조개/돈 패(貝) 아끼지 아니(弗)하고 돈(貝)을 써 낭비(浪費)하다.
쓸 비	浪費(낭비): 시간·재물 등을 헛되이 헤프게 씀.
부수 貝	
총획 12	一 二 弓 弔 弗 弗 带 带 带 眥 費 費

馬	말을 본뜸. 1~5획: 목과 목털, 6획: 등과 꼬리, 灬는 네 다리.
말 마	競馬(경마): 말이 달리어 빠르기를 겨룸. 出馬(출마): 선거에 입후보함.
부수 馬	
총획 10	丨 厂 冂 匚 丐 甲 馬 馬 馬 馬

輕	■ 수레 차(車) + 하나 일(一) + 내 천(川) + 만들 공(工) 차(車)를 한(一)줄기 냇물(川)이 흐르듯이 잘 굴러가도록 만드니(工) 가벼운 경차(輕車)이다.
가벼울 경	輕工業(경공업): 가벼운 물건을 만드는 산업.
부 수 車	
총 획 14	一 ㄷ 冂 冂 自 亘 車 車 軒 軒 輊 輊 輕 輕

重	■ 일천 천(千) + 마을 리(里) 건축하기 위해 천(千) 개의 돌을 마을(里)로 옮기다. 너무 무거워서 중장비(重裝備)를 쓰다.
무거울 중	重裝備(중장비): 무거운 건설 장비. 輕重(경중): 가벼움과 무거움.
부 수 里	
총 획 9	一 ㄷ 冂 冃 育 重 重 重 重

勞	■ 불 화(火火) + 덮을 멱(冖) + 힘 력(力) 양쪽에 횃불(火火)을 밝히고 천막(冖) 아래에서 밤늦도록 힘(力)써 일하다.
일할 로	過勞(과로): 지나치게 일함. 功勞(공로): 노력을 들여 이루어 낸 결과.
부 수 力	
총 획 12	` ´ ⺀ ⺀ ⺀ ⺰ ⺲ ⺳ 𣥂 勞 勞

動	■ 무거울 중(重) + 힘 력(力) 아무리 무거운(重) 것이라도 힘(力)이 가해지면 움직인다.
움직일 동	勞動(노동): 몸을 움직여 일을 함, 육체적·정신적으로 노력을 들임.
부 수 力	
총 획 11	一 ㄷ 冂 冃 育 重 重 重 重 動 動

救	■ 구할 구(求) + 칠 복(攵)
	무기를 구하여(求) 적을 쳐(攵) 무찌르다.
	전투에서 승리하여 백성을 구원(救援)하다.
구원할 구	救援(구원): 곤경에 처한 사람을 도와주어 구함.
부 수: 攵	
총 획: 11	一 十 † ‡ ‡ 求 求 求 求 救 救

急	■ 쌀 포(勹) + 오른손 우(⺕) + 마음 심(心)
	손(⺕)을 묶인(勹) 범인이
	불안한 마음(心)에 급하게 달아나다.
급할 급	救急(구급): 위급한 상황에서 구해 냄. 急患(급환): 위급한 병.
부 수: 心	
총 획: 9	′ ク 乌 乌 刍 刍 急 急 急

患	■ 가운데 중(中) + 가운데 중(中) + 마음 심(心)
	가운데(中)의 가운데(中) 마음(心)이니 깊은 마음속이다.
	집안에 환자(患者)가 있으니 마음속 깊이 근심하다.
근심 환	患者(환자): 병을 앓는 사람. 患部(환부): 병이나 상처가 난 곳.
부 수: 心	
총 획: 11	` 口 口 甲 吕 吕 串 串 患 患 患

切	■ 일곱 칠(七) + 칼 도(刀)
	수술하기 위해 일곱(七) 개의 칼(刀)로
	배를 갈라 절개(切開)하다.
가를 절/온통 체	切開(절개): 째어서 엶. 一切(일체/일절): 모든 것/도무지, 전혀.
부 수: 刀	
총 획: 4	一 七 切 切

143

耳

귀 이	
부 수	耳
총 획	6

사람의 귀를 본뜸.

牛耳讀經(우이독경): 소 귀에 글 읽기, 아무리 일러 주어도 알아듣지 못함.

一 丆 丅 下 耳 耳

鼻

- 스스로 자(自) + 밭 전(田) + 20(十十)

코(自)는, 밭(田)에서 자라는 20(十十)여 가지의 채소를 냄새로 구분할 수 있다.

코 비	
부 수	鼻
총 획	14

耳目口鼻(이목구비): 귀, 눈, 입, 코.   鼻音(비음): 콧소리.

丿 丨 宀 白 自 自 自 鼻 鼻 鼻 畠 畠 鼻 鼻

品

쌓아 놓은 물건 상자를 본뜸.

물건 품	
부 수	口
총 획	9

品質(품질): 물건의 성질과 바탕.   人品(인품): 사람의 품격.

丨 冂 口 口 吕 吕 品 品 品

位

- 사람 인(亻) + 설 립(立)

사람(亻)이 서(立) 있는 자리는 그 사람의 위치(位置)이다.

자리 위	
부 수	亻
총 획	7

品位(품위): 사람이나 사물이 지닌 기품.

丿 亻 亻 亻 个 位 位

變

변할 변

부 수	言
총 획	23

- 실 사, 말씀 언, 실 사(糸言糸) + 칠 복(攵)

달궈진 쇠를 지속하여(糸言糸) 치면(攵) 모양이 변한다.
(糸言糸: 실처럼 말을 끊임없이 지속함을 뜻함.)

變化(변화): 바뀌어 달라짐.   變動(변동): 움직여 달라짐.

` ｀ 亠 ㇉ 言 言 言' 言糸 糸言糸 絲言糸 絲言糸 絲言絲 絲言絲 絲言絲 變 變 變

種

씨 종

부 수	禾
총 획	14

- 벼 화(禾) + 무거울 중(重)

물에 담가 가라앉은 무거운(重) 벼(禾)만 골라서
씨앗, 종자(種子)로 쓰다.

變種(변종): 달라진 종류, 같은 종이면서 보통과 다름.

丿 二 千 千 禾 禾' 禾' 秆 秆 秆 秆 秆 種 種

質

바탕 질

부 수	貝
총 획	15

- 도끼 근(斤) + 도끼 근(斤) + 돈 패(貝)

도끼 두 개(斤斤)로 나무를 잘라 장작 장사하여 돈(貝)을 벌다.
도끼는 장사의 밑바탕이다.

本質(본질): 근본 성질, 본바탕.   變質(변질): 질이 달라짐.

丿 ｒ Ｆ 斤 斤 斤' 斤斤 斤斤 所 斦 質 質 質 質

量

헤아릴 량

부 수	里
총 획	12

새해 아침(旦)을 맞이한 마을(里)이다.
옛날엔 의술이 부족하여 죽고 태어남이 잦아,
해가 바뀔 때마다 관청에서 마을 인구를 헤아렸다.

質量(질량): 물체를 이루는 물질의 양.   力量(역량): 일을 해낼 수 있는 힘.

丶 冂 日 日 旦 早 昌 昌 昌 量 量 量

最

해(日)처럼 세상을 밝히는 가장 최고(最高)의 지도자는
귀(耳)를 열어 듣고 또(又) 듣는다.
(어진 왕이 백성의 소리에 귀 기울이다.)

가장 최	
부 수	日
총 획	12

最高(최고): 가장 높음, 가장 뛰어남.   最善(최선): 가장 좋음.

丶 冂 日 日 旦 므 므 昌 冔 最 最 最

初

■ 옷 의(衣/衤) + 칼 도(刀)
옷(衤)을 만들기 위해 원단을 칼(刀)로 자르다.
옷 만드는 과정의 처음, 초기(初期) 단계이다.

처음 초	
부 수	刀
총 획	7

初期(초기): 처음이 되는 시기.   最初(최초): 가장 처음.

丶 ㇇ 衤 衤 衤 初 初

到

■ 이를 지(至) + 칼 도(刀/刂)
칼(刂)을 들고 무과 시험장에
이르러(至) 도착(到着)하다.

이를 도	
부 수	刂
총 획	8

到着(도착): 목적지에 이름.   到來(도래): 이르러 옴, 닥쳐옴.

一 エ 云 云 즈 至 至 到 到

着

■ 양 양(羊) + 눈 목(目)
양(羊)떼가 앞서가는 양의 꼬리에
눈(目)을 붙이고 밀착(密着)하여 이동하다.

붙을 착	
부 수	目
총 획	12

密着(밀착): 빈틈없이 붙음.   定着(정착): 어느 곳에 자리 잡아 삶.

丶 丷 丷 㕍 兰 羊 羊 养 着 着 着

祝

■ 제단 시(示) + 형 형(兄)
제단(示) 앞에서 가문의 맏이(兄)가 축문을 읽다.
집안의 평안을 빌며 축원(祝願)하다.

빌 축	祝願(축원): 원하는 것을 빎.　祝歌(축가): 축하의 뜻으로 부르는 노래.
부 수　示	
총 획　10	一 二 亍 亍 示 示 剂 剂 祀 祝

福

■ 제단 시(示) + 하나 일(一) + 입 구(口) + 밭 전(田)
제사 지낼 수 있는 제단(示)과
한(一)가족 먹고(口)살 수 있는 밭(田)이 있으니 행복(幸福)하다.

복 복	幸福(행복): 충분한 만족과 기쁨을 느낌.　祝福(축복): 행복하기를 빎.
부 수　示	
총 획　14	一 二 亍 亍 示 示 剂 剂 祀 福 福 福 福 福

結

■ 실 사(糸) + 길할 길(吉)
백년해로의 의미로 실(糸)을 준비하고 길(吉)일을 잡다.
서로 인연을 맺어 결혼(結婚)하다.

맺을 결	百年偕老(백년해로): 백년을 함께 늙음.　結合(결합): 관계를 맺어 하나가 됨.
부 수　糸	
총 획　12	⺅ ⺅ 幺 幺 糸 糸 紀 紀 紀 結 結 結

婚

■ 여자 녀(女) + 성씨 씨(氏) + 날 일(日)
여자(女)가 다른 성씨(氏)의 남자와
날(日)을 정하여 혼인하다.

혼인할 혼	結婚(결혼): 부부 관계를 맺음.　再婚(재혼): 다시 결혼함.
부 수　女	
총 획　11	⺅ 女 女 女 妒 妒 妡 妡 婚 婚 婚

終	■ 실 사(糸) + 겨울 동(冬)
	실(糸)로 옷감 짜는 일을 겨울(冬)에 마치어 종료(終了)하다.
	(봄이 되면 농사일로 바쁘기 때문.)
마칠 종	終結(종결): 마치어 끝맺음.　　　最終(최종): 맨 나중, 마지막.
부 수　　糸	
총 획　　11	⠀⠀⠀⠀⠀⠀⠀⠀⠀⠀⠀⠀ 终 終 終

丘	■ 도끼 근(斤) + 하나 일(一)
	도끼(斤) 하나(一)로
	뒷산 언덕에서 땔감을 구하다.
언덕 구	丘陵(구릉): 언덕.
부 수　　一	
총 획　　5	⠀⠀ 丘

兵	언덕(丘) 아래 숨어 있는 병사 둘(八)이다.
	(적을 살피거나 기습 공격을 할 목적으로 몰래 숨어 있음.)
병사 병	兵力(병력): 군대의 힘.　　　新兵(신병): 새로 입대한 병사.
부 수　　八	
총 획　　7	⠀⠀⠀⠀ 丘 兵 兵

卒	병졸 모자(亠)를 쓴 두 명(人人)의 훈련병이
	열흘(十) 만에 훈련을 마치어 졸업(卒業)하다.
마칠 졸	卒業(졸업): 학업이나 일을 마침.　　　兵卒(병졸): 군인, 병사.
부 수　　十	
총 획　　8	⠀⠀⠀⠀⠀⠀ 卒

專	■ 수레 차(車) + 마디 촌(寸) 한마디(寸)의 명령에 전진하는 전차(車: 탱크)는 오로지 전쟁을 위한 전유물(專有物)이다.
오로지 전	專有物(전유물): 오로지 한 개인이나 집단이 가지는 물건.
부 수 寸	
총 획 11	一 ᄃ 一 〒 百 百 甫 甫 甫 東 東 專 專

傳	■ 사람 인(亻) + 오로지 전(專) 오로지(專) 사람(亻)들의 입으로 전해 내려온 이야기이니 전설(傳說)이다.
전할 전	傳說(전설): 예부터 전해 내려온 이야기.
부 수 亻	
총 획 13	丿 亻 亻 亻 亻 亻 俥 俥 俥 傳 傳 傳 傳

說	■ 말씀 언(言) + 여덟/나눌 팔(八) + 형 형(兄) 양쪽으로 나누어져(八), 각 대표(兄)가 자신의 입장을 말(言)하며 설명(說明)하다.
말씀 설	說明(설명): 밝혀 말함. 說話(설화): 신화·전설·민담 등의 이야기.
부 수 言	
총 획 14	丶 亠 亠 言 言 言 言 訁 訁 訡 訡 詋 說

以	■ 팔을 굽혀 엄지척(𠃌) + 사람 인(人) 칭찬함으로써(𠃌) 사람(人)에게 자신감을 심어주다.
써 이	以心傳心(이심전심): 마음에서 마음으로 전함.
부 수 人	
총 획 5	丨 𠃌 𠃌 以 以

團	■ 오로지 전(專) + 둥근 원을 본뜸(口)
	오로지(專) 강강술래 놀이하기 위해
	둥글게(口) 모인 단체(團體)이다.
둥글 단	團體(단체): 여러 사람이 같은 목적을 위해 모인 집단.
부 수 口	
총 획 14	丨 冂 冂 冃 同 同 同 圃 圃 圑 團 團 團 團

體	뼈(骨)가 풍년(豊)이니
	뼈에 두툼하게 살이 붙은 몸, 신체(身體)이다.
	(뼈가 흉년이면 해골)
몸 체	體操(체조): 일정한 형식으로 몸을 움직임.
부 수 骨	
총 획 23	(필순)

操	■ 손 수(扌) + 물건 품(品) + 나무 목(木)
	손(扌)으로, 나무(木)로 된 물건(品)을 잡다.
	노를 잡아 배를 조종(操縱)하다.
잡을 조	操縱(조종): 다루어 부림. 操心(조심): 마음을 잡아 경계함.
부 수 扌	
총 획 16	(필순)

洗	■ 물 수(氵) + 먼저 선(先)
	물(氵)로 먼저(先) 손을 씻은 후에
	얼굴을 씻어 세면(洗面)하다.
씻을 세	洗面(세면): 얼굴을 씻음. 洗足(세족): 발을 씻음.
부 수 氵	
총 획 9	丶 丶 氵 氵 汒 汸 沈 洗 洗

對	■ 들판에 풀이 가지런히 난 모양(业) + 양 양(羊) + 마디 촌(寸) 들판(业)에서 목동이 손가락 마디(寸)로 조심스럽게 양(羊)을 몰며 가까이 대하다.
대할 대	對比(대비): 서로 맞대어 비교함. 對立(대립): 마주 대하여 섬.
부 수 寸	
총 획 14	⼁ ⼁⼁ ⼁⼁ ⼁⼁ ⼁⼁ ⼁⼁ ⼁⼁ ⼁⼁ 业 业 丵 丵 對 對

比	■ 비수 비(匕) + 비수 비(匕) 칼(匕) 두 개를 나란히 놓고 견주어 비교(比較)하다.
견줄(비교) 비	比重(비중): 다른 것과 비교했을 때의 중요성.
부 수 比	
총 획 4	一 ト 比 比

偉	■ 사람 인(亻) + 가죽 위(韋) 호랑이 가죽(韋)을 입은 사람(亻)은 부족의 족장이다. 족장은 부족을 이끄는 사람으로, 크고 위대(偉大)하다.
클 위	偉大(위대): 뛰어나고 훌륭함. 偉人傳(위인전): 위인의 업적과 삶을 적은 글.
부 수 亻	
총 획 11	丿 亻 亻 亻 伟 偉 偉 偉 偉 偉

雄	■ 열 십(十) + 나 사(厶) + 새 추(隹) 열(十) 마리 몫을 하는 내(厶) 새(隹: 사냥매)가 뛰어나게 웅비(雄飛)하다.
뛰어날 웅	雄飛(웅비): 뛰어나게 뻗어 나아감, 힘차게 활동함.
부 수 隹	
총 획 12	一 ナ 方 厷 厷 厷 厷 雄 雄 雄 雄

周	■ 성 경(冂) + 흙 토(土) + 입 구(口) 성(冂) 안의 토지(土)에 먹을(口)거리를 심다. 농작물을 두루두루 재배하여 자급자족하다.
두루 주	周圍(주위): 어떤 곳의 바깥 둘레.
부수 口	
총획 8	丿 冂 刀 月 用 用 周 周

週	■ 두루 주(周) + 뛸 착(辶) 부지런하게 두루두루(周) 뛰어다닌(辶) 일주일(一週日)이다.
주일/돌 주	一週日(일주일): 칠 일. 週間(주간): 한 주일 동안.
부수 辶	
총획 12	丿 冂 刀 月 用 用 周 周 週 週 週 週

調	■ 말씀 언(言) + 두루 주(周) 말(言)을 두루두루(周) 고르고 조화(調和)롭게 하다.
고를 조	調和(조화): 서로 잘 어울림. 強調(강조): 강하게 주장함, 두드러지게 함.
부수 言	
총획 15	丶 亠 二 宀 言 言 訂 訂 訊 調 調 調 調 調

查	■ 나무 목(木) + 또 차(且) 나무(木)를 살피고 또(且) 살피어 병충해를 입었는지 조사(調査)하다.
조사할 사	調査(조사): 고루고루 자세히 살펴보거나 찾아봄.
부수 木	
총획 9	一 十 才 木 朩 杳 杳 杳 査

順	■ 내 천(川) + 머리 혈(頁) 개천(川)에서 엄마(頁)오리를 따라 아기오리들이 일렬로 줄지어 순하게 순행(順行)하다.
순할 순	順行(순행): 차례대로 진행함.　　順理(순리): 올바른 이치나 도리.
부 수　頁	
총 획　12	ノ ノ 川 川 川 川 順 順 順 順 順 順

序	■ 큰바위집 엄(广) + 나 여(予) 식당(广)에서 내(予) 차례, 순서(順序)를 기다리다. (广: 궁, 관청, 창고, 공장, 가게처럼 규모가 큰 건물을 뜻함.)
차례 서	順序(순서): 정해진 차례.　　序文(서문): 머리말.
부 수　广	
총 획　7	丶 亠 广 广 庐 序 序

筆	■ 대나무 죽(竹) + 붓 율(聿) 대나무(竹) 자루가 끼워진 붓(聿)으로 필기(筆記)하다.
붓 필	筆記(필기): 글을 기록함.　名筆(명필): 이름난 필체, 뛰어나게 잘 쓴 글씨.
부 수　竹	
총 획　12	ノ 𠂉 竺 竺 竺 竺 筆 筆 筆 筆 筆 筆

寫	■ 집 면(宀) + 둥지 모양(臼) + 쌀 포(勹) + 알(灬) 제비가 동료의 집을 베끼어 지붕(宀) 아래 둥지(臼)를 틀다. 둥지에 알(灬)을 낳고 몸으로 감싸(勹) 품다.
베낄 사	複寫(복사): 베끼어 본뜸.　　筆寫(필사): 베끼어 씀.
부 수　宀	
총 획　15	丶 宀 宀 宀 宀 宀 宀 宀 宀 宀 冩 冩 寫 寫 寫

財	■ 돈 패(貝) + 재주 재(才) 돈(貝)을 버는 재주(才)로 재물(財物)을 모으다.	
재물 재	財物(재물): 돈이나 값나가는 물건.	財産(재산): 재물과 자산.
부 수	貝	
총 획	10	丨 冂 冂 月 月 目 貝 貝 貝⁻ 財 財

彦	■ 글 문(文) + 바위집 엄(厂) + 터럭 삼(彡) 바위집(厂)에서 오랜 세월 글(文)공부하여 머리털(彡)이 긴 선비, 언사(彦士)이다.	
선비 언	彦士(언사): 선비.	
부 수	彡	
총 획	9	丶 亠 ナ 文 立 产 彦 彦 彦

産	■ 선비 언(彦)과 날 생(生)의 합자 선비(彦)의 아기를 낳아(生) 출산(出産)하다.	
낳을 산	出産(출산): 아기를 낳음.	不動産(부동산): 옮길 수 없는 재산.
부 수	生	
총 획	11	丶 亠 ナ 文 立 产 产 产 彦 产 産

災	불(火)이 나고 열기(巛)가 피어오르다. 화산 폭발은 재앙(災殃)이다.	
재앙 재	災殃(재앙): 뜻하지 않게 생긴 불행한 사고.	産災(산재): 산업 재해.
부 수	火	
총 획	7	丶 巜 巛 巛 災 災 災

充	■ 갓머리 두(亠) + 나 사(厶) + 어진사람 인(儿) 열심히 공부하여 선비(亠)가 된 나(厶)는 어진 사람(儿)으로, 지혜가 가득하여 충만(充滿)하다.
가득할 충	充滿(충만): 가득 참. 充足(충족): 가득하여 만족함, 모자람이 없음.
부 수 儿	
총 획 6	丶 一 亠 云 产 充

尙	■ 작을 소(小)와 높을 고(高)의 합자 소인배(小)가 높은(高) 지위에 오르다. 왕이 어리석으니 간사한 신하가 오히려 더 높이 상존(尙存)하다.
오히려/높을 상	尙存(상존): 그대로 존재함. 高尙(고상): 품위가 있음.
부 수 小	
총 획 8	丨 丷 小 尙 尙 尙 尙 尙

當	■ 높을 상(尙)과 밭 전(田)의 합자 지대가 높은(尙) 곳은 물이 잘 빠지므로 밭(田)으로 사용함이 마땅하고 당연(當然)하다.
마땅할 당	當然(당연): 마땅히 그러함. 充當(충당): 모자라는 것을 채워 메움.
부 수 田	
총 획 13	丨 丷 业 尙 尙 尙 尙 當 當 當 當 當 當

局	■ 지붕 시(尸), 쌀 포(勹), 네모(口)의 합자 초가지붕(尸)을 새끼줄로 묶어(勹) 놓으니 네모난(口) 바둑판 모양의 형국(形局)이다.
판 국	形局(형국): 겉모양, 형편이나 국면. 當局(당국): 담당하는 기관.
부 수 尸	
총 획 7	一 フ コ 尸 尸 局 局

黑	■ 흙 토(土) + 돌(丶丶) + 굴뚝(口) + 불 화(灬)
	흙(土)과 돌(丶丶)을 쌓아 만든 굴뚝(口)이 불(灬)에 그을려 검은 흑색(黑色)이다.
검을 흑	
부수: 黑	黑白(흑백): 검은 빛과 흰 빛.　　黑板(흑판): 검은 널빤지, 칠판.
총획: 12	丶 冂 冂 冂 四 甲 里 里 黑 黑 黑

板	■ 나무 목(木) + 뒤집을 반(反)
	통나무(木)를 판판하게 깎고 뒤집어(反) 깎으니 널빤지, 판자(板子)가 되다.
널빤지 판	
부수: 木	板子(판자): 판판하고 넓은 나뭇조각.
총획: 8	一 十 才 木 朽 朽 板 板

壇	■ 흙 토(土) + 갓머리 두(亠) + 돌 회(回) + 아침 단(旦)
	흙(土)을 맷돌 모양(回)으로 둥그렇게 쌓아올려 만든 제단(祭壇)에서 선비(亠)들이 새해 아침(旦)에 제사하다.
제단 단	
부수: 土	祭壇(제단): 제사를 지내는 단.　　敎壇(교단): 교사가 강의하는 단.
총획: 16	一 十 土 圹 圹 圹 圹 垳 垳 埴 壇 壇 壇 壇 壇

賞	■ 높을 상(尙) + 돈 패(貝)
	높은(尙) 단상에서 상금(貝)과 상장을 주며 시상(施賞)하다.
상줄 상	
부수: 貝	施賞(시상): 상을 줌.　　賞品(상품): 상으로 주는 물품.
총획: 15	丨 丬 步 步 骨 骨 骨 骨 骨 骨 骨 骨 骨 賞 賞

亡	■ 갓머리 두(亠) + 감출 헤(匸/乚)
	망하여 갓(亠)을 덮어 쓰고 달아나 숨다(乚).
망할 망	
부 수 亠	亡身(망신): 체면을 망침.　　亡命(망명): 정치적 이유로 외국으로 달아남.
총 획 3	丶 亠 亡

望	■ 망할 망(亡) + 달 월(月) + 임금 왕(王)
	망하여(亡) 외국으로 망명한 왕(王)이
	달(月)을 바라보며 모국으로 돌아가길 바라다.
바랄 망	
부 수 月	所望(소망): 바라는 바.　　　失望(실망): 희망을 잃음.
총 획 11	丶 亠 亡 刟 切 挧 望 望 望 望 望

展	■ 주검 시(尸), 함께 공(共), 옷 의(衣)의 합자
	장례식장에서 관(尸)과 함께(共)
	수의(衣)를 펴 전시(展示)하다.
펼 전	
부 수 尸	展示(전시): 펼쳐서 보임.　　展望(전망): 멀리 바라봄, 내다보이는 경치.
총 획 10	一 フ ユ 尸 尸 屉 屈 屉 展 展

湖	■ 물 수(氵) + 옛 고(古) + 달 월(月)
	물(氵)의 양이 오랜(古) 세월(月) 동안
	그대로인 호수(湖水)이다.
호수 호	
부 수 氵	湖水(호수): 물이 괴어 있는 큰 못.
총 획 12	丶 氵 氵 沪 沽 沽 活 活 浒 湖 湖 湖

丸

- 아홉 구(九) + 불똥 주(丶)

불씨 보호를 위해
아홉(九) 개의 불똥(丶)을 둥글게 모아 두다.

둥글 환	
부 수	丶
총 획	3

丿 九 丸

彈丸(탄환): 탄알.　　　丸藥(환약): 둥글게 만든 알약.

熱

- 흙 토(土) + 돌(丶丶) + 흙 토(土) + 둥글 환(丸) + 불 화(灬)

진흙(土)과 돌(丶丶)을 겹겹이(土) 쌓아 둥근(丸) 아궁이를 만들다.
아궁이에 불(灬)을 피우니 더운 열기(熱氣)가 나다.

더울 열	
부 수	灬
총 획	15

一 十 土 扌 圥 圥 幸 坴 刲 刲 埶 埶 埶 熱 熱

熱氣(열기): 더운 기운.　　熱心(열심): 어떤 일에 정신을 집중함.

情

- 마음 심(心/忄) + 푸를 청(靑)

마음(忄)속에 품은 푸른(靑) 청춘의
뜻이 열정(熱情)으로 빛나다.

뜻 정	
부 수	忄
총 획	11

丶 丶 忄 忄 忄 忄 情 情 情 情 情

熱情(열정): 불타오르는 듯한 감정, 열중하는 마음.

卓

- 위 상(上), 해 일(日), 수평선(一), 뚫을 곤(丨)의 합자

수평선(一)을 뚫고(丨) 위(上)로 올라온 해(日)가
하늘 높이 떠 탁월(卓越)하게 빛나다.

높을 탁	
부 수	十
총 획	8

丶 卜 上 占 占 卣 卓 卓

卓越(탁월): 월등하게 뛰어남.　　卓見(탁견): 뛰어난 의견.

蜀	■ 그물 망(罒) + 쌀 포(勹) + 벌레 충(虫)
	그물(罒)에 싸여(勹)있는 벌레(虫)는
	고치 속의 애벌레이다.
애벌레 촉	蜀刀(촉도): 끝이 뾰족한 칼.
부 수 虫	
총 획 13	丶 丨 口 罒 四 罒 罕 罕 罘 罟 蜀 蜀 蜀

獨	■ 개 견(犬/犭) + 애벌레 촉(蜀)
	개(犭)가 고치 속의 애벌레(蜀)처럼
	홀로 고독(孤獨)하게 집을 지키다.
홀로 독	孤獨(고독): 홀로 외로움. 獨食(독식): 혼자 먹음, 이익을 독차지함.
부 수 犭	
총 획 16	丿 犭 犭 犭 犭 犭 犭 犭 狎 狎 狎 狎 獨 獨 獨

唱	■ 입 구(口) + 해 일(日) + 말할 왈(曰)
	해(日)처럼 밝은 얼굴로
	윗입술과 아랫입술(曰)을 움직이며 노래 부르다(口).
부를 창	獨唱(독창): 혼자 노래함. 名唱(명창): 이름난 소리꾼.
부 수 口	
총 획 11	丨 冂 口 叩 叩 唱 唱 唱 唱 唱 唱

島	■ 새 조(鳥)와 산 산(山)의 합자
	외딴섬의 갈매기 떼를 표현함.
	바위산(山)에 앉아 있는 갈매기(鳥) 떼이다.
섬 도	獨島(독도): 경상북도 울릉군 독도리에 있는 섬.
부 수 山	
총 획 10	丿 丨 冂 户 自 自 鳥 鳥 島 島

良	촛불(ヽ)을 밝히고 바르게 앉아 정신 수양하는 모습. 수양하여 이치에 밝고 마음씨가 좋은, 어진 사람이 되다.
좋을/어질 량	良心(양심): 어진(좋은) 마음.　　善良(선량): 착하고 어짐.
부수　艮	
총획　7	ヽ ㇇ ㇌ ㅋ 皀 皀 良

朗	■ 어질 량(良) + 달 월(月) 어질고(良) 보름달(月)처럼 밝으니 명랑(明朗)하다.
밝을 랑	明朗(명랑): 밝고 쾌활함.　　朗讀(낭독): 글을 소리 내어 밝게 읽음.
부수　月	
총획　11	ヽ ㇇ ㇌ ㅋ 皀 皀 良 朗 朗 朗 朗

具	■ 눈 목(目)과 제사용 그릇(丌)의 합자 제사용 그릇(丌) 위를 눈(目)으로 살피다. 제물을 빠짐없이 갖추어 구색(具色)을 맞추다.
갖출 구	具色(구색): 색을 갖춤, 물건을 골고루 갖춤.
부수　八	
총획　8	ㅣ 冂 冃 月 目 且 具 具

的	흰(白) 나무판 위에 끈을 둘러(勹) 원을 만들다. 원의 중앙에 화살(ヽ)이 박히다. 과녁에 적중(的中)하다.
과녁 적	的中(적중): 과녁의 가운데에 잘 들어맞음.
부수　白	
총획　8	′ 亻 冇 冄 白 白 的 的

氷	■ 얼음 빙(冫)과 물 수(水)의 합자 물(水)이 얼음(冫)으로 얼어 빙판(氷板)이 되다.
얼 빙	氷板(빙판): 얼음판.　　結氷(결빙): 물이 얼어붙음.
부 수　水	
총 획　5	丿 冫 汈 氷 氷

河	■ 물 수(氵) + 옳을 가(可) 물(氵)이 물길을 따라 옳게(可) 흐르는 곳은 강, 하천(河川)이다.
강 하	河川(하천): 강과 개천.　　氷河(빙하): 얼어붙은 강, 큰 얼음덩어리.
부 수　氵	
총 획　8	丶 冫 氵 氿 氿 泂 泂 河

知	■ 화살 시(矢) + 입 구(口) 화살(矢)처럼 빠르고 정확하게 말하다(口). 알고 있는 지식(知識)이 많은 사람이다.
알 지	知識(지식): 알고 있는 내용.　　感知(감지): 느끼어 앎.
부 수　矢	
총 획　8	丿 ㇒ 亠 乍 矢 矢 知 知

識	■ 말씀 언(言) + 소리 음(音) + 창 과(戈) 경계병이 말(言)소리(音)를 내는 대신, 창(戈)을 흔들어 아군에게 위험상황을 알리다.
알 식	識見(식견): 지식과 견문.　　意識(의식): 뜻을 분별하여 앎.
부 수　言	
총 획　19	丶 亠 立 言 言 言 言 言 言 言 語 語 語 識 識 識

支	■ 들보(一) + 기둥(丨) + 또 우(又)
	기둥(丨)과 들보(一)를 얹고 또(又) 얹어서 집을 지탱하다.
지탱할 지	支柱(지주): 지탱해주는 기둥.
부 수: 支	
총 획: 4	一 十 步 支

技	손(扌)으로 나무의 가지를 잡고 몸을 지탱하며(支) 꼭대기까지 오르다. 나무에 오르는 재주도 기술(技術)이다.
재주 기	技術(기술): 대상을 잘 다루는 재주.　　特技(특기): 특별한 기술.
부 수: 扌	
총 획: 7	一 十 扌 扌 扩 抆 技

能	■ 나 사(厶) + 고기 육(肉/月) + 비수 비(匕) + 비수 비(匕)
	내(厶) 몸(月)처럼 쌍칼(匕匕)을 능숙하게 다루니 무예에 능한 능력자(能力者)이다.
능할 능	能力(능력): 능히 해낼 수 있는 힘.　　技能(기능): 기술상의 능력.
부 수: 月	
총 획: 10	厶 厶 广 育 育 育 育 能 能 能

效	■ 사귈 교(交) + 칠 복(攵)
	사귐(交)이 옳지 않아 그릇된 길로 가다. 매를 쳐서(攵) 바로잡는 효과(效果)를 보다.
효과 효	效果(효과): 좋은 결과.　　效能(효능): 효과를 나타내는 능력.
부 수: 攵	
총 획: 10	丶 亠 亣 六 方 交 玅 效 效 效

都	■ 사람 자(者) + 고을 읍(邑/阝) 많은 사람(者)들과 여러 고을(阝)이 모여 도읍(수도의 옛 명칭)을 이루다.
도읍 도	首都(수도): 한 나라의 중앙 정부가 있는 도시.
부 수 阝 총 획 12	一 十 土 耂 耂 耂 者 者 者 者' 都 都

給	■ 실 사(糸) + 합할 합(合) 실(糸)처럼 길게 수도관을 이어(合) 각 가정에 물을 주어 급수(給水)하다.
줄 급	給水(급수): 물을 줌. 支給(지급): 정해진 몫만큼 내어 줌.
부 수 糸 총 획 12	` ‹ ‹ 幺 幺 糸 糸 紒 紒 給 給 給

材	■ 나무 목(木) + 재주 재(才) 통나무(木)에 목수의 손재주(才)가 더해져 재목(材木)이 되다.
재목 재	材木(재목): 건축·가구 등의 재료로 쓰이는 나무.
부 수 木 총 획 7	一 十 才 木 村 村 材

料	■ 쌀 미(米) + 말 두(斗) 급식소에서 쌀(米)을 말(斗)로 헤아려 요리(料理)하다.
헤아릴 료	材料(재료): 물건을 만드는 데 쓰이는 원료.
부 수 斗 총 획 10	` ` ‛ ⺍ 半 米 米 米 米 料

商	■ 설 립(立), 성 경(冂), 나눌 팔(八), 입 구(口)의 합자 성문(冂) 앞에 서서(立) 물건을 양쪽(八)으로 벌여 놓고, 외치며(口) 장사하는 상인(商人)이다.
장사 상	商人(상인): 장사하는 사람.　　　商工業(상공업): 상업과 공업.
부 수　口	
총 획　11	丶 亠 产 产 产 产 商 商 商 商

店	■ 큰바위집 엄(广) + 점칠 점(占) 매출액을 예측(占)해보고 가게(广), 점포를 차리다. (广: 궁, 관청, 창고, 공장, 가게처럼 규모가 큰 건물을 뜻함.)
가게 점	商店(상점): 물건을 파는 가게.　　　書店(서점): 책을 파는 가게.
부 수　广	
총 획　8	丶 亠 广 广 庀 庀 店 店

案	■ 편안할 안(安) + 나무 목(木) 나무(木)책상 앞에 편안히(安) 앉아서 안내(案內)하다.
책상 안	案內(안내): 내용을 소개하여 알려 줌.　　方案(방안): 일을 처리할 방법.
부 수　木	
총 획　10	丶 宀 宀 宀 安 安 安 宊 案 案

件	■ 사람 인(亻) + 소 우(牛) 사람(亻)이 소(牛)뿔에 받힌 사건(事件)이다.
사건 건	事件(사건): 주목을 받을 만한 일.　　案件(안건): 토의·연구해야 할 사항.
부 수　亻	
총 획　6	丿 亻 亻 仁 仵 件

關	■ 문 문(門) + 작을 요(幺幺) + 나무 조각(𣎴) 양쪽의 문짝(門)이 빗장을 끼우는 두 개의 작은(幺幺) 나무 조각(𣎴)으로 서로 이어져 관계(關係)하다.
관계할 관	關係(관계): 서로 관련을 맺음.　　關心(관심): 어떤 대상에 마음을 둠.
부수　門	
총획　19	丨 冂 冂 冃 冃' 門 門 門 門 門 閂 閂 閗 閗 閗 關 關 關

卽	"지금 곧, 즉시(卽時) 칼을 버리고 항복하라." 흰(白) 칼(匕)을 버리고 무릎(卩) 꿇다. (흰 칼 = 칼집에서 뽑힌 칼)
곧 즉	卽時(즉시): 당장에.　　卽效(즉효): 즉시 나타나는 효과.
부수　卩	
총획　9	′ 亻 亻 白 白 白 皀 皀 卽

節	■ 대나무 죽(竹) + 곧 즉(卽) 죽순(竹)은 나오는 즉시(卽) 규칙적인 마디가 형성된다.
마디 절	關節(관절): 뼈와 뼈가 서로 맞닿아 연결되어 있는 곳.
부수　竹	
총획　15	′ ⺮ ⺮ 竹 竹 竹 竺 笁 笁 笁 笁 笁 節 節 節

句	■ 쌀 포(勹) + 입 구(口) 입(口)으로 읊은 시를 글로 적어 한 구절(句節)씩 묶다(勹).
글/글귀 구	句節(구절): 한 토막의 말이나 글.　　語句(어구): 말의 마디.
부수　口	
총획　5	

敬	■ 풀 초(艹) + 글 구(句) + 칠 복(攵)
	수풀(艹)이 우거진 산속에서 글(句)공부할 때, 매를 치며(攵) 공부를 도와준 스승님을 공경(恭敬)하다.
공경 경	恭敬(공경): 공손히 섬김.　　敬老(경로): 노인을 공경함.
부 수　攵	
총 획　13	一 十 卄 艹 芍 芍 芍 苟 苟 苟 苟 敬 敬

禮	■ 제단 시(示) + 풍년 풍(豊)
	제단(示)에서 풍년(豊)을 기원하며 예도를 갖추어 예배(禮拜)하다.
예도 례	敬禮(경례): 공경의 뜻을 나타내는 인사.
부 수　示	
총 획　18	一 二 于 于 示 示 禾 禾 祁 禮 禮 禮 禮 禮 禮

舊	■ 풀 초(艹) + 새 추(隹) + 절구 구(臼)
	풀숲(艹)의 새(隹)소리와 더불어 절구(臼)방아 찧으며 살던 옛날은 구시대(舊時代)이다.
옛 구	舊時代(구시대): 예전 시대.　　舊面(구면): 예전부터 안면이 있는 사람.
부 수　臼	
총 획　18	一 十 廿 艹 艹 芍 芍 莅 萑 萑 萑 舊 舊 舊 舊 舊

屋	■ 지붕 시(尸) + 이를 지(至)
	지붕(尸)에 이르렀으니(至) 집의 옥상(屋上)이다.
집/옥상 옥	屋上(옥상): 지붕 위.　　舊屋(구옥): 옛 집.
부 수　尸	
총 획　9	一 ⼹ 尸 尸 屋 屋 屋 屋 屋

貯	■ 돈 패(貝) + 집 면(宀) + 하나 일(一) + 갈고리 궐(亅) 하나(一)의 연장(亅)으로 열심히 일하여 번 돈(貝)을 집(宀)에 쌓아 저축(貯蓄)하다.
쌓을 저	
부 수 貝	貯蓄(저축): 절약하여 모아 둠. 貯水池(저수지): 물을 모아 두는 못.
총 획 12	丨 冂 冃 月 目 貝 貝 貝` 貝` 貯 貯 貯

灰	■ 하나 일(一) + 막대기(丿) + 불 화(火) 부지깽이(丿) 하나(一) 들고 불(火)을 피우다. 타고 나니 재만 남아 회색(灰色)이다.
재 회	
부 수 火	灰色(회색): 잿빛. 灰青色(회청색): 잿빛이 도는 푸른색.
총 획 6	一 ナ 大 ナ 厂 灰

炭	■ 산 산(山) + 재 회(灰) 숯처럼 까만 석탄(石炭)을 산(山) 밑에 묻혀 있는 재(灰)로 표현함.
숯 탄	
부 수 火	木炭(목탄): 나무를 구워서 만든 숯.
총 획 9	丨 凵 山 屮 厂 岸 岸 炭 炭

固	■ 네모(口) + 옛 고(古) 네모난(口) 논이 오랜(古) 가뭄으로 물이 말라 딱딱하게 굳다.
굳을 고	
부 수 口	固體(고체): 딱딱하게 굳은 물체. 固有(고유): 본디부터 지니고 있음.
총 획 8	丨 冂 冃 円 円 周 周 固

害

해할/손해 해	
부 수	宀
총 획	10

- 집 면(宀), 손 수(手), 입 구(口)의 합자
남을 손찌검(手)하거나 근거 없이 헐뜯는 말(口)은
집안(宀)망신으로, 큰 손해(損害)이다.

損害(손해): 밑지어 해가 됨.   加害(가해): 남에게 해를 끼침.

丶 丶 宀 宀 宀 宲 宲 宔 害 害

惡

악할 악	
부 수	心
총 획	12

亞를 90도 돌리면 서로 멱살 잡고 싸우는 모습이다.
싸움(亞)하는 마음(心)은 악한 마음이다.

害惡(해악): 해가 되는 악한 일.   善惡(선악): 착한 것과 악한 것.

一 T T 丂 丌 亞 亞 亞 惡 惡 惡

德

덕 덕	
부 수	彳
총 획	15

- 다닐 행(行), 곧을 직(直), 마음 심(心)의 합자
행실(行)과 마음(心)이 곧고(直) 정직한 것을
덕(德)이라 한다.

德談(덕담): 잘되기를 바라는 말.

丿 彳 彳 彳 衤 徨 徨 徨 德 德 德 德 德

性

성품 성	
부 수	忄
총 획	8

- 마음 심(忄) + 날 생(生)
타고난(生) 마음(忄)이니
그 사람의 성품, 성격(性格)이다.

性格(성격): 개인이 가지고 있는 특유한 성질.

丶 丶 忄 忄 忄 忄 性 性

其	■ 달 감(甘) + 제사용 그릇(丌)
	제사용 그릇(丌) 위에 놓인 단(甘) 곶감,
	그것은 제물이다.
그 기	不知其數(부지기수): 그 수를 알지 못할 정도로 매우 많음.
부 수 八	
총 획 8	一 十 卄 廿 甘 苴 其 其

他	■ 사람 인(亻) + 잇기 야(也)
	사람(亻)은 서로 이어져(也) 있으나
	모두 다른 사람, 타인(他人)이다.
다를 타	他人(타인): 다른 사람, 남.　　其他(기타): 그 외에 또 다른 것.
부 수 亻	
총 획 5	丿 亻 亻 仳 他

基	■ 그 기(其) + 흙 토(土)
	집을 짓기 위해 흙을 쌓아 올려 지대를 높이다.
	그(其) 흙(土)은 터의 기초(基礎)이다.
터 기	基礎(기초): 밑받침, 토대.　　基本(기본): 사물의 근본.
부 수 土	
총 획 11	一 十 卄 廿 甘 苴 其 其 其 基 基

汽	■ 물 수(氵)와 기운 기(氣)의 합자
	물(氵)이 불의 기운(氣)을 받아
	끓어, 김이 나다.
물끓는김 기	汽車(기차): 증기 기관차.　　汽船(기선): 증기 기관 배.
부 수 氵	
총 획 7	丶 丶 氵 氵 氻 泞 汽

169

未

- 작은갓머리 두(亠) + 나무 목(木)
  나무(木)에 작은 갓(亠)을 붙여
  아직 자라지 아니한 어린나무의 미숙(未熟)함을 표현함.

아닐 미		未熟(미숙): 익지 않음, 익숙하지 않음. 未來(미래): 아직 오지 않은 때.
부 수	木	
총 획	5	一 二 キ 末 未

練

- 실 사(糸) + 고를 간(柬)
  옷감을 짜기 위해 좋은 실(糸)을 고르는(柬) 법을 익히어 연습(練習)하다.
  * 柬(고를 간): 눈(四)으로 나무(木)를 자세히 살펴 기둥감을 고르다.

익힐 련		練習(연습): 되풀이하여 익힘. 未練(미련): 단념하지 못하는 마음.
부 수	糸	
총 획	15	〈 纟 纟 纟 纟 糸 糽 紀 紳 紳 綁 綁 綁 練 練

末

- 큰갓머리 두(亠) + 나무 목(木)
  나무(木)에 큰 갓(亠)을 붙여
  끝까지 다 자란 나무의 말기(末期)를 표현함.

끝 말		末期(말기): 끝이 되는 시기. 結末(결말): 일을 맺는 끝.
부 수	木	
총 획	5	一 二 キ 末 末

期

- 그 기(其) + 달 월(月)
  그(其) 달(月)이 다 가기 전에
  다시 만날 것을 기약(期約)하다.

기간/기약할 기		期約(기약): 때를 정하여 약속함. 短期(단기): 짧은 기간.
부 수	月	
총 획	12	一 十 廿 甘 甘 甘 其 其 期 期 期 期

流	■ 물 수(氵) + 갓머리 두(亠) + 나 사(厶) + 내 천(川)
	갓(亠)을 덮어쓴 나(厶)는 물(氵)줄기를 따라 냇물(川)이 흐르듯이 유랑(流浪)한다.
흐를 류	
부 수: 氵	流浪(유랑): 정처 없이 떠돌아다님. 交流(교류): 서로 섞이어 흐름.
총 획: 10	丶 丶 氵 氵 汁 汽 浐 浐 浐 流

通	■ 날랠 용(甬)과 뛸 착(辶)의 합자
	날렵하게(甬) 뛰어(辶) 막힘없이 통과(通過)하다.
통과할/통할 통	
부 수: 辶	流通(유통): 흘러 통함, 세상에 통용됨.
총 획: 11	冖 冖 乛 冎 冎 甫 甬 甬 浦 涌 通

谷	산골짜기(父) 아래 물웅덩이(口)를 본뜸.
골짜기 곡	
부 수: 谷	山谷(산곡): 산골짜기. 溪谷(계곡): 물이 흐르는 골짜기.
총 획: 7	丿 丷 父 父 父 谷 谷

浴	■ 물 수(氵) + 골짜기 곡(谷)
	물(氵)이 흐르는 골짜기(谷)의 물웅덩이에서 목욕(沐浴)하다.
목욕할 욕	
부 수: 氵	沐浴(목욕): 머리를 감고 몸을 씻음. 浴室(욕실): 목욕하는 방.
총 획: 10	丶 丶 氵 氵 汁 汄 浐 浴 浴 浴

171

云	■ 둘 이(二) + 나 사(厶)
	내(厶)가 단어를 암기하기 위해, 두(二) 번씩 반복하여 말하다.
말할 운	
부 수 : 二	云云(운운): 이렇다 저렇다 말함.
총 획 : 4	一 二 云 云

雲	■ 비 우(雨) + 말할 운(云)
	비(雨)가 올 것을 미리 말해(云)주는 구름이 운집(雲集)하다.
구름 운	
부 수 : 雨	雲集(운집): 구름이 모임, 구름처럼 많이 모임.
총 획 : 12	一 广 户 币 雨 雨 雪 雪 雪 雲 雲 雲

亭	■ 높을 고(高), 하나 일(一), 갈고리 궐(亅)의 합자
	하나(一)의 연장(亅)으로 나무를 잘라 높게(高) 세우다. 쉴 수 있도록 만든 정자(亭子)이다.
정자 정	
부 수 : 亠	亭子(정자): 놀거나 쉬기 위해 지은 집, 벽이 없고 기둥과 지붕만 있음.
총 획 : 9	丶 亠 亠 亩 亩 亭 亭 亭 亭

停	■ 사람 인(亻) + 정자 정(亭)
	사람(亻)이 정자(亭)에서 쉬어 가기 위해 머무르다.
머무를 정	
부 수 : 亻	停車場(정거장): 버스나 열차가 머무르도록 정해진 장소.
총 획 : 11	丿 亻 亻 亻 亻 停 停 停 停 停 停

友

- 손 수(扌)와 또 우(又)의 합자
두 손(又)으로 내 손(扌)을 잡아준
벗과 우정(友情)을 나누다.

벗 우	
부 수	又
총 획	4

友情(우정): 친구와의 정.   友愛(우애): 형제간이나 친구 사이의 사랑.

一 ナ 友 友

課

- 말씀 언(言) + 밭 전(田) + 나무 목(木)
밭(田)에 있는 나무(木)에 대해 말(言)하다.
과수원의 수확량을 물어보고 세금을 매기어 과세(課稅)하다.

매길/공부할 과	
부 수	言
총 획	15

課稅(과세): 세금을 매김.   課題(과제): 주어진 문제.

丶 亠 亖 言 言 言 訁 訂 訂 訳 詛 評 課 課

宿

- 집 면(宀) + 사람 인(亻) + 일백 백(百)
집(宀)에 사람(亻) 백(百) 명이 머물다.
함께 잠자는 숙소(宿所)이다.

잘 숙	
부 수	宀
총 획	11

宿所(숙소): 임시로 묵는 곳.   宿命(숙명): 타고난 운명.

丶 宀 宀 宀 宀 宀 宿 宿 宿 宿 宿

題

- 옳을 시(是) + 머리 혈(頁)
옳게(是) 표현된 머리(頁)말은 제목(題目)이다.

제목 제	
부 수	頁
총 획	18

宿題(숙제): 앞으로 두고 해결해야 할 문제.

丨 冂 日 日 旦 무 무 昇 是 是 是 題 題 題 題 題 題

仙	■ 사람 인(亻) + 산 산(山) 사람(亻)이 산(山)속에서 도를 닦아 신선(神仙)이 되다.
신선 선	神仙(신선): 속세를 떠나 자연과 벗하며 고통 없이 사는 사람.
부 수 亻	
총 획 5	ノ 亻 亻 仙 仙

鮮	■ 물고기 어(魚) + 양 양(羊) 물고기(魚)와 양고기(羊)는 가치를 유지하려면 신선(新鮮)해야 한다.
신선할 선	新鮮(신선): 싱싱함, 새롭고 산뜻함.　　鮮明(선명): 뚜렷하고 밝음.
부 수 魚	
총 획 17	ノ ク 夕 夕 刍 刍 刍 鱼 鱼 魚 魚 魚 魚 鮮 鮮 鮮 鮮

貴	■ 가운데 중(中) + 하나 일(一) + 조개 패(貝) 조개(貝)가 몸의 가운데(中)에 품은 하나(一)의 진주는 귀한 보석이다.
귀할 귀	高貴(고귀): 높고 귀함.　　富貴(부귀): 재산이 넉넉함.
부 수 貝	
총 획 12	丶 冂 口 中 虫 虫 虫 声 青 青 貴 貴

臣	(臣을 우로 90도 돌리면) 양쪽의 신하(臣下)가 두 손으로 임금(口)을 보필하는 모습이다.
신하 신	君臣(군신): 임금과 신하.　　功臣(공신): 나라에 공을 세운 신하.
부 수 臣	
총 획 6	一 丆 匸 㠯 㠯 臣

敗

- 조개 패(貝) + 칠 복(攵)
조개껍데기(貝)로 딱지치기(攵) 놀이하다.
조개껍데기가 깨진 편이 패(敗)하다.

패할 패	
부 수	攵
총 획	11

勝敗(승패): 이김과 짐.   失敗(실패): 뜻대로 되지 않고 일이 틀어짐.

丨 冂 冃 月 目 貝 貝 貯 貯 敗 敗

鐵

- 쇠 금(金) + 흙 토(土) + 네모(口) + 임금 왕(王) + 창 과(戈)
흙(土)을 다루는 농기구와 사각(口) 파이프의 재료이며,
창(戈)을 만드는 데 쓰이는 최고(王)의 쇠(金)는 철(鐵)이다.

쇠 철	
부 수	金
총 획	21

鐵路(철로): 철길.   鐵板(철판): 쇠로 된 넓은 조각.

赤

- 흙 토(土)와 불 화(灬)의 합자
흙(土)으로 만든 아궁이에 남아 있는
불씨(灬)는 붉은 적색(赤色)이다.

붉을 적	
부 수	赤
총 획	7

赤色(적색): 붉은색.   赤血球(적혈구): 혈액 속의 적색 세포.

一 十 土 ナ 亓 赤 赤

州

- 내 천(川) + 불똥 주(丶)
하천(川) 주변에 촛불(丶)을 밝히는 주택이 들어서
고을(마을)을 이루다.

고을 주	
부 수	川
총 획	6

淸州(청주): 청주시.   光州(광주): 광주광역시.

丶 丿 丬 州 州 州

打	■ 손 수(扌) + 하나 일(一) + 갈고리 궐(亅) 손(扌)에 잡힌 하나(一)의 연장(亅)으로 침입한 도둑을 쳐 타격(打擊)하다.	
칠 타	打擊(타격): 때려 침.	打席(타석): 야구공을 치는 자리.
부 수	扌	
총 획	5	一 十 扌 扌 打

化	■ 사람 인(亻) + 비수 비(匕) 사람(亻)이 노인(匕)이 되어 노화(老化)하다. (匕를 우로 90도 돌리면 지팡이 짚은 노인.)	
될 화	強化(강화): 힘을 더 강하게 함, 수준·정도를 높임.	
부 수	匕	
총 획	4	ノ 亻 仁 化

曜	■ 해 일(日) + 깃 우(羽) + 새 추(隹) 날갯짓(羽)하는 새(隹)의 날개에 햇빛(日)이 반사되어 빛나듯, 하루하루가 빛나는 요일(曜日)이다.	
빛날 요	曜日(요일): 일월화수목금토, 일주일의 각 날을 나타내는 말.	
부 수	日	
총 획	18	丨 冂 日 日 日⁷ 日⁷ 日⁷ 日⁷ 日⁷ 日⁷ 曜 曜 曜 曜 曜 曜

4급

叚	■ 지붕 시(尸) + 둘 이(二) + 만들 공(工) + 또 우(又) 초가지붕(尸)을 두 겹(二)으로 만들어(工) 덮었는데도 또(又) 비가 새다.
흠 가	흠, 틈, 결함의 뜻이다.
부 수 又	
총 획 9	７ コ コ ア ア ア ア 叚 叚

假	■ 사람 인(亻) + 흠 가(叚) 거짓되고 가식(假飾)적인 사람(亻)에게는 흠(叚)이 있다.
거짓 가	假象(가상) 假面(가면) 假定(가정) 假髮(가발)
부 수 亻	
총 획 11	ノ 亻 亻 亻 亻 亻 亻 亻 仮 假 假

犮	개(犬)가 털(丿)을 날리며 달리다.
달릴 발	犬(개 견): 짖고 있는 개를 본뜸.
부 수 犬	
총 획 5	一 ナ 方 犮 犮

髮	■ 긴 장(長), 터럭 삼(彡), 달릴 발(犮)의 합자 긴(長) 머리털(彡)을 휘날리며 달리다(犮). 머리털은 모발(毛髮)이다.
머리털 발	短髮(단발) 白髮(백발) 理髮(이발)
부 수 髟	
총 획 15	丨 厂 厂 厂 乍 乍 兵 長 長 髟 髟 髟 髣 髮 髮

余

- 사람 인(人) + 하나 일(一) + 나무 목(木)
  어느 한(一) 사람(人)이 나무(木) 꼭대기까지 올라서
  "나 여기까지 올랐다!"고 외치다.

나 여	
부 수	人
총 획	7

余等(여등): 우리들.

丿 人 亼 亽 仐 佘 余

餘

- 먹을 식(食) + 나 여(余)
  내(余) 가족을 위해
  먹을(食) 것을 남겨 여분(餘分)으로 두다.

남을 여	
부 수	食
총 획	16

餘生(여생)   餘力(여력)   餘波(여파)   餘白(여백)

丿 𠂉 𠂊 ⺈ 今 今 食 食 食 飠 飠 飠 飮 餘 餘 餘

閑

- 문 문(門) + 나무 목(木)
  대문(門) 안의 나무(木) 그늘에서
  여유롭게 쉬고 있으니 한가(閑暇)하다.

한가할 한	
부 수	門
총 획	12

閑散(한산)   閑良(한량)   閑職(한직)

丨 丨 丨 月 月 門 門 門 門 閑 閑 閑

暇

- 날 일(日) + 흠 가(叚)
  날(日)에 틈(叚)이 있으니
  쉴 겨를이 있는 휴가(休暇)이다.

겨를 가	
부 수	日
총 획	13

閑暇(한가)   餘暇(여가)   休暇(휴가)

丨 冂 日 日 日' 日' 日甲 日甲 日艮 日段 日段 暇 暇

解	■ 뿔 각(角) + 칼 도(刀) + 소 우(牛)
	뿔(角)이 난 소(牛)를 칼(刀)로 풀어 해부(解剖)하다.
	(풀다 = 갈라 젖히다 = 해부하다)
풀 해	
부 수 角	和解(화해) 解消(해소) 理解(이해)
총 획 13	ᐟ ᐞ ᄼ ᄼ 角 角 角 角 解 解 解 解 解

除	■ 언덕 부(阝) + 나 여(余)
	언덕(阝)에서 시원한 바람을 맞으며
	내(余) 마음속 근심을 덜어 제거(除去)하다.
덜 제	
부 수 阝	解除(해제) 除名(제명) 除外(제외)
총 획 10	ᐟ ᄀ 阝 阝 阝 阝 除 除 除 除

尢	한쪽 다리가 불편한 절름발이를 본뜸.
절름발이 왕	
부 수 尢	절름발이의 뜻이다.
총 획 3	一 ナ 尢

尤	■ 절름발이 왕(尢) + 땀방울(丶)
	다리가 불편한 사람(尢)이 땀방울(丶)을 흘리며
	더욱 노력하다.
더욱 우	
부 수 尢	尤甚(우심): 더욱 심함. 尤妙(우묘): 더욱 묘함.
총 획 4	一 ナ 尢 尤

就

■ 서울 경(京) + 더욱 우(尤)
서울(京)이 더욱(尤) 발전해 나아가서
우리나라 중심지를 이루다.

나아갈/이룰 취

부 수	尤
총 획	12

就業(취업) 就學(취학) 成就(성취)

丶 亠 亠 亠 亨 京 京 京 就 就 就

將

몸(月)의 마디마디(寸)가 널빤지 조각(爿)처럼
단단한 사람은 장수(將帥)이다.
장수가 부대를 통솔하여 앞으로 나아가다.

장수/나아갈 장

부 수	寸
총 획	11

將軍(장군) 將來(장래) 日就月將(일취월장)

丨 丬 爿 爿 爿 扩 护 护 將 將 將

勸

■ 풀 초(艹) + 입 구(口) + 입 구(口) + 새 추(隹) + 힘 력(力)
풀(艹)숲의 새(隹)들이 짹짹(口口) 노래하며
힘(力)써 일하기를 권하다.

권할 권

부 수	力
총 획	20

勸善(권선) 勸告(권고) 勸勉(권면)

一 艹 艹 艹 艹 苎 芢 芢 莑 莑 萑 萑 萑 藿 藿 藿 藿 勸 勸

奬

■ 장수 장(將) + 큰 대(大)
장수(將)처럼 큰(大) 인물이 되라고
장려하며 장학금(奬學金)을 주다.

장려할 장

부 수	大
총 획	14

勸奬(권장) 奬勵賞(장려상)

丨 丬 爿 爿 爿 扩 护 护 將 將 將 奬 奬

壯	■ 조각 장(爿) + 선비 사(士) 널빤지 조각(爿)을 일격에 격파하는 선비(士)는 씩씩한 장사(壯士)이다.			
씩씩할 장	壯丁(장정)	壯觀(장관)	壯談(장담)	靑壯年(청장년)
부 수 士				
총 획 7	丨 丬 丬 爿 爿 壯 壯			

丁	■ 하나 일(一) + 갈고리 궐(亅) 갈고리(亅) 하나(一) 들고 일하는 장정(壯丁)이다.
장정/넷째천간 정	*10천간: 甲 乙 丙 丁 戊 己 庚 辛 壬 癸
부 수 一	
총 획 2	一 丁

裝	■ 씩씩할 장(壯) + 옷 의(衣) 씩씩한 장사(壯)가 옷(衣)을 꾸며 입다.			
꾸밀 장	假裝(가장)	正裝(정장)	裝備(장비)	裝置(장치)
부 수 衣				
총 획 13	丨 丬 丬 爿 爿 壯 壯 壯 奘 奘 奘 裝 裝			

備	■ 사람 인(亻), 함께 공(共), 쓸 용(用)의 합자 살림하는 사람(亻)이 가족 모두가 함께(共) 쓸(用) 수 있도록 물건을 넉넉히 갖추어 구비(具備)하다.			
갖출 비	對備(대비)	備置(비치)	準備(준비)	裝備(장비)
부 수 亻				
총 획 12	丿 亻 亻 亻 俨 俨 俨 俻 備 備			

象	■ 뿔 각(角)과 돼지 시(豕)의 합자 뿔(角)처럼 튀어나온 멧돼지(豕)의 이가 코끼리의 상아(象牙)와 닮았다.
코끼리 상	
부 수: 豕	對象(대상)　現象(현상)　表象(표상)　象形(상형)
총 획: 12	ノ ⺈ ⺈ 阝 ⺈ 色 多 多 多 多 象 象

豫	■ 나 여(予) + 코끼리 상(象) 내(予) 코끼리(象)는 정글의 위험한 곳을 미리 예측(豫測)하는 능력이 있다.
미리 예	
부 수: 豕	豫想(예상)　豫告(예고)　豫備(예비)　豫約(예약)
총 획: 16	乛 マ 了 予 予 予' 矛 矛 豫 豫 豫 豫 豫 豫 豫 豫

防	■ 언덕 부(阝) + 사방 방(方) 언덕(阝) 위에 사방(方)으로 성을 쌓아서 적의 침입을 막아 방비(防備)하다.
막을 방	
부 수: 阝	豫防(예방)　攻防(공방)　防止(방지)　防音(방음)
총 획: 7	乛 乛 阝 阝 阝' 阝方 防

測	■ 물 수(氵) + 규칙 칙(則) 밥을 짓기 위해 물(氵)의 양을 규칙(則)에 따라 헤아려 측정(測定)하다.
헤아릴 측	
부 수: 氵	觀測(관측)　豫測(예측)　推測(추측)　測量(측량)
총 획: 12	丶 丶 氵 氵 汀 汩 汩 泪 泪 測 測 測

施	■ 사방 방(方) + 누운사람 인(亻) + 잇기 야(也) 사방(方)에서 굶주려 쓰러지는 사람(亻)이 잇달다(也). 관청에서 구호 제도를 베풀어 시행(施行)하다.		
베풀 시	施設(시설)	施賞(시상)	實施(실시)	施工(시공)
부 수	方		
총 획	9	`丶 亠 亍 方 方 斻 斺 施 施`	

設	■ 말씀 언(言) + 몽둥이칠 수(殳) 목수들이 서로 말(言)을 주고받으며 뚝딱뚝딱 몽둥이 망치질(殳)하다. 한옥을 세워 건설(建設)하다.		
세울 설	設立(설립)	新設(신설)	設置(설치)	
부 수	言		
총 획	11	`丶 亠 亍 言 言 言 言 訁 訁 設 設`	

竝	■ 설 립(立) + 설 립(立) 나란히 서서(立立) 병렬(竝列)하다.		
나란히 병	竝行(병행)	竝置(병치)	竝設(병설)	
부 수	立		
총 획	10	`丶 亠 亍 立 立 竝 竝 竝 竝 竝`	

普	■ 나란히 병(竝) + 해 일(日) 해(日)가 세상을 나란히(竝) 넓게 비추다. 날마다 일어나는 보편(普遍) 현상이다.		
넓을 보	普通(보통)	普及(보급)	普遍(보편)	
부 수	日		
총 획	12	`丶 丷 䒑 并 并 並 並 普 普 普 普`	

置

- 그물 망(罒) + 곧을 직(直)
어부가 그물(罒)을 곧고(直) 반듯하게 두어 설치(設置)하다.

둘 치		配置(배치)	放置(방치)	位置(위치)	置重(치중)
부 수	罒				
총 획	13	｀ 冂 罒 罒 罒 罒 罘 罝 罝 罝 置			

狀

성의 상황(狀況)을 새긴 나무 조각(爿)을
개(犬)의 목에 걸어 인근 성으로 보내다.
적의 침입에 대해 지원을 요청하는 문서이다.

상황 상/문서 장		狀態(상태)	現狀(현상)	賞狀(상장)	委任狀(위임장)
부 수	犬				
총 획	8	ㅣ ㅕ ㅕ 爿 爿 牀 狀 狀			

況

- 물 수(氵) + 형 형(兄)
물(氵)을 관리하는 관청의 대표(兄)가
물의 상황(狀況)을 설명하다.

상황 황		現況(현황)	近況(근황)	好況(호황)	不況(불황)
부 수	氵				
총 획	8	｀ ｀ 氵 氵 氵 汨 汨 汨 況			

好

- 여자 녀(女) + 아들 자(子)
엄마(女)가 자녀(子)를 좋아하다.

좋을 호		好評(호평)	好轉(호전)	選好(선호)	絶好(절호)
부 수	女				
총 획	6	ㄑ ㄨ 女 好 好 好			

次

- 얼음 빙(冫) + 하품 흠(欠)
얼음(冫)으로 졸음(欠)을 이겨내며
다음 차례(次例)의 시험을 준비하다.

다음 차	次元(차원)	節次(절차)	再次(재차)	將次(장차)
부수	欠			
총획	6	丶 冫 冫 广 次 次		

姿

- 다음 차(次) + 여자 녀(女)
여자(女)가 공부하여 인품을 갖추고
다음(次)으로 모양 있는 자태(姿態)를 갖추다.

모양 자	姿勢(자세)	姿態(자태)
부수	女	
총획	9	丶 冫 冫 广 次 次 姿 姿

態

- 능할 능(能) + 마음 심(心)
요리하는 능력(能)을 보이기 위해
마음(心)껏 모양을 낸 상태(狀態)이다.

모양 태	世態(세태)	姿態(자태)	實態(실태)	態度(태도)
부수	心			
총획	14	ㄥ ㄥ 乍 乍 育 育 育 能 能 能 能 態 態		

投

- 손 수(扌) + 몽둥이칠 수(殳)
손(扌)에 들고 있던 몽둥이(殳)를 던지고 투항(投降)하다.

던질 투	投資(투자)	投票(투표)	投手(투수)	投與(투여)
부수	扌			
총획	7	一 十 扌 扌 护 扨 投		

資	■ 다음 차(次) + 돈 패(貝) 사람이 살아가며 중요한 것은 건강 다음(次)으로 재물(貝), 자산(資産)이다.				
재물 자	資料(자료)	資格(자격)	資本(자본)	資質(자질)	
부 수	貝	` ⺈ 冫 汁 次 冹 咨 資 資 資 資 資 資				
총 획	13				

源	■ 물 수(氵) + 본바탕 원(原) 물줄기(氵)의 본바탕(原), 근원은 수원지(水源地)이다.				
근원 원	資源(자원)	根源(근원)	起源(기원)	語源(어원)	
부 수	氵	` ` 氵 氵 氵 氵 沪 沪 沪 沥 源 源 源				
총 획	13				

泉	■ 흰 백(白) + 물 수(水) 흰(白) 물(水)이니 깨끗한 샘물이다.			
샘 천	源泉(원천)	溫泉(온천)	黃泉(황천)	
부 수	水	` ⺈ ⺇ 白 白 臬 臬 泉 泉			
총 획	9			

映	■ 해 일(日) + 가운데 앙(央) 해(日)의 빛처럼 가운데(央)를 비추어 영화(映畵)를 상영하다.			
비칠 영	上映(상영)	映射(영사)	映像(영상)	
부 수	日	｜ 冂 冂 日 日 旷 旷 映 映			
총 획	9			

郵

- 일천 천(千) + 풀 초(艹) + 흙 토(土) + 고을 읍(邑/阝)
땅(土) 위에 난 천(千) 가지의 풀잎(艹)처럼
수많은 우편(郵便)이 고을(阝)마다 배송되다.

우편 우	郵票(우표) 郵便葉書(우편엽서)
부 수	阝
총 획	11

一 二 三 ⺯ ⺯ 乒 乓 垂 垂 郵 郵

票

- 서쪽 서(西) + 제단 시(示)
집안 어른이 서쪽(西)의 제단(示)에
외부인이 들어가지 못하도록 쪽지를 매달아 놓다.

쪽지/표 표	車票(차표) 投票(투표) 暗票(암표) 賣票(매표)
부 수	示
총 획	11

一 二 三 西 西 西 覀 票 票 票 票

標

- 나무 목(木) + 쪽지 표(票)
나뭇(木)가지에 쪽지(票)를 매달아 표시(標示)하다.

표시할 표	指標(지표) 音標(음표) 目標(목표) 標準(표준)
부 수	木
총 획	15

一 十 才 木 木 朽 柯 桓 栖 栖 標 標 標 標 標

準

- 물 수(氵) + 새 추(隹) + 열 십(十)
물(氵) 위를 새(隹) 열(十) 마리가 질서 있게 헤엄치다.
법도, 표준(標準)을 뜻함.

법/표준 준	基準(기준) 準備(준비) 準據(준거) 平準化(평준화)
부 수	氵
총 획	13

丶 冫 氵 氵 氵 沪 汢 浐 淮 淮 淮 準 準

委	■ 벼 화(禾) + 여자 녀(女) 벼(禾)가 보관된 광을 아내(女)에게 맡겨 위임(委任)하다.
맡길 위	委員(위원)　　委任狀(위임장)
부 수　女	
총 획　8	一 二 千 千 禾 禾 委 委

隊	■ 언덕 부(阝) + 여덟 팔(八) + 돼지 시(豕) 언덕(阝)에 여덟(八) 마리의 멧돼지(豕)가 무리지어 대열(隊列)을 이루다.
무리 대	軍隊(군대)　　部隊(부대)　　隊員(대원)
부 수　阝	
총 획　12	' 阝 阝 阝 阝 阝 阝 阝 阝 隊 隊 隊

員	■ 입 구(口) + 돈 패(貝) 인원(人員)을 파악하여 한 명씩 부르며(口) 월급(貝)을 주다.
인원 원	滿員(만원)　　全員(전원)　　缺員(결원)　　會員(회원)
부 수　口	
총 획　10	' 口 口 口 貝 貝 貝 員 員 員

	■ 인원 원(員) + 둥근 원을 본뜸(囗) 여러 인원(員)이 모여 둥글게 원(囗)을 만든 후, 수건 돌리기 놀이하다.
둥글 원	圓滿(원만)　　圓滑(원활)　　圓卓(원탁)　　半圓(반원)
부 수　囗	
총 획　13		冂 冂 冂 冃 冃 冋 冋 周 員 員 圓 圓

兩

- 하나 일(一) + 성 경(冂) + 들 입(入)

하나(一)의 성(冂)에 문이 두 쪽이니
양문(兩門) 모두 열고 들어(入)가다.

두 량		
부 수	入	
총 획	8	

兩面(양면)　　兩極(양극)　　一擧兩得(일거양득)

一 冂 冂 币 币 兩 兩 兩

滿

- 물 수(氵) + 20(十十) + 두 량(兩)

20(十十) 번이나 물(氵)을 길어다가
양쪽(兩)의 물동이를 가득 채우니 만족(滿足)스럽다.

찰 만		
부 수	氵	
총 획	14	

充滿(충만)　滿發(만발)　未滿(미만)　不滿(불만)

丶 丶 氵 氵 汒 汓 汓 浩 浩 満 満 滿 滿

街

- 다닐 행(行) + 흙 토(土) + 흙 토(土)

여행 다니는(行) 넓은 토지(圭)마다
거리에 가로수(街路樹)가 자라다.

거리 가		
부 수	行	
총 획	12	

商街(상가)　　住宅街(주택가)　　街路燈(가로등)

丿 彳 彳 彳 彳 彳 彳 徍 徍 徍 街 街

巷

- 함께 공(共) + 뱀 사(巳)

사람들이 함께(共) 이용하는
뱀(巳)처럼 굽은 길, 거리이다.

거리 항		
부 수	己	
총 획	9	

巷間(항간)　　街談巷說(가담항설): 거리나 사람들 사이에 떠도는 소문.

一 十 卄 世 世 共 共 巷 巷

港

- 물 수(氵) + 거리 항(巷)

물(氵)에 난 거리(巷)인 뱃길을 따라 배가 항구(港口)로 오다.

항구 항	
부 수	氵
총 획	12

出港(출항)　　空港(공항)　　漁港(어항)

丶 丶 氵 汁 汁 洪 洪 浐 洪 洪 港 港

升

- 종이비행기(丿) + 받쳐들 공(廾)

종이비행기(丿)를 받쳐 들어(廾) 날리니 바람을 타고 위로 오르다.

오를 승	
부 수	十
총 획	4

升堂入室(승당입실): 마루에 오른 다음 방으로 들어감, 일에는 차례가 있음.

丿 二 千 升

昇

- 해 일(日) + 오를 승(升)

해(日)가 하늘 높이 올라(升) 승천(昇天)하다.

오를 승	
부 수	日
총 획	8

上昇(상승)　　昇降(승강)　　昇進(승진)

丶 冂 冂 日 旦 早 昇 昇

飛

- 깃 우(羽)와 오를 승(升)의 합자

날개(羽)를 펴고 오르다(升). 날아 비행(飛行)하다.

날 비	
부 수	飛
총 획	9

飛上(비상)　　飛報(비보)　　飛躍(비약)

乁 飞 飞 飞 飞 飛 飛 飛 飛

詩	■ 말씀 언(言) + 절 사(寺)
	절(寺)에서 수행하여 깨달은 진리를 시(詩)로 말(言)하다.

시 시	詩集(시집) 詩評(시평) 童詩(동시) 詩畫(시화)
부 수	言
총 획	13

`丶 亠 亠 亠 言 言 言 計 計 詩 詩 詩`

評	■ 말씀 언(言) + 평평할 평(平)
	말(言)을 공평(平)하게 하며 평가(評價)하다.

평가할 평	批評(비평) 評論(평론) 評判(평판) 書評(서평)
부 수	言
총 획	12

`丶 亠 亠 亠 言 言 言 訂 評 評 評`

批	■ 손 수(扌) + 비수 비(匕) + 비수 비(匕)
	수(扌)작업으로 만든 칼들(匕匕)을 검사하다. 장인이 칼의 품질을 비평(批評)하다.

비평할 비	批判(비판) 批准(비준): 조약의 체결에 대한 최종 확인·동의 절차.
부 수	扌
총 획	7

`一 十 扌 扌 批 批 批`

判	■ 반 반(半) + 칼 도(刂)
	반반(半)씩 정확하게 칼(刂)로 자르듯이 공정하게 판정(判定)하다.

판정할 판	判斷(판단) 判事(판사) 判明(판명) 判別(판별)
부 수	刂
총 획	7

`丶 丷 丷 䒑 半 半 判`

奇	기이(奇異)한 일을 접하면 윗입술(一)과 아랫입술(亅)을 크게(大) 벌리며 '와~(口)' 한다.			
기이할 기	奇妙(기묘)	神奇(신기)	奇跡(기적)	好奇心(호기심)
부 수 大				
총 획 8	一 ナ 大 产 夳 奈 춤 奇			

妙	■ 여자 녀(女) + 젊을 소(少) 여자(女)의 젊은(少) 시절은 예쁘고 빼어나 묘하다. *묘하다: 말할 수 없이 빼어나고 훌륭하다.			
묘할 묘	絶妙(절묘)	妙技(묘기)	妙味(묘미)	妙案(묘안)
부 수 女				
총 획 7	乚 夕 女 圠 圠 妙 妙			

寄	■ 집 면(宀) + 기이할 기(奇) 벌레가 지붕(宀) 밑에 기이하게(奇) 붙어살며 기생(寄生)하다.			
붙어살/부칠 기	寄與(기여)	寄附(기부)	寄宿舍(기숙사)	
부 수 宀				
총 획 11	丶 宀 宀 宀 宀 宋 寄 寄 寄 寄			

	■ 양쪽 두사람(𦥑) + 절굿공이(⻆) + 절구통(六) 둘이서 절구질하는 모습. 절굿공이를 들고 더불어 참여(參與)하여 절구질을 돕다.			
더불/줄 여	給與(급여)	與黨(여당)	與否(여부)	與件(여건)
부 수 臼				
총 획 14	丶 丆 丆 丆 丆 丆 臼 臼 臼 與 與 與 與			

斷

도끼(斤)로 나무토막을 네 조각으로 작게(幺) 끊어 절단(切斷)하다.

끊을 단		斷食(단식)	斷言(단언)	斷層(단층)	斷乎(단호)
부 수	斤				
총 획	18				

絕

■ 실 사(糸) + 쌀 포(勹) + 뱀 사(巴)

실(糸)로 짠 그물에 싸여(勹) 있는 뱀(巴)이, 곧 숨이 끊어질 듯하여 절망(絕望)하다.

끊을 절		斷絕(단절)	拒絕(거절)	絕妙(절묘)	謝絕(사절)
부 수	糸				
총 획	12				

曾

양쪽(八)에 마주 앉아 눈(罒)을 보고 말하며(曰) 거듭 협상하다.

거듭 증		曾孫(증손)	曾祖(증조)	顯曾祖考(현증조고)	
부 수	曰				
총 획	12				

層

■ 지붕 시(尸) + 거듭 증(曾)

지붕(尸)이 거듭(曾)되다.
탑이나 건물의 층(層)을 뜻함.

층 층		高層(고층)	深層(심층)	層階(층계)	年齡層(연령층)
부 수	尸				
총 획	15				

增	■ 흙 토(土) + 거듭 증(曾) 흙(土)을 거듭(曾) 쌓으니 더해져 증가(增加)하다.
더할 증	增減(증감)　　增築(증축)　　急增(급증)　　增進(증진)
부수　土	
총획　15	一 十 土 圡 圡 圹 圹 圸 垍 垍 垍 增 增 增 增

減	■ 물 수(氵) + 모두/다 함(咸) 물(氵)을 모두 다(咸) 덜어내니 감소(減少)하다.
덜 감	加減(가감)　　減量(감량)　　減縮(감축)　　減免(감면)
부수　氵	
총획　12	丶 丶 氵 氵 汀 汀 汀 沥 沥 減 減 減

壓	날(日)이 저물어 달(月)이 뜰 때까지 땀(丶)을 흘리며 커다란(大) 두부를 만들다. 흙(土)으로 만든 아궁이에 불을 지펴 콩을 끓이고 돌(厂)로 눌러 압력(壓力)을 가하다.
누를 압	壓縮(압축)　　彈壓(탄압)　　威壓(위압)　　制壓(제압)
부수　土	
총획　17	一 厂 厂 厂 厂 厂 厈 厈 厈 厈 厭 厭 厭 壓 壓 壓

縮	■ 실 사(糸) + 잘 숙(宿) 실(糸)을 잠재우니(宿) 줄어 수축(收縮)하다. (잠재우다 = 눌러 가라앉게 하다)
줄일 축	短縮(단축)　　縮約(축약)　　壓縮(압축)　　縮小(축소)
부수　糸	
총획　17	乙 幺 幺 幺 糸 糸 糸 糽 糽 糽 紵 紵 紵 縮 縮 縮

階	■ 언덕 부(阝) + 견줄 비(比) + 흰 백(白) 언덕(阝)을 오를 수 있도록 흰(白) 돌을 나란히(比) 박아 만든 계단(階段)이다.		
계단 계	層階(층계)	音階(음계)	階級(계급)
부 수	阝		
총 획	12	ˊ ㇏ 阝 阝̇ 阝̈ 阰 階 階 階 階	

段	■ 4층 목탑 모양(𠂆) + 몽둥이칠 수(殳) 4층 목탑(𠂆)을 몽둥이 망치로 치며(殳) 만들다. 목탑의 층계를 단계(段階)별로 조립하다.		
층계 단	手段(수단)	文段(문단)	段落(단락)
부 수	殳		
총 획	9	ˊ 𠂆 𠂆 𠂇 𠂇 𠂉 段 段 段	

毋	■ 어머니 모(母)와 붓(丿)의 합자 현명한 어머니(母)가 붓(丿)을 들어 자녀에게 편지 쓰다. 무조건 하지 말라 아니하고 깨우침을 주다.	
말/아니할 무	毋望之人(무망지인): 어려움에 처했을 때 청하지 않아도 도움을 주는 사람.	
부 수	毋	
총 획	4	ㄴ 𠃋 毌 毋

毒	■ 날/살 생(生)과 아니할 무(毋)의 합자 살아(生)있어도 말하지 아니하다(毋). 독초(毒草)를 먹고 혀가 마비되다.			
독 독	毒素(독소)	毒感(독감)	解毒(해독)	中毒(중독)
부 수	毋			
총 획	8	一 二 ㅗ 主 𠂇 青 毒 毒		

羅

- 그물 망(罒) + 실 사(糸) + 새 추(隹)
새(隹)를 잡기 위해 실(糸)로 엮은 그물(罒)을 벌여 나열(羅列)하다.

벌일 라	
부 수	罒
총 획	19

羅針盤(나침반)　　網羅(망라)

丶 冂 冂 冂 罒 罒 罒 罒 罒 罗 罗 罗 罗 罗 羅 羅 羅 羅 羅

針

- 쇠 금(金) + 열 십(十)
쇠(金)를 열(十) 번 다듬으니
뾰족하고 매끄러운 바늘이 되다.

바늘 침	
부 수	金
총 획	10

毒針(독침)　　指針(지침)　　針葉樹(침엽수)

丿 人 入 亼 亽 仐 仝 金 金 針

激

- 물 수(氵) + 흰 백(白) + 사방 방(方) + 칠 복(攵)
물(氵)이 바위에 부딪쳐(攵) 사방(方)으로 하얗게(白) 튀다.
파도가 심하여 격렬(激烈)하다.

심할 격	
부 수	氵
총 획	16

激變(격변)　　過激(과격)　　激鬪(격투)　　激憤(격분)

丶 丶 氵 氵 氵 沪 沪 沪 泊 泊 淳 潡 潡 潡 激 激

烈

- 벌일 렬(列) + 불 화(灬)
벌여진(列) 불(灬)이
세차게 타 격렬(激烈)하다.

세찰 렬	
부 수	灬
총 획	10

壯烈(장렬)　　強烈(강렬)　　烈烈(열렬)　　烈士(열사)

一 ァ 歹 歹 列 列 列 烈 烈 烈

政	■ 바를 정(正) + 칠 복(攵)
	법을 바르게(正) 만들고,
	어기면 법으로 쳐서(攵) 질서를 바로잡으며 정치(政治)하다.

정치 정		政黨(정당)	政局(정국)	政權(정권)	行政(행정)
부 수	攵				
총 획	9	一 丁 下 下 正 正 正 政 政			

府	■ 큰바위집 엄(广) + 사람 인(亻) + 마디 촌(寸)
	민원인(亻)에게 마디마디(寸) 자세히 설명하여
	민원을 해결해 주는 집(广)은 관청이다.

관청 부		政府(정부)	司法府(사법부)	立法府(입법부)
부 수	广			
총 획	8	丶 一 广 广 广 疒 府 府		

統	■ 실 사(糸) + 가득할 충(充)
	지혜로 가득한(充) 장수가
	부하들을 줄줄이(糸) 거느려 통솔(統率)하다.

거느릴 통		統治(통치)	傳統(전통)	統計(통계)	統一(통일)
부 수	糸				
총 획	12	丿 幺 幺 幺 糸 糸 紶 統 統 統 統			

治	■ 물 수(氵) + 나 사(厶) + 입 구(口)
	물(氵)줄기를 끼고 내(厶) 나라를 세운 후
	먹을(口) 양식을 생산하며 다스려 치국(治國)하다.

다스릴 치		政治(정치)	治療(치료)	自治(자치)	以熱治熱(이열치열)
부 수	氵				
총 획	8	丶 丶 氵 氵 治 治 治 治			

績	■ 실 사(糸) + 책임 책(責) 실(糸)을 책임(責)지고 짜서 실적(實績)을 쌓다.			
짤 적	治績(치적)	業績(업적)	功績(공적)	成績(성적)
부수 糸				
총획 17	幺 幺 幺 糸 糸 糸 糸 糸 糸 糸 結 績 績 績 績 績 績			

系	■ 하나 일(一) + 실 사(糸) 한(一) 가닥의 실(糸)처럼 대대로 이어져온 혈연이 혈통, 계보(系譜)이다.			
혈통 계	系列(계열)	系統(계통)	體系(체계)	直系(직계)
부수 糸				
총획 7	一 亠 乑 幺 系 系 系			

係	■ 사람 인(亻) + 혈통 계(系) 사람(亻)은 혈통(系)으로 매어져 관계(關係)된다.	
맬/관계될 계	利害關係(이해관계): 서로의 이익과 손해에 관련을 맺고 있음.	
부수 亻		
총획 9	丿 亻 亻 亻 仁 仁 俘 俘 係 係	

松	■ 나무 목(木) + 공평할 공(公) 각지에 골고루(公) 널리 분포된 나무(木)는 소나무이다.			
소나무 송	松林(송림)	赤松(적송)	老松(노송)	松液(송액)
부수 木				
총획 8	一 十 才 才 木 朴 松 松			

擊	■ 수레 차(車) + 산 산(山) + 몽둥이칠 수(殳) + 손 수(手) 수레(車)를 끌고 산(山)에 가서 몽둥이(殳)감을 구해 오다. 손(手)질하여 만든 야구 방망이로 공을 쳐 타격(打擊)하다.
칠 격	功擊(공격)　　目擊(목격)　　射擊(사격)　　反擊(반격)
부 수 : 手	
총 획 : 17	一 厂 厂 币 西 車 車 車 軎 軎 軎ノ 軗 軗 軗 軗 擊 擊

暴	■ 해 일(日) + 함께 공(共) + 물 수(水) 폭포수에 햇빛이 반사되어, 햇빛(日)과 함께(共) 물(水)이 사납게 떨어지다.
사나울 폭	暴風(폭풍)　　暴行(폭행)　　暴落(폭락)　　暴露(폭로)
부 수 : 日	
총 획 : 15	丶 口 曰 旦 旦 昌 昪 昦 昊 昦 暴 暴 暴 暴 暴

爆	■ 불 화(火) + 사나울 폭(暴) 불(火)이 사납게(暴) 터져 폭발(爆發)하다.
불터질 폭	爆彈(폭탄)　　爆笑(폭소)　　爆擊(폭격)
부 수 : 火	
총 획 : 19	丶 丶 ヅ 火 火 炉 炉 炉 炉 煜 煜 煜 爆 爆 爆 爆 爆 爆

皮	■ 범 호(虎), 송곳처럼 뾰족한 칼(丨), 또 우(又)의 합자 범(虎)의 가죽을 뾰족한 칼(丨)과 두 손(又)으로 벗기어 모피(毛皮)를 얻다.　　(虎를 3, 4획만으로 표현함)
가죽 피	皮骨(피골)　　皮膚(피부)　　虎皮(호피)　　鐵面皮(철면피)
부 수 : 皮	
총 획 : 5	丿 厂 广 皮 皮

破	■ 돌 석(石) + 가죽 피(皮) 돌(石)을 가죽(皮)에 끼워 발사하다. (새총!) 돌에 맞은 유리창이 깨져 파손(破損)되다.				
깨뜨릴 파	爆破(폭파)	擊破(격파)	破裂(파열)	破竹之勢(파죽지세)	
부 수	石				
총 획	10	一 ノ ナ 石 石 石 矿 矿 矽 破			

損	■ 손 수(扌) + 인원 원(員) 손(扌)가락으로 지목되어 인원(員)을 덜어내니 손해(損害)이다. (경기 중 퇴장을 당함.)				
덜 손	損益(손익)	損失(손실)	破損(파손)	損傷(손상)	
부 수	扌				
총 획	13	一 十 扌 扌 扌 护 护 捐 捐 捐 捐 損 損			

益	그릇(皿) 위에 제물로 전(八)을 올리고 더하여 한(一) 장 더(八) 올리다.				
더할 익	利益(이익)	收益(수익)	有益(유익)	多多益善(다다익선)	
부 수	皿				
총 획	10	ノ 八 ハ ハ 竺 ペ 兴 谷 谷 益			

筋	■ 대나무 죽(竹) + 고기 육(肉/月) + 힘 력(力) 몸(月)에 힘(力)을 쓰면 대나무(竹) 뿌리처럼 힘줄과 근육(筋肉)이 드러난다.				
힘줄 근	筋力(근력)	鐵筋(철근)	骨格筋(골격근)		
부 수	竹				
총 획	12	ノ ト 木 朴 竹 竹 竹 ケ 竺 竺 筋 筋			

疲	■ 병들 녁(疒) + 가죽 피(皮) 병색(疒)이 짙은 피부(皮)이니 피곤(疲困)해 보이다.		
피곤할 피	疲勞(피로)	疲弊(피폐)	疲困(피곤)
부 수	疒		
총 획	10	丶 亠 广 广 疒 疒 疒 疒 疲 疲	

困	사방이 막혀(囗) 나무(木)가 자라기에 곤란(困難)하다.			
곤란할 곤	疲困(피곤)	貧困(빈곤)	困境(곤경)	困窮(곤궁)
부 수	囗			
총 획	7	丨 冂 冂 用 困 困 困		

貧	■ 돈 패(貝) + 나눌 분(分) 돈(貝)을 모두 나누어(分)주니 가난하여 빈곤(貧困)하다.			
가난할 빈	貧富(빈부)	貧窮(빈궁)	貧弱(빈약)	貧血(빈혈)
부 수	貝			
총 획	11	丶 八 分 分 分 贫 贫 贫 貧 貧 貧		

富	■ 집 면(宀) + 하나 일(一) + 입 구(口) + 밭 전(田) 집안(宀)의 한(一) 가족이 먹고(口)살 수 있는 밭(田)을 가지고 있으니 부자(富者)이다.		
부자 부	豊富(풍부)	富貴(부귀)	富益富(부익부)
부 수	宀		
총 획	12	丶 冖 宀 宀 宁 宇 富 富 富 富 富 富	

降

■ 언덕 부(阝) + 천천히 걸을 쇠(夂) + 힘 빠진 다리 발(ヰ)
언덕(阝 : 산성)에서 천천히(夂)
힘없는 걸음(ヰ)으로 내려와 항복(降伏)하다.

내릴 강/항복할 항		下降(하강)	降水量(강수량)	昇降機(승강기)
부 수	阝			
총 획	9	＇ ３ 阝 阝' 阝夂 队 陉 降 降		

伏

■ 사람 인(亻) + 개 견(犬)
사람(亻) 앞에 개(犬)가 엎드려 따르다.

엎드릴 복		起伏(기복)	末伏(말복)	伏兵(복병)	伏線(복선)
부 수	亻				
총 획	6	ノ 亻 亻 仆 伏 伏			

波

■ 물 수(氵) + 가죽 피(皮)
물(氵)의 가죽(皮)은 바다 표면이다.
바다 표면에 물결, 파도(波濤)가 일다.

물결 파		波動(파동)	波及(파급)	餘波(여파)	波紋(파문)
부 수	氵				
총 획	8	＇ ＇ 氵 氵 沪 沪 波 波			

程

■ 화목할 화(和) + 임금 왕(王)
가정이 화목(和)하려면
가장(王)의 길잡이 역할이 매우 중요하다.

길(과정) 정		日程(일정)	旅程(여정)	程度(정도)	工程(공정)
부 수	禾				
총 획	12	＇ ニ 千 禾 禾 禾 和 和 程 程 程 程			

• 203

群	■ 임금 군(君) + 양 양(羊) 임금(君)을 따르는 백성을 순한 양(羊) 무리에 비유하다. 백성의 무리는 군중(群衆)이다.		
무리 군	群舞(군무)	群集(군집)	群鷄一鶴(군계일학)
부 수	羊		
총 획	13	ㄱ ㅋ ㅋ 尹 尹 君 君 君 君' 君' 群 群 群	

血	그릇(皿)에 담겨 있는 피에서 김(丿획)이 나다. 가축의 피를 뽑아 마을의 수호신께 제물로 바치다.			
피 혈	血管(혈관)	血統(혈통)	血壓(혈압)	出血(출혈)
부 수	血			
총 획	6	丿 亠 广 白 血 血		

衆	혈연(血)으로 이어진 사람(亻)들이 무리(9~12획)를 이루다.		
무리 중	群衆(군중)	觀衆(관중)	衆口難防(중구난방)
부 수	血		
총 획	12	丿 亠 广 白 血 血 血 衆 衆 衆 衆 衆	

舞	■ 없을 무(無), 저녁 석(夕), 힘 빠진 다리 발(㐄)의 합자 탈을 써서 얼굴이 없는(無) 상태로 밤(夕)늦도록 팔다리를 놀리며(㐄) 탈춤을 추다.			
춤출 무	舞臺(무대)	亂舞(난무)	劍舞(검무)	歌舞(가무)
부 수	舛			
총 획	14	丿 ⺁ 亠 仁 仁 無 無 無 無 無 無 無 舞 舞		

傑

- 사람 인(亻), 춤출 무(舞), 나무 목(木)의 합자
사람(亻)이 나무(木) 위에서 춤(舞)을 추다.
춤에 소질이 **뛰어나 걸출**(傑出)한 인물이다.

뛰어날 걸			
부 수	亻	傑作(걸작)　　豪傑(호걸)　　傑出(걸출)	
총 획	12	ノ 亻 亻 亻 伊 伊 伊 伊 傑 傑 傑 傑	

液

- 물 수(氵) + 밤 야(夜)
물(氵)속이 어두운 밤(夜)처럼 보이지 않으니
진한 **액체**(液體)이다.

진액 액			
부 수	氵	樹液(수액)　血液(혈액)　溶液(용액)　液體(액체)	
총 획	11	丶 丶 氵 氵 氵 汸 汸 浐 液 液 液	

禁

- 숲 림(林) + 제단 시(示)
숲속(林)의 제단(示)은
마을의 수호신을 모신 곳이니 출입을 **금하다**.

금할 금			
부 수	示	禁止(금지)　禁食(금식)　禁煙(금연)　監禁(감금)	
총 획	13	一 十 才 才 木 朴 村 林 林 棼 棼 禁 禁	

煙

- 불 화(火) + 서쪽 서(西) + 흙 토(土)
서쪽(西)의 흙(土)으로 만든 아궁이에 불(火)을 피우니
굴뚝에서 **연기**(煙氣)가 나다.

연기 연			
부 수	火	吸煙(흡연)　禁煙(금연)　煙幕(연막)	
총 획	13	丶 丷 少 火 炉 炉 炉 炉 烟 烟 煙 煙	

監

- 신하 신(臣) + 사람 인(人) + 하나 일(一) + 그릇 명(皿)
신하(臣) 중 문화재 보존을 담당하는 사람(人)이 하나(一)뿐인 그릇(皿)인 백자 주변을 살펴 감시(監視)하다.

살필 감

부수	皿
총획	14

監督(감독)   監察(감찰)   監獄(감옥)   監査(감사)

一 T F F E E' E' E'' E''' 臣仁 臣仁 監 監

叔

- 위 상(上) + 작을 소(小) + 또 우(又)
아버지의 작은(小) 형제이며 손(又)위(上) 어른은 작은아버지, 숙부(叔父)이다.

작은아버지 숙

부수	又
총획	8

叔母(숙모)   外叔(외숙)   堂叔(당숙)

丨 卜 上 扌 扌 扌 叔 叔

督

- 작은아버지 숙(叔) + 눈 목(目)
교사인 숙부(叔)가 눈(目)으로 살피며 시험을 감독(監督)하다.

살필/감독할 독

부수	目
총획	13

總督(총독)   督促(독촉)   監督(감독)

丨 卜 上 扌 扌 扌 叔 叔 督 督 督 督 督

遊

- 사방 방(方) + 사람 인(人) + 아들 자(子) + 뛸 착(辶)
사방(方)에서 사람(人)들이 자녀(子)와 뛰어(辶)다니며 놀고 있는 유원지(遊園地)이다.

놀 유

부수	辶
총획	13

遊覽(유람)   遊興(유흥)   遊牧(유목)

丶 亠 方 方 方 扩 斿 斿 斿 游 游 遊

覽	■ 살필 감(監) + 볼 견(見) 자연 경관을 살펴(監)보며(見) 유람(遊覽)하다.		
볼 람	觀覽(관람)	展覽(전람)	博覽會(박람회)
부 수	見		
총 획	21	一 「 ョ ョ ョ 臣 臣 臣 壓 壓 壓 臨 臨 臨 覽 覽 覽 覽	

甫	■ 열 십(十) + 불똥 주(丶) + 쓸 용(用) 열(十) 개의 불똥(丶)은 쓰임(用)이 매우 크다. (불씨 보존, 화롯불, 요리 등)	
클 보	甫田(보전): 큰 밭.	
부 수	用	
총 획	7	一 「 丆 厅 𤰔 甫 甫

博	■ 열 십(十) + 클 보(甫) + 마디 촌(寸) 열(十) 개 분야에서 마디마디(寸)마다 자세하고 폭넓게, 큰(甫) 지식을 가진 박사(博士)이다.			
넓을 박	博學(박학)	博物館(박물관)	博覽(박람)	博愛(박애)
부 수	十			
총 획	12	一 十 十 十 忄 忄 忄 忄 博 博 博 博		

鑛	■ 쇠 금(金) + 넓을 광(廣) 금(金)광석이 넓게(廣) 매장되어 있으니 광물 자원이 풍부한 광산(鑛山)이다.		
광물 광	採鑛(채광)	炭鑛(탄광)	鑛石(광석)
부 수	金		
총 획	23	ノ 人 ト 午 牟 牟 金 金 金 釒 釒 釒 釒 鉲 鉲 鉲 鑛 鑛 鑛 鑛 鑛	

繼	실(糸)에 작은(幺) 구슬을 줄줄이 꿰어 목걸이를 만들다. 구슬이 이어져 계속(繼續)되다.			
이을 계	繼承(계승)	中繼(중계)	後繼(후계)	繼走(계주)
부수 糸				
총획 20	＇ ㄥ 乡 爷 爷 糸 糸' 糸" 糸" 絲 絲 絲 縱 縱 繼			

承	자녀(子) 두 명(二)이 양쪽에서 떠받친 모습. 두 자녀가 가업을 이어 계승(繼承)하다.			
이을 승	承認(승인)	承諾(승낙)	傳承(전승)	起承轉結(기승전결)
부수 手				
총획 8	ㄱ 了 了 了 丞 丞 承 承			

殘	■ 죽을 사(死), 창 과(戈), 창 과(戈)의 합자 죽이려고(死) 창(戈)과 창(戈)을 부딪치며 싸우다. 서로 상처만 남고 잔인(殘忍)하다.			
남을 	殘額(잔액)	殘留(잔류)	殘餘(잔여)	殘存(잔존)
부수 歹				
총획 12	一 ㄱ ㅋ 歹 歹 歹 歹 歹' 歹" 殘 殘 殘			

忍	■ 칼 도(刀) + 칼자국(丶) + 마음 심(心) 칼(刀)로 허벅지를 찍으며(丶) 흐트러진 마음(心)을 바로잡다. 공부의 어려움을 참고 인내(忍耐)하다.		
참을 	忍苦(인고)	殘忍(잔인)	堅忍(견인)
부수 心			
총획 7	ㄱ 刀 刃 刃 忍 忍 忍		

否

- 아니 불(不) + 입 구(口)
아니(不)라고 말하며(口) 부정(否定)하다.

아닐 부				
부수	口	否認(부인)	拒否(거부)	與否(여부)	安否(안부)
총획	7	一 丆 才 不 丕 否 否			

認

- 말씀 언(言) + 참을 인(忍)
말(言)을 참는(忍) 침묵 수행으로
진리를 깨달아(알아) 인식(認識)하다.

알 인				
부수	言	確認(확인)	認定(인정)	是認(시인)	認知(인지)
총획	14	丶 亠 ㇲ 主 言 言 言 訁 訒 認 認 認 認			

總

촛불(丶)을 밝힌 방(口)에서 실(糸)로
천천히(夂) 꼼꼼하게 바느질하다.
마음(心)을 다해 옷을 만들어, 가족을 다 거느려 부양하다.

다/거느릴 총				
부수	糸	總額(총액)	總點(총점)	總理(총리)	總務(총무)
총획	17	乚 纟 纟 纟 纟 糸 糸 紗 紗 紒 納 納 綗 總 總 總			

額

- 손님 객(客) + 머리 혈(頁)
손님(客)의 머리(頁)가 벗겨져
이마가 액자(額子)처럼 넓다.

이마 액				
부수	頁	金額(금액)	巨額(거액)	殘額(잔액)	額面(액면)
총획	18	丶 亠 宀 宀 宊 宊 客 客 客 客 額 額 額 額 額			

指

- 손 수(扌) + 비수 비(匕) + 말할 왈(曰)
손(扌)에 칼(匕)을 든 우두머리가 말하다(曰).
적을 가리키며 공격을 지시(指示)하다.

가리킬 지		指名(지명)	指稱(지칭)	指導(지도)	指揮(지휘)
부 수	扌				
총 획	9	一 十 扌 扩 扌 扩 指 指 指			

稱

- 벼 화(禾), 손톱 조(爫), 거듭 재(再)의 합자
볏(禾)낱을 손가락(爫)으로 거듭(再) 줍다.
일손을 돕는 아이들을 일컬으며 칭찬(稱讚)하다.

일컬을 칭		呼稱(호칭)	尊稱(존칭)	稱頌(칭송)	總稱(총칭)
부 수	禾				
총 획	14	丿 二 千 禾 禾 禾 禾 秆 秆 秆 稻 稻 稱 稱			

協

- 열 십(十) + 힘 력(力) + 힘 력(力) + 힘 력(力)
열(十) 사람이 힘(力)을 합하여
서로 협력(協力)하다.

협력할 협		協助(협조)	協議(협의)	協同(협동)	協商(협상)
부 수	十				
총 획	8	一 十 十 扩 协 协 協 協			

助

- 또 차(且) + 힘 력(力)
또(且) 힘(力)을 더해
도움을 주는 조력자(助力者)이다.

도울 조		助手(조수)	救助(구조)	助言(조언)	相扶相助(상부상조)
부 수	力				
총 획	7	丨 冂 冃 日 且 助 助			

贊

- 먼저 선(先) + 먼저 선(先) + 돈 패(貝)
  서로서로 먼저(先) 돈(貝)을 기부하며
  불우 이웃을 돕는 것에 찬성(贊成)하다.

도울/찬성할 찬	
부 수	貝
총 획	19

協贊(협찬)　　贊助(찬조)　　贊反(찬반)

讚

- 말씀 언(言) + 도울 찬(贊)
  불우 이웃을 도운(贊) 자에 대해서
  말(言)하며 칭찬(稱讚)하다.

칭찬할 찬	
부 수	言
총 획	26

極讚(극찬)　　激讚(격찬)　　讚辭(찬사)

頌

- 공평할 공(公) + 머리 혈(頁)
  모두에게 공평했던(公) 우두머리(頁)를
  기리며 칭송(稱頌)하다.

기릴/칭송할 송	
부 수	頁
총 획	13

頌德(송덕)　　讚頌(찬송)

送

하늘(天)을 나는 새(八: 새가 나는 모양)로
편지를 빠르게(辶) 보내어 발송(發送)하다.

보낼 송	
부 수	辶
총 획	10

放送(방송)　　送別(송별)　　運送(운송)　　傳送(전송)

211

講

- 말씀 언(言) + 우물 정(井) + 거듭 재(再)
깊은 우물을 파는 사람들의 안전을 위해서
우물(井) 파는 방법을 거듭(再) 말(言)하며 강의(講義)하다.

강의할 강		開講(개강)	特講(특강)	受講(수강)	講演(강연)
부 수	言				
총 획	17	` 一 二 㝵 言 言 訁 訁 䜖 講 講 講 講 講 講 講 講			

我

- 손 수(手)와 창 과(戈)의 합자
손(手)에 창(戈)을 들고 스스로 나를 지키다.

나 아		自我(자아)	我軍(아군)	我執(아집)	無我之境(무아지경)
부 수	戈				
총 획	7	' 一 千 手 我 我 我			

義

- 양 양(羊) + 나 아(我)
양(羊)처럼 선한 나(我)는
옳고 의(義)로운 삶을 원한다.

옳을 의		意義(의의)	義理(의리)	義務(의무)	定義(정의)
부 수	羊				
총 획	13	` ' ' 丷 羊 羊 羊 美 差 羊 義 義 義			

務

- 창 모(矛) + 칠 복(攵) + 힘 력(力)
창(矛)으로 치는(攵) 법을 힘(力)써 익히어
병역의 의무(義務)를 다하다.

힘쓸 무		任務(임무)	業務(업무)	休務(휴무)	勤務(근무)
부 수	力				
총 획	11	` ㄱ ㄱ 予 矛 矛 矛 矜 敄 務 務			

討

- 말씀 언(言) + 마디 촌(寸)
상대방의 말(言)에 대해
한마디(寸)씩 반박하여 치며 토론(討論)하다.

칠 토		
부 수	言	
총 획	10	討議(토의)　檢討(검토)　討伐(토벌)

` 一 亠 亖 言 言 言 言 討 討

侖

커다란 지붕(人: 강당)의 단상(一) 앞에 나란히
줄을 맞추어 모여 있는 사람들을 본뜸.

모일 륜	
부 수	人
총 획	8

모이다의 뜻이다.

丿 人 亼 仐 合 合 侖 侖

論

- 말씀 언(言) + 모일 륜(侖)
모여서(侖) 말(言)을 주고받으며
안건에 대해 논의(論議)하다.

논할 론			
부 수	言		
총 획	15	論評(논평)　論爭(논쟁)　論說(논설)　討論(토론)		

` 一 亠 亖 言 言 言 訡 訡 論 論 論 論 論 論

議

- 말씀 언(言) + 옳을 의(義)
옳은(義) 방법을 찾기 위해
말(言)하며 의논(議論)하다.

의논할 의			
부 수	言		
총 획	20	會議(회의)　異議(이의)　協議(협의)　抗議(항의)		

` 一 亠 亖 言 言 言 訁 訁 詳 詳 詳 詳 議 議 議

· 213

儀

- 사람 인(亻) + 옳을 의(義)

사람(亻)이 옳고(義) 바르게 거동하여 예의(禮儀)를 갖추다.

거동 의		
부 수	亻	儀式(의식)　　儀容(의용)　　禮儀(예의)
총 획	15	ノ 亻 亻 亻 亻 亻 伊 伊 佯 佯 佯 儀 儀 儀 儀

輪

- 수레 차(車) + 모일 륜(侖)

차체(車)로 인하여 모여(侖) 있는 바퀴이다.

바퀴 륜		
부 수	車	車輪(차륜)　　年輪(연륜)　　輪轉機(윤전기)　　輪廓(윤곽)
총 획	15	一 厂 匚 FF 币 亘 車 車 軠 軠 軠 軩 軩 輪 輪

轉

- 수레 차(車) + 오로지 전(專)

차(車)의 바퀴는 오로지(專) 구르는 기능을 한다.

구를 전		
부 수	車	轉移(전이)　　轉學(전학)　　回轉(회전)　　運轉(운전)
총 획	18	一 厂 匚 FF 币 亘 車 車 軠 軠 軠 軩 軩 軩 轉 轉 轉 轉

移

- 벼 화(禾) + 많을 다(多)

논에서 수확한 많은(多) 벼(禾)를 집으로 옮겨 이송(移送)하다.

옮길 이		
부 수	禾	移動(이동)　　移植(이식)　　推移(추이)　　移轉(이전)
총 획	11	ノ 二 千 千 禾 禾 衤 秒 移 移 移

銃	■ 쇠 금(金) + 가득할 충(充) 쇠(金)로 된 부속품이 가득한(充) 총(銃)이다.
총 총	銃傷(총상)　　銃殺(총살)　　銃器(총기)　　銃聲(총성)
부 수　金	
총 획　14	ノ ノ ト ト 午 午 余 金 金 鈩 鈩 鈩 銃 銃

傷	■ 사람 인(亻) + 누운사람 인(𠂉) + 햇살 양(昜) 사람(亻)이 햇살(昜)에 누워(𠂉) 일광욕하다. 지나치면 피부가 다쳐, 화상(火傷)을 입는다.
다칠 상	損傷(손상)　　傷處(상처)　　傷心(상심)　　傷害(상해)
부 수　亻	
총 획　13	ノ 亻 亻 㐅 作 作 作 倬 倬 倬 傷 傷 傷

屈	■ 주검 시(尸) + 날 출(出) 관(尸)이 나가다(出). 망자를 떠나보내며 예를 갖추어 허리를 굽히다.
굽을 굴	屈折(굴절)　　屈伏(굴복)　　屈曲(굴곡)　　不屈(불굴)
부 수　尸	
총 획　8	ㄱ ㄱ 尸 尺 屈 屈 屈 屈

折	■ 손 수(扌) + 도끼 근(斤) 손(扌)도끼(斤)로 나뭇가지를 내려치니 꺾여 단절(斷折)되다.
꺾을 절	骨折(골절)　　折半(절반)　　曲折(곡절)
부 수　扌	
총 획　7	一 十 扌 扩 扩 折 折

215

接

■ 손 수(扌) + 설 립(立) + 여자 녀(女)
서서(立) 손(扌)으로 안내하는 여자(女)이다.
사람들을 접하며 소개하여 이어주다.

이을/접할 접					
부 수	扌	接受(접수)	直接(직접)	接近(접근)	密接(밀접)
총 획	11	一 十 扌 扩 扩 扩 护 护 挟 接 接			

受

■ 손톱 조(爫) + 덮을 멱(冖) + 또 우(又)
두 손(又)으로 받아 든 돈을
손가락(爫)으로 감싸(冖) 쥐다.

받을 수					
부 수	又	受容(수용)	引受(인수)	受信(수신)	甘受(감수)
총 획	8	一 ㄷ ㄷ ㄷ ㄷ 爫 受 受			

授

■ 손 수(扌) + 받을 수(受)
손(扌)을 뻗어 주고 받다(受).
주는 손이 앞에 있으니 '주다'의 뜻이다.

줄 수					
부 수	扌	授受(수수)	授與(수여)	授業(수업)	傳授(전수)
총 획	11	一 十 扌 扩 扩 扩 扩 护 护 抣 授			

乳

■ 손톱 조(爫) + 아들 자(子) + 오리새 을(乚)
손(爫)에 아들(子)을 안고
새(乚)처럼 웅크리고 앉아 젖을 수유(授乳)하다.

젖 유					
부 수	乙	母乳(모유)	牛乳(우유)	粉乳(분유)	乳齒(유치)
총 획	8	一 ㄷ ㄷ ㄷ 爫 孚 孚 乳			

秘

■ 제단/보일 시(示) + 반드시 필(必)
제단(示)에는 신이 반드시(必) 머물며
인간이 볼 수 없도록 숨어 비밀(秘密)리에 지켜본다.

숨길 비				
부 수	示	秘法(비법)	極秘(극비)	秘書(비서)	秘資金(비자금)
총 획	10	一 二 千 千 禾 禾 秒 秘 秘 秘			

密

■ 집 면(宀) + 반드시 필(必) + 산 산(山)
비밀스러운 집(宀)은 반드시(必)
빽빽하게 우거진 산(山)속에 있다.

빽빽할/비밀 밀				
부 수	宀	隱密(은밀)	密林(밀림)	密集(밀집)	精密(정밀)
총 획	11	丶 宀 宀 宀 宀 宓 宓 宓 宓 密 密			

隱

언덕(阝)에 만들어(工) 놓은 비밀초소에서
양손(爫 彐)에 무기를 들고, 마음(心)을 졸이며
숨어 은밀(隱密)히 적을 감시하다.

숨을 은			
부 수	阝	隱退(은퇴)	隱居(은거)	隱隱(은은)
총 획	17	了 阝 阝 阝 阝 阝 阝 阝 隱 隱 隱 隱 隱 隱		

閉

■ 문 문(門) + 재주 재(才)
문(門)의 재주(才)는
문을 닫아 집안을 안전하게 지키는 것이다.

닫을 폐			
부 수	門	開閉(개폐)	閉校(폐교)	密閉(밀폐)
총 획	11	丨 冂 冂 冂 門 門 門 門 閉 閉		

離	■ 갓머리 두(亠) + 흉할 흉(凶) + 짐승 발자국 유(內) + 새 추(隹) 머리(亠)가 흉한(凶) 짐승(內)인 독수리가 나타나니 새(隹)들이 둥지를 떠나 이탈(離脫)하다.
떠날 리	離別(이별)　　分離(분리)　　亂離(난리)　　離婚(이혼)
부 수: 隹	
총 획: 19	丶 亠 宀 㐄 产 产 育 离 离 离 离 离 离 离 離 離 離 離 離

兌	■ 여덟/나눌 팔(八) + 형 형(兄) 양쪽(八)의 대표(兄)가 협상이 이루어져 약속 문서를 서로 바꾸다.
바꿀 태	兄(형 형): 입(口)으로 연설하는 어진사람(儿)은 단체의 대표이다.
부 수: 儿	
총 획: 7	ノ 丷 亽 分 台 兌 兌

脫	■ 고기 육(肉/月) + 바꿀 태(兌) 몸(月)에 걸친 옷을 바꾸기(兌) 위해 옷을 벗어 탈의(脫衣)하다.
벗을 탈	脫退(탈퇴)　　脫出(탈출)　　脫落(탈락)　　虛脫(허탈)
부 수: 月	
총 획: 11	丿 刀 月 月 肙 肙 脘 脘 脘 脫 脫

早	■ 해 일(日) + 수평선(一) + 뚫을 곤(丨) 해(日)가 수평선(一)을 뚫고(丨) 막 떠올랐으니 아침 일찍이다.
일찍 조	早退(조퇴)　　早期(조기)　　早朝(조조)　　早晩間(조만간)
부 수: 日	
총 획: 6	丨 冂 日 日 甼 早

退

■ 머무를 간(艮) + 뛸 착(辶)
직장에 머물며(艮) 일하다가
업무 시간이 끝나면 서둘러(辶) 물러나 퇴근(退勤)하다.

물러날 퇴

부 수	辶
총 획	10

退職(퇴직)   減退(감퇴)   退場(퇴장)   辭退(사퇴)

フ フ ㅋ 目 艮 艮 '艮 退 退 退

職

■ 귀 이(耳) + 소리 음(音) + 창 과(戈)
귀(耳)를 세워 주변 소리(音)에 집중하며
창(戈)을 들고 경계 근무하는 직책(職責)을 맡다.

맡을 직

부 수	耳
총 획	18

職業(직업)   職員(직원)   就職(취직)   職場(직장)

一 T F F E 耳 耳' 耳" 耳" 耳 聆 聆 聕 聕 職 職 職

納

■ 실 사(糸) + 안 내(內)
실(糸)을 관아 안(內)으로 들여 납세(納稅)하다.
(벼 대신 지방 특산물인 실을 공납하다.)

들일 납

부 수	糸
총 획	10

納得(납득)   容納(용납)   納付(납부)   返納(반납)

ㄥ ㄠ ㄠ 幺 幺 糸 糸 糸 納 納

稅

■ 벼 화(禾) + 바꿀 태(兌)
벼(禾)를 돈으로 바꾸어(兌)
세금(稅金)을 내다.

세금 세

부 수	禾
총 획	12

稅法(세법)   血稅(혈세)   所得稅(소득세)   國稅廳(국세청)

一 二 千 千 禾 禾' 秒 秒 税 税 税 稅

219

制	■ 소 우(牛) + 수건 건(巾) + 칼 도(刂)
	가방을 만들기 위해 소(牛)가죽을
	수건(巾)처럼 규격에 맞게 잘라(刂) 마름질하다.

절제할/마를 제	節制(절제)	規制(규제)	制限(제한)	制度(제도)
부 수	刂			
총 획	8	ノ 一 二 牛 牜 制 制 制		

憲	■ 해할 해(害), 그물 망(罒), 마음 심(心)의 합자
	남을 해하는(害) 나쁜 마음(心)을 다스리기 위해
	그물(罒)처럼 촘촘히, 이치에 맞는 법을 만들어 제헌(制憲)하다.

법 헌	制憲節(제헌절)	憲法(헌법)	合憲(합헌)
부 수	心		
총 획	16	丶 宀 宀 宀 宀 宀 宝 害 害 害 害 害 憲 憲 憲	

複	■ 옷 의(衣/衤) + 누운사람 인(人) + 날 일(日) + 천천히 걸을 쇠(夂)
	찬바람이 서서히(夂) 불어오는 날(日)엔,
	잘(人) 때 내의(衤)를 겹쳐 복수(複數)로 입는다.

겹칠 복	複製(복제)	複雜(복잡)	重複(중복)	複寫(복사)
부 수	衤			
총 획	14	丶 ブ 衤 衤 衤 衤 衤 衤 衤 衤 衤 複 複 複		

製	■ 마를 제(制) + 옷 의(衣)
	마름질(制)한 옷감으로
	옷(衣)을 만들어 제작(製作)하다.

만들 제	製本(제본)	製品(제품)	創製(창제)	製造(제조)
부 수	衣			
총 획	14	ノ 一 二 牛 牜 制 制 制 製 製 製 製 製		

倉

- 먹을 식(食)과 네모(口)의 합자
먹을(食) 양식을 저장한
네모난(口) 곳은 창고(倉庫)이다.

창고 창			
부 수	人	彈倉(탄창)　　營倉(영창)　　倉庫(창고)	
총 획	10	ノ 人 ㅅ 亽 今 今 仝 invasion 倉 倉	

庫

- 큰바위집 엄(广) + 수레 차(車)
차(車)를 넣어둔 집(广)은 차고(車庫)이다.

창고 고		
부 수	广	在庫(재고)　　出庫(출고)　　金庫(금고)　　冷藏庫(냉장고)
총 획	10	丶 一 广 广 庐 庐 庐 庐 庫 庫

創

- 창고 창(倉) + 칼 도(刂)
창고(倉)에서 칼(刂)로 목판에 글자를 새기다.
새로운 글을 처음으로 지어 창작(創作)하다.

처음/지을 창		
부 수	刂	創造(창조)　　創業(창업)　　創意(창의)　　創始者(창시자)
총 획	12	ノ 人 ㅅ 亽 今 今 仝 invasion 倉 倉 創 創

造

- 알릴 고(告) + 뛸 착(辶)
전염병의 위험을 알리고(告)
치료약을 서둘러(辶) 만들어 제조(製造)하다.

만들 조		
부 수	辶	構造(구조)　　造成(조성)　　造作(조작)　　改造(개조)
총 획	11	丿 一 十 生 牛 告 告 告 造 造 造

· 221

虛	범(虎)을 잡기 위해 파놓은 함정(业)이 비어있으니 허탈(虛脫)하다. (业: 함정 바닥의 대나무창)
빌 허	空虛(공허)　　虛點(허점)　　虛構(허구)　　虛送歲月(허송세월)
부수 虍	
총획 12	丨 卜 匕 广 庐 虍 虍 虗 虗 虗 虚 虛

構	■ 나무 목(木) + 우물 정(井) + 거듭 재(再) 나뭇(木)가지를 겹겹이(再) 엮어 우물(井) 뚜껑을 구성(構成)하다.
엮을 구	構築(구축)　　構想(구상)　　構圖(구도)　　機構(기구)
부수 木	
총획 14	一 十 才 木 木 杧 杧 枦 構 構 構 構 構 構

築	통나무(木)로 기둥을 세우고 대나무(竹)로 지붕을 만들어(工), 평범(凡)한 집을 쌓아 건축(建築)하다.
쌓을 축	新築(신축)　　增築(증축)　　築造(축조)
부수 竹	
총획 16	丿 𠂉 𥫗 𥫗 𥫗 𥫗 𥫗 𥫗 筑 筑 筑 筑 築 築

	지붕(人) 아래 사람들(人人)이 모두 다 모여 입(口口)을 하나(一)로 모아 회의하다.
모두/다 첨	僉君子(첨군자): 여러 점잖은 사람.
부수 人	
총획 13	丿 人 亼 亼 仐 合 合 슦 슮 슮 僉 僉 僉

檢	■ 나무 목(木) + 모두/다 첨(僉) 병충해를 방지하기 위해 나무(木)를 모두 다(僉) 검사(檢査)하다.			
검사할 검	檢問(검문)	檢印(검인)	檢事(검사)	檢擧(검거)
부수 木				
총획 17	一 十 才 木 木 朴 朴 松 松 检 检 检 检 検 檢 檢 檢			

印	■ 책 모양(E) + 무릎마디 절(卩) 무릎(卩)을 구부리고 앉아 책(E)에 도장을 찍다.			
도장 인	印鑑(인감)	印刷(인쇄)	印象(인상)	刻印(각인)
부수 卩				
총획 6	´ 𠂆 F E 印 印			

儉	■ 사람 인(亻) + 모두/다 첨(僉) 모두 다(僉) 아끼는 사람(亻)은 매우 검소(儉素)하다.			
검소할 검	勤儉(근검)	儉約(검약)	儉素(검소)	
부수 亻				
총획 15	ノ 亻 亻 仆 伀 伀 伀 俭 俭 俭 俭 俭 儉 儉 儉			

素	■ 살 생(生)과 실 사(糸)의 합자 옷을 실(糸)로 꿰매 입으며 살아(生)가니 바탕이 검소(儉素)하다. (生의 1획 생략됨.)			
본디/바탕 소	素朴(소박)	素質(소질)	素材(소재)	要素(요소)
부수 糸				
총획 10	一 二 キ 主 丰 丰 表 丰 素 素			

試	■ 말씀 언(言) + 법 식(式) 말(言)하는 것을 일정한 방식(式)에 따라 평가하다. 면접 시험(試驗)을 치르다.			
시험할 시	試圖(시도)	試合(시합)	應試(응시)	試練(시련)
부 수	言			
총 획	13	` 二 三 言 言 言 言 訂 訂 試 試		

驗	■ 말 마(馬) + 모두/다 첨(僉) 말(馬)을 모두 다(僉) 타 보고 말의 능력을 시험(試驗)하다.			
시험할 험	體驗(체험)	經驗(경험)	實驗(실험)	效驗(효험)
부 수	馬			
총 획	23	丨 厂 厂 F 匡 馬 馬 馬 馬 馬 馬 駅 駅 駅 駅 駅 駒 駒 駒 駒 駒 駒 駒		

險	■ 언덕 부(阝) + 모두/다 첨(僉) 주위가 모두 다(僉) 언덕(阝)이니 험하다.			
험할 험	險難(험난)	險談(험담)	險惡(험악)	探險(탐험)
부 수	阝			
총 획	16	' 丨 阝 阝 阝' 阡 阡 阡 阡 陰 陰 陰 險 險 險 險		

難	■ 진흙논 근(堇)과 새 추(隹)의 합자 진흙논(堇)에 빠진 새(隹)는 날개에 진흙이 묻어 날기 어렵다.			
어려울 난	難處(난처)	難解(난해)	難關(난관)	苦難(고난)
부 수	隹			
총 획	19	一 十 卄 廿 廿 苩 莒 莒 莒 堇 堇 堇 葟 葟 葟 葟 葟 難 難		

勤	■ 진흙논 근(堇) + 힘 력(力) 진흙논(堇)에서 힘(力)써 부지런히 일하니 근면(勤勉)하다.
부지런할 근	勤務(근무)　　夜勤(야근)　　退勤(퇴근)　　皆勤(개근)
부 수 　力	
총 획 　13	一 十 卝 艹 芊 芇 昔 昔 莗 堇 堇 菫 勤 勤

兎	귀를 세우고 경계하며 이동하는 토끼를 본뜸. 귀(ク) 몸통(口) 다리(儿) 꼬리(ヽ)
토끼 토	兎死狗烹(토사구팽): 토끼를 잡고 나면, 토끼를 잡던 사냥개는 삶아짐.
부 수 　儿	
총 획 　8	ノ ク 夕 冬 名 刍 兎 兎

免	덫에 걸렸으나 꼬리(ヽ)만 잘리고 빠져나온 토끼(兎)이니 죽음을 면하다.
면할 면	免稅(면세)　　免除(면제)　　減免(감면)　　免許(면허)
부 수 　儿	
총 획 　7	ノ ク 夕 冬 名 刍 免

勉	■ 면할 면(免) + 힘 력(力) 가난에서 벗어나기(免) 위해 힘(力)써 일하다.
힘쓸 면	勤勉(근면)　　勉學(면학)　　勸勉(권면)
부 수 　力	
총 획 　9	ノ ク 夕 冬 名 刍 免 免 勉

居	■ 주검 시(尸) + 옛 고(古)
살 거	생을 마칠 때(尸)까지 오래(古)도록 한 곳에 살며 거주(居住)하다.
부 수 尸	居處(거처) 居室(거실) 隱居(은거) 同居(동거)
총 획 8	ㄱ ㄱ 尸 尸 尸 居 居 居

處	■ 범 호(虎), 천천히 걸을 쇠(夂), 책상 궤(几)의 합자
곳 처	범(虎)이 책상(几) 모양의 동굴을 어슬렁어슬렁(夂) 드나들다. 범이 이곳에 거처(居處)하다.
부 수 虍	處理(처리) 對處(대처) 處方(처방) 安息處(안식처)
총 획 11	ノ ト ト 广 广 虍 虎 虗 虜 處 處

歎	진흙논(菫)에서 모내기하며
탄식할/감탄할 탄	어려움에 하품(欠)하듯 탄식(歎息: 아~ 힘들다)하고 모내기를 마친 후에 감탄(感歎: 와~ 해냈구나)하다.
부 수 欠	晩時之歎(만시지탄): 알맞은 때를 놓치어 안타까워하는 탄식.
총 획 15	一 十 廾 廾 芇 芇 昔 昔 苩 莗 堇 菫 嘆 歎 歎

息	■ 스스로 자(自) + 마음 심(心)
숨쉴 식	코(自)로 심장(心)이 안정될 때까지 숨을 들이쉬며 휴식(休息)하다.
부 수 心	消息(소식) 子息(자식) 瞬息間(순식간) 窒息(질식)
총 획 10	ノ 亻 自 自 自 自 息 息 息

乎	乎자가 변형된 글자로, 문장을 평평하게(平) 하여 앞뒤를 매끄럽게 연결해주는 어조사이다. '오호!', '그러한가!' 등의 감탄을 나타내기도 함.
어조사 호	斷乎(단호): 태도, 입장 등을 딱 잘라서 결정함.
부 수 　 丿	
총 획 　 5	一 ⸜ 亇 亐 乎

呼	■ 입 구(口) + 어조사 호(乎) 입(口)으로 오호!(乎)하며 인기척을 내어 사람을 부르다.
부를/숨쉴 호	呼應(호응)　　歡呼(환호)　　呼稱(호칭)　　呼出(호출)
부 수 　 口	
총 획 　 8	丨 冂 口 吋 吋 吋 吁 呼

吸	■ 입 구(口) + 이를 급(及) 입(口)에 이르다(及). 마시어 흡수(吸收)하다.
마실 흡	呼吸(호흡)　　吸入(흡입)　　吸煙(흡연)
부 수 　 口	
총 획 　 7	丨 冂 口 叭 叨 吸 吸

收	■ 낫(⺄) + 막대기(丨) + 칠 복(攵) 낫(⺄)으로 벤 후 막대기(丨)로 쳐(攵), 탈곡하다. 콩을 거두어 수확(收穫)하다.
거둘 수	收益(수익)　　收拾(수습)　　收去(수거)　　領收證(영수증)
부 수 　 攵	
총 획 　 6	⺄ 丩 ⺁丩 ⺁丩 收 收

屯	■ 벼 잎(一)과 싹날 철(屮)의 합자 볏짚(一) 아래 싹(屮)이 묻혀 있는 모양을 본뜸. (겨울을 나는 채소를 추위로부터 보호하기 위해 볏짚으로 덮어 둠.)		
묻힐/진칠 둔		屯兵(둔병)	駐屯軍(주둔군)
부 수	屮		
총 획	4	一 ㄷ 口 屯	

純	■ 실 사(糸) + 묻힐 둔(屯) 누에고치의 실(糸)과 땅속에 묻혀(屯) 있는 싹은 때 묻지 않아 순수(純粹)하다.			
순수할 순		純眞(순진)	純潔(순결)	單純(단순)	純情(순정)
부 수	糸				
총 획	10	ㄥ ㄠ 幺 糸 糸 糸 紅 紅 純			

眞	■ 지팡이 짚은 노인(匕) + 눈 목(目) + 감출 혜(ㄴ) + 눈물(八) 노인(匕)이 되어 눈(目)에서 나오는 참회의 눈물(八)을 감출(ㄴ) 수 없으니 참되고 진실(眞實)하다.			
참 진		眞理(진리)	眞談(진담)	眞僞(진위)	寫眞(사진)
부 수	目				
총 획	10	一 ヒ 匕 乍 直 直 眞 眞			

潔	머리(彡)를 자른(刀) 후 물(氵)로 감고, 실(糸)로 묶어(丨) 깨끗하게 하다.			
깨끗할 결		淸潔(청결)	潔白(결백)	簡潔(간결)	不潔(불결)
부 수	氵				
총 획	15	丶 氵 沪 沪 津 津 潔 潔 潔 潔 潔 潔			

簡

- 대나무 죽(竹) + 사이 간(間)

  납작하게 깎은 대나무(竹)의 마디 사이(間)에
  용건만 간략(簡略)하게 적다.

간략할 간				
부 수	竹			
총 획	18			

簡單(간단)　　簡易(간이)　　簡便(간편)　　簡素化(간소화)

丿 ⺊ ⺩ ⺮ ⺮ ⺮ ⺮ ⺮ ⺮ 簡 簡 簡 簡 簡 簡 簡 簡 簡

略

- 밭 전(田) + 각각 각(各)

  밭(田)을 각각(各) 지분대로 나누니
  내 몫 뿐이므로 간략(簡略)하다.

간략할 략				
부 수	田			
총 획	11			

省略(생략)　　大略(대략)　　戰略(전략)　　侵略(침략)

丨 冂 冂 田 田 田 略 略 略 略 略

智

- 알 지(知) + 날 일(日)

  날(日)마다 공부하여 아는(知) 것이 많으니
  지혜(智慧)롭다.

지혜 지				
부 수	日			
총 획	12			

智略(지략)　　機智(기지)　　智德體(지덕체)

丿 ⺊ ⺧ 矢 矢 知 知 知 智 智 智

易

- 해 일(日) + 없을 물(勿)

  해(日)가 어둠을 없애어(勿)
  밤을 낮으로 쉽게 바꾸다.

바꿀 역/쉬울 이				
부 수	日			
총 획	8			

交易(교역)　　貿易(무역)　　簡易(간이)　　容易(용이)

丨 冂 冂 日 旦 易 易 易

容

- 집 면(宀) + 골짜기 곡(谷)

집(宀)안의 자손 걱정으로
골짜기(谷)처럼 주름이 깊게 파인 부모의 얼굴이다.

얼굴 용				
부 수	宀	內容(내용)	容納(용납)	容器(용기)	容量(용량)
총 획	10	`丶 宀 宀 宀 宀 宀 宕 宕 容 容`			

器

개(犬)의 밥그릇(口)이 네 개이다.

그릇 기				
부 수	口	樂器(악기)	武器(무기)	祭器(제기)	器具(기구)
총 획	16	`丶 冂 冂 円 吅 吅 哭 哭 哭 㗊 㗊 㗊 器 器`			

俗

- 사람 인(亻) + 골짜기 곡(谷)

사람(亻)이 골짜기(谷)에서 산신제를 지내다.
예부터 전해 내려온 전통 풍속(風俗)이다.

풍속 속				
부 수	亻	俗謠(속요)	民俗(민속)	俗談(속담)	俗稱(속칭)
총 획	9	`丿 亻 亻 亻 仫 伀 伀 俗 俗`			

謠

- 말씀 언(言) + 달 월(月) + 항아리 부(缶)

달(月)빛 아래에서 항아리(缶)에 담긴 술을 마시며
시조를 읊어 말(言)하다. 풍류를 즐기며 노래하다.

노래 요			
부 수	言	民謠(민요)	歌謠(가요)	童謠(동요)
총 획	17	`丶 二 三 言 言 言 訁 訁 訁 諂 諂 諂 諂 謠 謠`		

缺

항아리(缶)의 한쪽이 깨졌(夬의 한쪽이 터짐)으니 결점(缺點)이다.

깨어질 결
- 부 수: 缶
- 총 획: 10

缺席(결석)　缺員(결원)　缺如(결여)　缺格(결격)

丿 ㅏ ㅑ 缶 缶 缶 缶 缸 缺 缺

點

■ 검을 흑(黑) + 점 복(卜) + 동그란 알 모양(ㅇ→口)
알(口)을 깨고 나와 바다로 달리는 거북이(卜)들이 검은(黑) 점처럼 보이다.

점 점
- 부 수: 黑
- 총 획: 17

長點(장점)　短點(단점)　點數(점수)　觀點(관점)

丶 口 口 日 日 旦 甲 里 里 黑 黑 黑 黑 點 點 點 點

寶

■ 집 면(宀) + 구슬 옥(玉, 丶생략됨) + 항아리 부(缶) + 돈 패(貝)
집(宀)에 있는 항아리(缶) 속의 구슬(玉)과 돈(貝)은 집안의 보배로운 보물(寶物)이다.

보배 보
- 부 수: 宀
- 총 획: 20

家寶(가보)　寶石(보석)　寶貨(보화)　國寶(국보)

丶 丶 宀 宀 宀 宀 宀 宀 宀 宀 宀 宀 宀 宀 寶 寶 寶 寶 寶 寶

貨

■ 될 화(化) + 돈 패(貝)
돈(貝)이 되는(化) 물건을 팔아 넘기고 재물, 화폐(貨幣)를 받다.

재물 화
- 부 수: 貝
- 총 획: 11

財貨(재화)　雜貨(잡화)　外貨(외화)　百貨店(백화점)

丿 亻 亻 化 化 化 貨 貨 貨 貨 貨

侵	■ 사람 인(亻) + 오른손 우(彐) + 덮을 멱(冖) + 또 우(又) 사람(亻)이 손(彐)에 무기를 들고 보자기(冖)로 복면한 후 또(又) 침해(侵害)하다.			
침해할 침	侵入(침입)	侵攻(침공)	侵犯(침범)	侵略(침략)
부 수 亻				
총 획 9	ノ 亻 亻 亻 伊 伊 伊 侵 侵			

犯	■ 개 견(犭) + 무릎마디 절(㔾) 개(犭)가 덤벼들어 범하니 넘어져 무릎(㔾)이 까지다.			
범할 범	犯罪(범죄)	犯法(범법)	共犯(공범)	犯則金(범칙금)
부 수 犭				
총 획 5	ノ 犭 犭 犯 犯			

攻	■ 만들 공(工) + 칠 복(攵) 무기를 만들어(工) 적을 쳐(攵) 공격(攻擊)하다.			
칠 공	專攻(전공)	攻勢(공세)	攻防(공방)	攻略(공략)
부 수 攵				
총 획 7	一 丅 工 巧 攻 攻 攻			

敢	■ 칠 공(攻)과 귀 이(耳)의 합자 적을 치고(攻) 귀(耳)를 잘라왔으니 용감(勇敢)한 병사이다.			
용감할 감	果敢(과감)	敢行(감행)	焉敢生心(언감생심)	
부 수 攵				
총 획 12	一 丅 工 干 干 干 耳 耳 耴 耴 敢 敢			

嚴

- 입 구(口) + 입 구(口) + 바위집 엄(厂) + 용감할 감(敢)
장수가 바위(厂) 위에서 거듭 말하다(口口).
출전하는 병사들에게 용감히(敢) 싸울 것을 엄하게 엄명(嚴命)하다.

엄할 엄
부 수	口
총 획	20

嚴守(엄수)　嚴格(엄격)　嚴罰(엄벌)　嚴密(엄밀)

丨 丨 口 口 吅 吅 严 严 严 严 严 严 严 严 严 嚴 嚴 嚴 嚴 嚴

守

- 집 면(宀) + 마디 촌(寸)
집(宀)의 기둥과 기둥 사이사이(寸)를
병사들이 지키어 수호(守護)하다.

지킬 수
부 수	宀
총 획	6

守備(수비)　保守(보수)　死守(사수)　固守(고수)

丶 丶 宀 宀 守 守

靜

- 푸를 청(靑) + 다툴 쟁(爭)
푸른(靑) 나무가 가지를 뻗기 위해 서로 다투는(爭)
우거진 숲은 고요하여 정숙(靜肅)하다.

고요할 정
부 수	靑
총 획	16

安靜(안정)　冷靜(냉정)　靜脈(정맥)　靜寂(정적)

一 二 キ 主 靑 靑 靑 靑 靜 靜 靜 靜 靜 靜 靜 靜

肅

- 오른손 우(彐) + 뚫을 곤(丨) + 한옥의 문살 모양(刺)
손(彐)에 송곳(丨)을 들고 한옥의 문살(刺)을
끼워 맞추는 장인의 모습이 엄숙(嚴肅)하다.

엄숙할 숙
부 수	聿
총 획	13

自肅(자숙)　靜肅(정숙)　肅然(숙연)　肅淸(숙청)

コ ヨ ヨ 尹 肀 肀 肃 肃 肃 肅 肅 肅 肅

黨	■ 오히려/높을 상(尚) + 검을 흑(黑) 높은(尚) 집, 궁의 대신들이 흑(黑)심을 품고 무리지어 당파(黨派) 싸움하다.				
무리 당		政黨(정당)	與黨(여당)	野黨(야당)	黨爭(당쟁)
부 수	黑				
총 획	20	丶 丷 肀 屵 屵 屵 屵 ♧ 凿 凿 凿 凿 凿 堂 黨 黨 黨 黨				

派	■ 물 수(氵), 바위집 엄(厂), 뿌리 씨(氏)의 합자 물(氵)줄기가 상류로 올라갈수록 바위(厂)에 붙은 줄기식물의 뿌리(氏)처럼 여러 갈래이다.				
물갈래 파		黨派(당파)	派遣(파견)	派生(파생)	學派(학파)
부 수	氵				
총 획	9	丶 冫 氵 汀 沪 沪 沠 派 派				

脈	■ 고기 육(肉/月)과 물갈래 파(派)의 합자 온몸(月)의 곳곳에 여러 갈래(派)로 퍼져 있는 줄기, 혈맥(血脈)이다.				
줄기/혈관 맥		動脈(동맥)	靜脈(정맥)	山脈(산맥)	人脈(인맥)
부 수	月				
총 획	10	丿 刀 月 月 肛 肛 肵 脈 脈 脈				

酒	■ 물 수(氵) + 술 유(酉) 물(氵)로 술(酉)을 빚어 파는 곳이 주점(酒店)이다. (술의 재료 - 물, 쌀, 누룩)				
술 주		飮酒(음주)	酒量(주량)	洋酒(양주)	飯酒(반주)
부 수	酉				
총 획	10	丶 冫 氵 沪 沪 沂 洒 洒 酒 酒				

配	■ 술 유(酉) + 몸 기(己) 술(酉)을 마시며 정을 나누는 몸(己)은 단짝이다. 단짝을 배려(配慮)하다.			
짝/나눌 배	配分(배분)	支配(지배)	配達(배달)	配偶者(배우자)
부 수 酉				
총 획 10	一 厂 冂 丙 丙 酉 酉 酉' 酉² 配			

慮	■ 범 호(虎)와 생각 사(思)의 합자 호랑이(虎)를 생각(思)하니 집에 있는 아이들이 염려(念慮)되다.			
생각할 려	考慮(고려)	思慮(사려)	憂慮(우려)	心慮(심려)
부 수 心				
총 획 15	' 一 广 广 广 卢 虍 虍 虑 虑 虑 虑 慮 慮 慮			

酋	■ 여덟 팔(八) + 술 유(酉) 여덟(八)병의 술(酉)을 먹어 치우는 추장(酋長)이다.	
추장 추	酋長(추장): 부족과 같은 생활 공동체를 통솔하던 우두머리.	
부 수 酉		
총 획 9	' 丷 丷 亽 酋 酋 酋 酋 酋	

尊	■ 추장 추(酋) + 마디 촌(寸) 추장(酋)에게 한마디(寸)의 말을 하더라도 깍듯이 높여 존대(尊對)하다.			
높을 존	尊敬(존경)	尊重(존중)	尊嚴(존엄)	自尊(자존)
부 수 寸				
총 획 12	' 丷 丷 亽 酋 酋 酋 酋 酋 酋 尊 尊			

龍

서(立) 있는 몸(月)이 용(龴)의 모습이다.
ㅏ: 뿔   ㄱ: 머리   龴: 몸통

용 룡		
부 수	龍	龍顔(용안)　龍頭蛇尾(용두사미)　龍虎相搏(용호상박)
총 획	16	丶 一 ナ 亠 产 育 育 育 背 背 背 龍 龍 龍 龍

宮

지붕(宀) 아래에서 임금과 신하들이
말을 주고받으며(呂) 정사를 논의하는 집은 궁(宮)이다.

집 궁		
부 수	宀	龍宮(용궁)　宮闕(궁궐)　宮合(궁합)　景福宮(경복궁)
총 획	10	丶 丷 宀 宀 宀 宀 宀 宮 宮 宮

快

속상한 마음(忄) 한쪽을 터놓으니(夬의 왼쪽이 터짐)
속 시원하고 유쾌(愉快)하다.

시원할 쾌		
부 수	忄	快適(쾌적)　快樂(쾌락)　快擧(쾌거)　快感(쾌감)
총 획	7	丶 丷 忄 忄 忙 快 快

適

■ 설 립(立) + 성 경(冂) + 옛 고(古) + 뛸 착(辶)
옛(古) 성(冂)의 성루에 서(立) 있는 자는
성을 이끌어 갈(辶) 알맞은 적임자(適任者)이다.

알맞을 적		
부 수	辶	適當(적당)　適應(적응)　最適(최적)　適切(적절)
총 획	15	丶 亠 ㄔ 产 产 育 商 商 商 商 商 `商 `商 適 適 適

敵

- 설 립(立) + 성 경(冂) + 옛 고(古) + 칠 복(攵)
옛(古) 성(冂)의 성루에 서서(立)
쳐(攵)들어온 적과 대적(對敵)하다.

대적할 적				
부 수	攵	敵陣(적진)	無敵(무적)	敵手(적수)	強敵(강적)
총 획	15	丶 亠 ㅗ 产 产 产 产 产 商 商 商 敵 敵 敵			

陣

- 언덕 부(阝) + 수레 차(車)
적의 눈을 피해 언덕(阝) 옆에 전차(車)를 배치한
군대의 집결지가 진지(陣地)이다.

진칠 진				
부 수	阝	本陣(본진)	陣營(진영)	陣頭(진두)	陣痛(진통)
총 획	10	𠃌 㠯 阝 阝 阝 阿 阿 阿 陣 陣			

痛

- 병 병(病)과 날랠 용(勇)의 합자
병(病)이 날렵하다(勇).
병마가 활발하여 아픈 통증(痛症)이 심하다.

아플 통				
부 수	疒	痛快(통쾌)	苦痛(고통)	齒痛(치통)	頭痛(두통)
총 획	12	丶 亠 广 广 疒 疒 疒 疒 病 病 痛 痛			

私

- 벼 화(禾) + 나 사(厶)
벼(禾)가 자라는 나(厶)의 논은
개인의 사유(私有) 재산이다.

개인 사				
부 수	禾	私心(사심)	私設(사설)	私生活(사생활)	私利私慾(사리사욕)
총 획	7	丿 一 千 千 禾 私 私			

暗	■ 해 일(日) + 소리 음(音) 해(日)가 지면 소리(音)를 내어 서로를 확인해야 하는 어두운 암흑(暗黑)이다.			
어두울 암	明暗(명암)	暗示(암시)	暗記(암기)	暗殺(암살)
부수 日				
총획 13	丨 冂 冃 日 日` 日亠 日立 日产 日产 暗 暗 暗			

殺	■ 흉할 흉(凶), 나무 목(木), 몽둥이칠 수(殳)의 합자 흉한(凶) 나무(木)몽둥이로 쳐(殳), 죽여 살해(殺害)하다.		
죽일 살	殺氣(살기)	他殺(타살)	殺身成仁(살신성인)
부수 殳			
총획 11	丿 乂 亠 产 肀 羊 杀 衾 衾 殺 殺		

伐	■ 사람 인(亻) + 창 과(戈) 사람(亻)이 창(戈)으로 적을 쳐서 죽이니 살벌(殺伐)하다.		
칠 벌	伐草(벌초)	伐木(벌목)	討伐(토벌)
부수 亻			
총획 6	丿 亻 亻 代 伐 伐		

射	■ 몸 신(身) + 마디 촌(寸) 몸(身)에 손가락 마디(寸)가 닿도록 활시위를 당겨서 쏘아 사격(射擊)하다.			
쏠 사	射殺(사살)	發射(발사)	反射(반사)	注射(주사)
부수 寸				
총획 10	′ ĺ ĺ ĺ 自 身 身 身 射 射			

謝	■ 말씀 언(言) + 몸 신(身) + 마디 촌(寸) '감사합니다'라고 말(言)하며 몸(身)의 허리 마디(寸)를 굽혀 사례(謝禮)하다.
사례할 사	感謝(감사)　　謝罪(사죄)　　謝過(사과)　　謝絶(사절)
부 수 　 言	
총 획 　 17	`丶 亠 亠 亖 言 言 言 訁 訁 訁 訃 訃 謝 謝 謝 謝`

恩	네모난(口) 방 안에서 大자로 누워 마음(心) 편히 잘 수 있으니 사람은 보금자리의 은혜(恩惠)를 입는다.
은혜 은	報恩(보은)　　背恩忘德(배은망덕)　　謝恩(사은)
부 수 　 心	
총 획 　 10	`丨 冂 冃 円 內 因 因 恩 恩 恩`

惠	■ 수레 차(車)와 마음 심(心)의 합자 자동차(車)의 혜택을 마음(心)속으로 생각해보니 인간은 문명의 은혜(恩惠)를 입는다.
은혜 혜	特惠(특혜)　　受惠(수혜)　　惠澤(혜택)
부 수 　 心	
총 획 　 12	`一 亠 亠 亖 車 車 車 車 惠 惠 惠`

常	■ 높을 상(尙) + 수건 건(巾) 언제나 손쉽게 사용할 수 있도록 높은(尙) 수납장에 수건(巾)을 항상(恒常) 놓아두다.
항상 상	日常(일상)　　非常(비상)　　異常(이상)　　常識(상식)
부 수 　 巾	
총 획 　 11	`丶 丷 丷 兴 兴 兴 尚 尚 常 常 常`

武

- 하나 일(一), 줄화살 익(弋), 바를 정(正)의 합자
한(一) 번 쏘아 줄화살(弋)을 목표물에 바르게(正)
명중하는 군사는 무사(武士)이다.

군사 무		武力(무력)	武裝(무장)	武器(무기)	武官(무관)
부 수	止				
총 획	8	一 二 干 干 武 武 武 武			

官

- 집 면(宀)과 언덕 부(阜/阝)의 합자
언덕(阝) 위의 집(宀)인 산성에
벼슬한 관리(官吏)가 근무하다.

벼슬 관		長官(장관)	官職(관직)	高官(고관)	官廳(관청)
부 수	宀				
총 획	8	丶 宀 宀 宁 宁 官 官			

保

- 사람 인(亻) + 입 구(口) + 나무 목(木)
사람(亻)들이 말하기를(口),
"나무(木)를 가꾸어 숲을 보호(保護)하자!" 하다.

보호할 보		保安(보안)	保障(보장)	確保(확보)	保守(보수)
부 수	亻				
총 획	9	丿 亻 亻 亻 伂 伂 伃 保 保			

管

- 대나무 죽(竹) + 벼슬 관(官)
대나무(竹)밭을 벼슬한 관리(官)가 관리(管理)하다.
(옛날에는 대나무의 가치가 높아 대나무밭을 관리하는 관리가 있었음.)

관리할 관		保管(보관)	主管(주관)	管掌(관장)	血管(혈관)
부 수	竹				
총 획	14	丿 ⺊ ⺮ ⺮ 竹 竺 笁 竺 笁 筲 筲 管 管			

看

- 손 수(手)와 눈 목(目)의 합자
손(手)으로 눈(目)부신 햇빛을 가리고 보다.

볼 간
부수: 目
총획: 9

看護(간호)　　看破(간파)　　看板(간판)　　看過(간과)

一 二 三 手 手 看 看 看 看

護

'자연을 보호합시다! 숲과 함께
풀(艹)숲의 새(隹) 또한(又) 보호해야 합니다!'
라고 말(言)하며 자연 보호(保護) 운동을 하다.

보호할 호
부수: 言
총획: 21

護衛(호위)　　救護(구호)　　辯護(변호)　　護身術(호신술)

衛

- 다닐 행(行) + 가죽 위(韋)
가죽(韋)옷을 입고 다니는(行) 병사들은
왕을 지키는 호위병(護衛兵)이다.

지킬 위
부수: 行
총획: 15

衛生(위생)　　衛星(위성)　　防衛(방위)　　保衛(보위)

康

- 큰바위집 엄(广) + 오른손 우(⺻) + 갈고리 궐(亅) + 물 수(水)
공장(广)에서 손(⺻)에 연장(亅)을 들고 일한 후,
물(水)로 씻고 퇴근하니 편안하고 건강(健康)하다.

편안할 강
부수: 广
총획: 11

康寧(강녕)　　康健(강건)　　健康(건강)

丶 一 广 广 户 户 户 庚 庚 康 康

故

- 옛 고(古) + 칠 복(攵)
막대기 칼을 부딪치며(攵) 자란 옛(古) 고향은 연고지(緣故地)이다.
오래도록(古) 쳐서(攵) 죄인이 죽는 사고(事故)가 나다.

연고/죽을 고				
부 수	攵	故國(고국)	故意(고의)	故人(고인)	故障(고장)
총 획	9	一 十 十 古 古 古 古 故 故			

鄕

어릴(幺)적 흰(白) 칼(匕)을 들고 전쟁놀이하며
뛰어놀던 마을(阝)이 나의 고향(故鄕)이다.
(흰 칼 = 나무껍질을 벗겨내어 만든 흰 막대기)

고향 향				
부 수	阝	他鄕(타향)	歸鄕(귀향)	鄕愁(향수)	
총 획	13	ㄴ ㄠ 纟 幺 乡 纟 纟 纟 绢 绢 绢 鄕 鄕			

婦

- 여자 녀(女) + 오른손 우(⺕) + 덮을 멱(冖) + 수건 건(巾)
손(⺕)수건(巾)을 덮어(冖)쓰고
집안일하는 아내(女)는 주부(主婦)이다.

아내 부				
부 수	女	新婦(신부)	夫婦(부부)	婦人(부인)	姑婦(고부)
총 획	11	乁 夂 女 女 女⺕ 女⺕ 女⺕ 婦 婦 婦 婦			

歸

언덕(阜)에 그쳐(止)있던 아내(婦)가 시댁으로 돌아가 귀가(歸家)하다.
(시집간 새색시가 친정 부모님이 그리워
친정집이 보이는 언덕까지 왔다가 다시 시댁으로 돌아감.)

돌아갈 귀				
부 수	止	復歸(복귀)	歸還(귀환)	歸結(귀결)	歸屬(귀속)
총 획	18	′ ″ ′ ㅌ ㅌ 阜 阜 阜 阜 阜 阜ㅌ 阜ㅌ 歸 歸 歸 歸 歸 歸			

從	■ 걸을 척(彳), 사람 인(人), 사람 인(人), 발 족(足)의 합자
	군인들(人人)이 발(足)을 맞춰 걸어(彳)가다.
	군인으로서 상관의 명령에 따라 복종(服從)하다.

따를 종	從事(종사)　　從屬(종속)　　主從(주종)　　從來(종래)
부 수	彳
총 획	11

′ ⼻ 彳 彳′ 彳″ 彳″ 彳″ 從 從 從 從

屬	■ 지붕 시(尸), 비 우(雨), 애벌레 촉(蜀)의 합자
	비(雨)를 피해 지붕(尸) 아래 붙어 있는 벌레(蜀)집이다.

붙을 속	屬性(속성)　　所屬(소속)　　直屬(직속)　　附屬(부속)
부 수	尸
총 획	21

一 フ ア 尸 尸' 尸' 尸' 屄 屄 屄 屄 属 属 属 属 属 属 属 属 属 屬

堅	■ 신하 신(臣) + 또 우(又) + 흙 토(土)
	신하(臣)가 임금이 지나갈 흙(土)바닥을
	다지고 또(又) 굳게 다져서 견고(堅固)하게 하다.

굳을 견	中堅(중견)　　堅實(견실)　　堅果類(견과류)
부 수	土
총 획	11

一 T 丆 丑 丑 臣 臣′ 臤 臤 堅 堅

個	■ 사람 인(亻) + 굳을 고(固)
	농부(亻)가 물이 말라 굳은(固) 논에서 수확량을 예측하기 위해
	벼 이삭 하나를 잡고 볏낱의 개수(個數)를 세다.

낱 개	個人(개인)　　個別(개별)　　個性(개성)　　個體(개체)
부 수	亻
총 획	10

′ 亻 亻′ 亻冂 亻冂 亻冂 個 個 個 個

城	■ 흙 토(土) + 이룰 성(成)
	흙(土)을 쌓아 이룬(成) 성은 토성(土城)이다.
성 성	
부수 土	山城(산성)　　城門(성문)　　城壁(성벽)　　城主(성주)
총획 10	一 十 土 圠 圠 圻 城 城 城

辛	죄인을 '十'자 모양의 형틀에 묶어 세워(立) 두다.
	매우 맵고 괴로운 형벌이다.
매울/괴로울 신	
부수 辛	艱辛(간신)　　香辛料(향신료)　　千辛萬苦(천신만고)
총획 7	` 亠 产 立 辛 辛

壁	관(尸) 속의 시신이 말하기를(口),
	'흙(土)으로 성벽(城壁)을 쌓는 일은 매우 괴로운(辛) 일이다.'
	(옛날, 성벽 공사를 하다가 목숨을 잃는 사람이 많았음.)
벽/성벽 벽	
부수 土	障壁(장벽)　　壁畵(벽화)　　絶壁(절벽)　　壁紙(벽지)
총획 16	一 フ 尸 吕 吕 吕 吕 辟 辟 辟 辟 辟 壁 壁

障	■ 언덕 부(阝) + 글 장(章)
	언덕(阝)에 글(章)을 써 붙여 출입을 막다.
	(위험! 절벽이니 넘어가지 마시오.)
막을 장	
부수 阝	保障(보장)　　故障(고장)　　支障(지장)　　障害(장해)
총획 14	ㄱ 阝 阝 阝 阝 阝 阽 陪 隋 隋 障 障

244

兆

거북이가 바닥에 머리를 박고
등딱지가 갈라진 상태로 죽어 있으니
가뭄이 지속될 조짐(兆朕)이다.

조짐 조		
부 수	儿	吉兆(길조)　前兆(전조)　凶兆(흉조)　億兆(억조)
총 획	6	ノ 丿 丬 兆 兆 兆

逃

- 조짐 조(兆) + 뛸 착(辶)

조짐(兆)이 불길하여 뛰어(辶)
달아나 도피(逃避)하다.

달아날 도		
부 수	辶	逃走(도주)　逃亡(도망)　逃避(도피)
총 획	10	ノ 丿 丬 兆 兆 兆 兆 逃 逃 逃

避

- 성벽 벽(壁) 과 뛸 착(辶)의 합자

성벽(壁) 공사장으로 끌려가지 않으려고
서둘러(辶) 몸을 피해 피신(避身)하다.

피할 피		
부 수	辶	待避(대피)　避難(피난)　回避(회피)　不可避(불가피)
총 획	17	゛ ゛ ゛ 尸 辟 辟 辟 辟 辟 辟 辟 辟 辟 避 避 避 避

腸

- 고기 육(肉/月) + 햇살 양(昜)

몸(月)에서 햇살(昜)처럼 따뜻한 에너지를
만드는 곳은 창자이다.

창자 장		
부 수	月	心腸(심장)　胃腸(위장)　小腸(소장)　大腸(대장)
총 획	13	ノ 刀 月 月 月' 肌 胆 胆 腭 腭 腭 腸 腸

精	■ 쌀 미(米) + 푸를 청(青) 푸르스름한(青) 벼의 껍질을 벗겨내어 햅쌀(米)로 정미(精米)하다.			
정미할 정	精誠(정성)	精巧(정교)	精密(정밀)	精讀(정독)
부 수 米				
총 획 14	` ´ ʾ 斗 ¾ 米 ¾ ¾ 料 料 精 精 精			

誠	■ 말씀 언(言) + 이룰 성(成) 말(言)을 조리 있게 하여 뜻을 이루다(成). 정성(精誠)을 다한 면접으로 합격하다.			
정성 성	誠意(성의)	誠實(성실)	忠誠(충성)	孝誠(효성)
부 수 言				
총 획 14	` ´ ʾ ː 言 言 言 訁 訁 訁 誠 誠 誠			

顯	■ 해 일(日), 실 사(絲), 머리 혈(頁)의 합자 태양(日)의 빛줄기(絲)처럼 사리에 밝은 우두머리(頁)가 훌륭한 업적을 이뤄 세상에 드러나다.			
밝을/드러날 현	顯著(현저)	顯微鏡(현미경)	顯忠日(현충일)	
부 수 頁				
총 획 23	` 冂 日 旦 昌 昌 昌 晃 晃 㬎 㬎 㬎 㬎 顯 顯 顯 顯 顯 顯			

忠	■ 가운데 중(中) + 마음 심(心) 중(中)심(心)을 잡고 참된 마음으로 충성(忠誠)하다.			
충성 충	忠告(충고)	忠實(충실)	忠臣(충신)	
부 수 心				
총 획 8	` 冂 口 中 忠 忠 忠 忠			

達	넓은 토지(土) 위를 양(羊)들이 뛰어(辶)다니다. 양처럼 선한 마음으로 부지런히 정진하면 어떠한 학문이든 반드시 통달(通達)한다.
통달할 달	達辯(달변)　　傳達(전달)　　達成(달성)　　發達(발달)
부 수　辶	
총 획　13	一 十 土 士 去 去 幸 幸 幸 逹 逹 達

辯	■ 매울 신(辛) + 말씀 언(言) + 매울 신(辛) 양쪽에 변호사가 날카롭고 매섭게(辛) 반박하여 말(言)하며 변론(辯論)하다.
말잘할 변	辯護(변호)　　代辯(대변)　　辯明(변명)　　答辯(답변)
부 수　辛	
총 획　21	` 亠 ㅗ 立 产 辛 辛 辛 辛 辛 辛 辛 辛 辛 辛 辛 辯 辯 辯 辯

辭	손(爫)에 창(矛)을 든 성(冂)의 문지기들이 개인(厶)의 이익을 위해 또(又) 파업하니 성주가 매운맛(辛)을 보여주다. 모두 물러나라 말하며 사직(辭職)시키다.
말씀/물러날 사	辭緣(사연)　　讚辭(찬사)　　辭表(사표)　　辭退(사퇴)
부 수　辛	
총 획　19	` ´ 冖 冖 冖 冃 角 肖 肖 肖 肖 肖 辭 辭 辭

	■ 실 사(糸) + 돼지머리 계(彑) + 돼지 시(豕) 암수 돼지(彑豕)의 교미를 위해 부드러운 실(糸)로 다리를 하나씩 묶어 두어 인연(因緣)을 맺어주다.
인연 연	血緣(혈연)　　惡緣(악연)　　學緣(학연)　　緣故(연고)
부 수　糸	
총 획　15	ㄴ 幺 幺 爷 爷 糸 糽 紒 紒 紒 紒 絳 緣 緣 緣

警

- 공경 경(敬) + 말씀 언(言)

공경(敬)하는 스승님 말씀(言)을 듣고
깨우치어 경계(警戒)하다.

깨우칠/경계할 경		
부 수	言	
총 획	20	

警察(경찰)   警護(경호)   警備(경비)   警告(경고)

丶 亠 艹 芍 苟 苟 苟 荀 荀 敬 敬 警 警 警 警

戒

- 창 과(戈) + 받쳐들 공(廾)

창(戈)을 받쳐 들고(廾) 경계(警戒) 근무하다.

경계할 계		
부 수	戈	
총 획	7	

訓戒(훈계)   懲戒(징계)   戒嚴令(계엄령)   一罰百戒(일벌백계)

一 二 于 开 戒 戒 戒

驚

- 공경 경(敬) + 말 마(馬)

공경(敬)하는 스승의 말(馬)이 너무나 잘 달리어
놀라움에 경탄(驚歎)하다.

놀랄 경		
부 수	馬	
총 획	23	

驚異(경이)   驚愕(경악)   大驚失色(대경실색)

丶 亠 艹 芍 苟 苟 苟 荀 荀 敬 敬 警 警 驚 驚 驚 驚

異

- 밭 전(田) + 함께 공(共)

밭(田)은 함께(共) 붙어있지만
저마다 노력의 결실은 다르다.

다를 이		
부 수	田	
총 획	11	

差異(차이)   異見(이견)   異變(이변)   異口同聲(이구동성)

丨 口 日 田 田 甲 甲 畢 畢 異 異

聲

선비(士)가 문(戶)밖출입을 삼가며
책상(几) 앞에 앉아 글을 읽고
또(又) 읽는 소리가 귀(耳)에 들리다.

소리 성		
부 수	耳	
총 획	17	

音聲(음성)　聲量(성량)　聲優(성우)　聲樂(성악)

一 十 士 吉 吉 吉 声 声 殸 殸 殸 殸 殸 殸 聲 聲 聲

革

소의 가죽을 펴놓은 모양을 본뜸. (1획: 소뿔)
전투에 나가기 위해 소가죽으로 만든 갑옷으로 바꿔 입다.

가죽/바꿀 혁		
부 수	革	
총 획	9	

革帶(혁대)　革命(혁명)　革新(혁신)　改革(개혁)

一 十 廿 廿 苎 芦 莒 莒 革

帶

수건(巾)으로 덮은(冖) 듯한 관복 위에
두른 띠(卌)는 혁대(革帶)이다.

띠 대		
부 수	巾	
총 획	11	

聲帶(성대)　熱帶(열대)　連帶(연대)　共感帶(공감대)

一 十 卄 卌 卌 卌 卅 帶 帶 帶 帶

盛

■ 이룰 성(成) + 그릇 명(皿)
성공(成)이 그릇(皿)에 가득 차다.
이루어짐이 성대(盛大)하다.

부 수	皿	
총 획	12	

盛況(성황)　極盛(극성)　全盛期(전성기)　興亡盛衰(흥망성쇠)

丿 厂 厂 成 成 成 成 成 盛 盛 盛

視	■ 보일/제단 시(示) + 볼 견(見)
	제단(示)의 관리 상태를 살펴보며(見) 시찰(視察)하다.
볼 시	視覺(시각)　　視力(시력)　　視線(시선)　　重視(중시)
부수　見	
총획　12	

祭	■ 고기 육(肉/月), 또 우(又), 제단 시(示)의 합자
	제단(示)에 고기(月)를 올리고
	또(又) 술을 올리며 제사(祭祀)하다.
제사 제	祭物(제물)　　祝祭(축제)　　祭器(제기)　　祭壇(제단)
부수　示	
총획　11	

察	■ 집 면(宀) + 제사 제(祭)
	시묘살이 움집(宀)에서 매일 제사(祭)하며
	부모님의 산소를 살펴 관찰(觀察)하다.
살필 찰	警察(경찰)　　檢察(검찰)　　省察(성찰)　　考察(고찰)
부수　宀	
총획　14	

際	■ 언덕 부(阝) + 제사 제(祭)
	언덕(阝: 선산)에서 제사(祭)한 후,
	일가와 인사를 나누며 사귀어 교제(交際)하다.
사귈 제	實際(실제)　　國際(국제)　　交際(교제)
부수　阝	
총획　14	

窮

- 구멍 혈(穴) + 몸 신(身) + 활 궁(弓)
동굴 구멍(穴)에서 몸(身)을 활(弓)에 의지하여
가까스로 살아가니 빈궁(貧窮)하다.

궁할/다할 궁				
부 수	穴	窮地(궁지)	窮極(궁극)	窮理(궁리)	無窮無盡(무궁무진)
총 획	15	丶 丶 宀 宀 宂 宎 穴 穴 宆 宆 穹 窀 窮 窮 窮

極

나무(木)책상에서 글(句)을 두 손(又)으로 받쳐 들고
처음(위一)부터 끝(아래一)까지 읽다.

끝/다할 극				
부 수	木	極致(극치)	積極(적극)	極端(극단)	極度(극도)
총 획	13	一 十 才 才 朮 朽 朽 朽 柯 柯 極 極 極

盡

- 붓 율(聿)과 그릇 위의 불씨(皿)의 합자
화롯불(皿)에 붓(聿)을 녹이다.
먹물이 어는 추위에도 공부에 최선을 다하다.

다할 진				
부 수	皿	極盡(극진)	賣盡(매진)	消盡(소진)	脫盡(탈진)
총 획	14	丁 ヨ ヨ 聿 聿 聿 肀 肀 肀 肀 盡 盡 盡 盡

延

- 삐침 별(丿) + 그칠 지(止) + 끌 인(廴)
끈(丿)처럼 기다란 볏짚을 끌어당겨(廴)
그쳐(止) 앉아서 새끼줄을 꼬아 늘여 연장(延長)하다.

늘일 연			
부 수	廴	延期(연기)	延命(연명)	延着(연착)
총 획	7	丿 丿 千 乎 乎 延 延

環

쇠구슬(玉)을 매단 그물(罒)을 내리며
장화옷(衣) 입은 어부가 한(一)번에 둥글게(口) 배를 몰아,
큰 고리처럼 물고기 떼 포획 환경(環境)을 만들다.

고리 환	
부 수	玉
총 획	17

一環(일환)　　循環(순환)　　花環(화환)

一 二 千 王 王 玑 玑 玑 玑 珋 琅 琊 環 環 環 環 環

竟

■ 소리 음(音) + 걷는사람 인(儿)
종소리(音)를 내며 걷다(儿).
넓은 공사장에서 작업이 마침내 끝났음을 알리다.

마침내/끝날 경	
부 수	立
총 획	11

畢竟(필경): 끝장에 가서는, 결국.

丶 一 二 立 立 产 音 音 音 竟 竟

境

■ 흙 토(土) + 마침내 경(竟)
흙(土)을 일구어 밭으로 만드니
마침내(竟) 산과 밭의 경계(境界)가 생기다.

지경/경계 경	
부 수	土
총 획	14

困境(곤경)　　國境(국경)　　心境(심경)　　逆境(역경)

一 十 土 圡 圹 圹 圹 垆 培 培 塆 堷 境 境

遇

■ 원숭이 우(禺) + 뛸 착(辶)
원숭이(禺)가 이성을 만나니
좋아서 펄쩍펄쩍 뛰다(辶).

만날 우	
부 수	辶
총 획	13

境遇(경우)　　待遇(대우)　　處遇(처우)　　不遇(불우)

丨 冂 曰 日 旦 昌 禺 禺 禺 遇 遇 遇 遇

眼	■ 눈 목(目) + 머무를 간(艮)
	눈(目) 앞에 머물러(艮) 있는 안경(眼鏡)이다.

눈 안		肉眼(육안)	老眼(노안)	眼目(안목)	眼科(안과)
부 수	目				
총 획	11	丨 冂 冃 月 目 目ˊ 町 眙 眼 眼 眼			

鏡	■ 쇠 금(金) + 마침내 경(竟)
	쇠(金: 구리)를 매끄럽게 갈았더니
	마침내(竟) 거울이 되다.

거울 경		鏡臺(경대)	望遠鏡(망원경)	內視鏡(내시경)
부 수	金			
총 획	19	丿 𠂉 𠂉 圶 全 金 金 金ˊ 釒 鉉 鍆 鏡 鏡 鏡 鏡 鏡 鏡 鏡		

檀	■ 나무 목(木)과 제단 단(壇)의 합자
	재질이 단단한 박달나무(木)로 만든 단(壇)이다.

박달나무 단		檀君(단군): 우리 민족의 시조.	檀紀(단기): 단군 기원.
부 수	木		
총 획	17	一 十 才 木 木ˊ 栌 栌 栌 栌 楦 楦 楦 檀 檀 檀 檀 檀	

紀	■ 실 사(糸) + 몸 기(己)
	몸(己)을 구부리고 앉아
	실(糸)의 실마리를 찾다.

벼리(실마리) 기		世紀(세기)	紀元(기원)	紀念(기념)	紀綱(기강)
부 수	糸				
총 획	9	𠃌 𠄌 幺 幺 糸 糸 紀 紀 紀			

莫	■ 풀 초(艹) + 해 일(日) + 큰 대(大) 풀(艹)숲 너머로 큰(大) 태양(日)이 넘어가 막 없어지다.
없을 막	莫強(막강)　莫重(막중)　莫論(막론)　莫上莫下(막상막하)
부수　艹	
총획　11	一 十 十 艹 艹 艹 莒 莒 莒 莫 莫

模	■ 나무 목(木) + 없을 막(莫) 불에 타 없어진(莫) '팔만대장경'을 나무(木)로 본떠 모형(模型)을 만들다.
본뜰 모	模範(모범)　模樣(모양)　規模(규모)　模糊(모호)
부수　木	
총획　15	一 十 才 木 木 杧 杧 枦 枦 枦 枦 椙 椙 模 模

樣	■ 나무 목(木) + 양 양(羊) + 길 영(永) 나무(木) 사이로 양(羊)들이 길게(永) 줄지어 이동하는 모양(模樣)이 소풍 가는 듯하다.
모양 양	多樣(다양)　樣相(양상)　樣式(양식)　各樣各色(각양각색)
부수　木	
총획　15	一 十 才 木 木 杧 杧 柈 柈 样 样 样 様 様 様

墓	■ 없을 막(莫) + 흙 토(土) 시신이 흙(土)에 묻혀 없어진(莫) 곳은 무덤, 묘소(墓所)이다.
무덤 묘	省墓(성묘)　墓碑(묘비)　墓地(묘지)
부수　土	
총획　14	一 十 十 艹 艹 艹 莒 莒 莒 莫 莫 墓 墓

卑

- 불똥 주(丶) + 갑옷 갑(甲) + 열 십(十)
촛불(丶) 아래에서 작전 회의 중인 갑옷(甲) 입은 장수를
지키는 열(十)명의 병사들은 계급이 낮다.

낮을 비		卑下(비하)	卑屈(비굴)	卑怯(비겁)	野卑(야비)
부 수	十				
총 획	8	ノ 丿 臼 白 白 甶 臾 卑			

碑

- 돌 석(石) + 낮을 비(卑)
높이가 낮은(卑) 돌(石)을 무덤 앞에 놓아
비석(碑石)으로 사용하다.

비석 비		碑文(비문)	口碑(구비)	紀念碑(기념비)	
부 수	石				
총 획	13	一 ナ ナ 石 石 石' 矿 碅 砷 碑 碑 碑 碑			

師

- 언덕 부(阜), 하나 일(一), 수건 건(巾)의 합자
언덕(阜) 너머 깊은 산속에 일자(一)로 수건(巾)을 두른
무예 스승은 나의 사부(師父)이다.

스승 사		師弟(사제)	敎師(교사)	醫師(의사)	看護師(간호사)
부 수	巾				
총 획	10	' 亻 亻 亻 自 自 自 師 師 師			

範

- 대나무 죽(竹) + 수레 차(車) + 무릎마디 절(㔾)
수레(車) 위 대나무(竹)로 만든 감옥의 무릎 꿇은(㔾) 죄수이다.
법의 본보기인 규범(規範)을 보이다.

법/본보기 범		模範(모범)	師範(사범)	範圍(범위)	示範(시범)
부 수	竹				
총 획	15	ノ ト 썩 섞 笁 笁 笁 笁 筲 筲 篁 範 範 範 範			

包

- 쌀 포(勹) + 뱀 사(巳)

뱀(巳)을 자루에 넣고
입구를 끈으로 둘러(勹) 싸서 포장(包裝)하다.

쌀 포		包容(포용)	包含(포함)	內包(내포)	小包(소포)
부 수	勹				
총 획	5	／ 勹 勹 匂 包			

圍

가죽(韋)옷 입은 병사들이
성의 둘레(口)를 에워싸 방위(防圍)하다.

에워쌀 위		包圍(포위)	範圍(범위)	周圍(주위)	雰圍氣(분위기)
부 수	口				
총 획	12	丨 冂 冂 冃 冃 冑 周 周 圍 圍 圍 圍			

細

- 실 사(糸) + 밭 전(田)

멀리서 본, 밭(田)의 고랑이 실(糸)처럼
가늘고 세밀(細密)하다.

가늘 세		細胞(세포)	細心(세심)	細分(세분)	細部(세부)
부 수	糸				
총 획	11	ˊ ˊ ㄠ 幺 糸 糸 糸 紅 紉 細 細			

胞

- 고기 육(肉/月) + 쌀 포(包)

몸(月)을 감싸고(包) 있는 것은
피부 세포(細胞)이다.

세포 포		同胞(동포)	僑胞(교포)	胞子(포자)	
부 수	月				
총 획	9	ノ 刀 月 月 肝 朐 朐 胞 胞			

砲

- 돌 석(石) + 쌀 포(包)
돌(石)을 묶어 싸서(包) 회전력을 이용하여 던지면
멀리까지 대포(大砲)처럼 날아간다.

대포 포		砲彈(포탄)	砲門(포문)	砲手(포수)	砲火(포화)
부 수	石				
총 획	10	一 ノ ナ 不 石 石 矽 矽 砲 砲			

彈

- 활 궁(弓) + 홀로 단(單)
활(弓)시위의 탄력(彈力)을 받아
화살이 홀로(單) 튕겨 날아가다.

튕길/탄알 탄		彈性(탄성)	彈壓(탄압)	彈劾(탄핵)	彈丸(탄환)
부 수	弓				
총 획	15	ㄱ ㄱ 弓 弓' 弓" 弓" 弓" 弓" 弓" 弓" 彈 彈 彈 彈 彈			

傾

- 사람 인(亻) + 지팡이 짚은 노인(匕) + 머리 혈(頁)
사람(亻)이 노인(匕)이 되면
머리(頁)를 기울여 경청(傾聽)한다.

기울 경		傾向(경향)	傾斜(경사)	傾倒(경도)	
부 수	亻				
총 획	13	ノ 亻 亻 仁 佢 佢 佰 佰 伾 傾 傾 傾 傾			

聽

- 귀 이(耳), 임금 왕(王), 곧을 직(直), 마음 심(心)의 합자
어진 왕(王)이 귀(耳)를 곧게(直) 세우고
마음(心)을 다하여 백성의 소리를 듣다.

들을 청		聽取(청취)	聽覺(청각)	視聽(시청)	聽衆(청중)
부 수	耳				
총 획	22	一 丆 丅 F F 耳 耳 耳 耳' 耴 耴 耹 聆 聆 聴 聴 聴 聴 聴 聽 聽 聽			

覺

- 배울 학(學)과 볼 견(見)의 합자
보고(見) 느끼며 배움(學)으로써
깨달아 각성(覺性)하다.

깨달을 각		
부 수	見	
총 획	20	

感覺(감각)　視覺(시각)　自覺(자각)　警覺心(경각심)

丶 冫 冖 ⺍ ⺍' ⺍'' 臼 臼' 臼'' 與 與 學 學 覺 覺 覺 覺 覺 覺

廳

- 큰바위집 엄(广) + 들을 청(聽)
국민의 소리를 들어(聽)
민원을 해결해 주는 집(广)은 관청(官廳)이다.

관청 청		
부 수	广	
총 획	25	

廳舍(청사)　市廳(시청)　廳長(청장)　敎育廳(교육청)

丶 一 广 广 广 广 广 广 厅 厅 庐 庐 庐 庐 庐 廎 廎 廎 廎 廎 廳 廳 廳 廳

舍

지붕(人), 보(二), 기둥(丨)과 주춧돌(口)을 본뜸.
손님이 머무는 집은 객사(客舍)이다.

집 사		
부 수	舌	
총 획	8	

官舍(관사)　寄宿舍(기숙사)　舍監(사감)　畜舍(축사)

丿 人 ㅅ 스 수 숫 舍 舍

牧

- 소 우(牛) + 칠 복(攵)
소(牛)를 툭툭 쳐서(攵)
신선한 풀이 있는 구역으로 몰아 기르는 목동(牧童)이다.

기를 목		
부 수	牛	
총 획	8	

牧畜(목축)　牧場(목장)　放牧(방목)　遊牧(유목)

丿 ⺧ 牜 牛 牜 牧 牧 牧

玄	■ 갓머리 두(亠) + 어릴 요(幺) 검은 갓(亠)을 덮어 쓴 어린아이(幺)이다. 얼굴이 갓에 가려 검게 보이다.
검을 현	玄米(현미)　　玄關(현관)　　玄孫(현손)
부 수　　玄	
총 획　　5	丶 亠 去 玄 玄

畜	■ 검을 현(玄) + 밭 전(田) 검은(玄) 염소를 풀밭(田)에서 방목하여 기르다. 염소는 집에서 기르는 가축(家畜)이다.
기를/가축 축	牧畜(목축)　　畜舍(축사)　　畜産(축산)
부 수　　田	
총 획　　10	丶 亠 去 玄 玄 斉 斉 斉 畜 畜

蓄	■ 풀 초(艹) + 기를 축(畜) 가축을 기르기(畜) 위해서 건초(艹)를 모아 축적(蓄積)하다.
모을 축	貯蓄(저축)　含蓄(함축)　備蓄(비축)　蓄財(축재)
부 수　　艹	
총 획　　14	一 十 艹 艹 艹 艹 荄 莟 莟 蓍 蒼 蓄 蓄

積	■ 벼 화(禾) + 책임 책(責) 벼(禾) 가마니를 책임(責)지고 수레에 쌓아 적재(積載)하다.
쌓을 적	積極(적극)　蓄積(축적)　累積(누적)　面積(면적)
부 수　　禾	
총 획　　16	丶 二 千 千 禾 禾 禾 秆 秆 秸 秸 秸 積 積 積 積

259

卯	웅크리고 앉아 있는 토끼를 본뜸.
토끼 묘	1획: 귀　2획: 머리　3획: 앞발　4획: 꼬리　5획: 뒷발
부수: 卩 / 총획: 5	⼂ ⼄ 白 卯 卯

柳	■ 나무 목(木) + 토끼 묘(卯) 나무(木)줄기에 토끼(卯)털처럼 부드러운 털이 난 버드나무이다.
버드나무 류	柳陰(유음): 버드나무의 그늘.
부수: 木 / 총획: 9	一 十 才 木 木 柯 柳 柳 柳

留	■ 토끼 묘(卯)와 밭 전(田)의 합자 토끼(卯)가 밭(田)에 난 채소를 먹으려고 머무르다.
머무를 류	保留(보류)　留念(유념)　留學(유학)　停留場(정류장)
부수: 田 / 총획: 10	⼂ ⼄ 白 卯 卯 宀 宀 留 留 留

	■ 손톱 조(爫) + 어릴 요(幺) + 큰 대(大) 어린아이(幺)의 손(爫)으로 큰(大) 피아노 건반을 어찌해야 잘 칠 수 있을까?
어찌 해	奚琴(해금): 찰현 악기의 하나.
부수: 大 / 총획: 10	⼂ ⼃ ⼂ ⼂ 爫 爫 爫 乑 奚 奚

鷄

- 어찌 해(奚) + 새 조(鳥)
"어찌(奚)하여 새(鳥)집에 닭이 올라가 있을까?"
(여우를 피하여 새의 둥지에 올라 있는 닭을 보고.)

닭 계		
부 수	鳥	鷄卵(계란)　　鷄肋(계륵)　　養鷄(양계)　　群鷄一鶴(군계일학)
총 획	21	

卵

웅크리고 있는 새끼 토끼(卯)를
닭의 알(、、)에 비유하다.

알 란		
부 수	卩	産卵(산란)　　累卵(누란)　　受精卵(수정란)
총 획	7	

燃

- 불 화(火) + 그러할 연(然)
자연(然)에서 얻은 나무로 불(火)을 피우다.
나무가 불에 타며 연소(燃燒)하다.

불탈 연		
부 수	火	燃燈(연등)　　燃料(연료)　　燃費(연비)　　可燃性(가연성)
총 획	16	

燈

- 불 화(火) + 오를 등(登)
불(火)을 높이 올려(登) 매달아 놓은 것은
주위를 밝히는 등(燈)이다.

등/등잔 등		
부 수	火	電燈(전등)　　消燈(소등)　　燈臺(등대)　　街路燈(가로등)
총 획	16	

深	■ 물 수(氵) + 덮을 멱(冖) + 여덟 팔(八) + 나무 목(木) 여덟(八) 자의 나무(木) 막대기가 물(氵)에 덮일(冖) 정도로 깊은 수심(水深)이다. (한 자 = 약 30cm)			
깊을 심	深層(심층)	深刻(심각)	深夜(심야)	深呼吸(심호흡)
부 수 氵				
총 획 11	丶 丶 氵 氵 氿 氿 泂 浑 浑 深 深			

刻	■ 돼지 해(亥) + 칼 도(刂) 행운의 상징인 돼지(亥) 모형을 칼(刂)로 새기다.			
새길 각	刻印(각인)	時刻(시각)	刻苦(각고)	刻骨難忘(각골난망)
부 수 刂				
총 획 8	丶 亠 亠 方 亥 亥 刻 刻			

探	■ 손 수(扌)와 깊을 심(深)의 합자 손(扌)으로 깊은(深) 물속을 더듬어 찾다.			
찾을 탐	探查(탐사)	探究(탐구)	探險(탐험)	探索(탐색)
부 수 扌				
총 획 11	一 十 扌 扌 扩 扩 护 挧 挧 探 探			

訪	■ 말씀 언(言) + 사방 방(方) 말(言)을 물어 가며 사방(方)으로 찾아 방문(訪問)하다.			
찾을 방	探訪(탐방)	來訪(내방)	訪問客(방문객)	
부 수 言				
총 획 11	丶 亠 言 言 言 言 言 訁 訪 訪 訪			

研

- 돌 석(石), 손 수(手), 손 수(手)의 합자
돌(石: 벼루)에 먹을 얹고 두 손(手手)으로 갈다.
글을 쓰며 학문을 갈고닦아 연구(研究)하다.

갈 연		
부 수	石	
총 획	11	

硏修(연수)　　硏磨(연마)　　硏究員(연구원)

一 ァ ブ 石 石 石 矸 矸 研 研 研

究

- 구멍 혈(穴) + 아홉 구(九)
환기 구멍(穴) 아홉(九) 개를 통해
공기가 잘 흐르도록 연구(研究)하여 설치하다.

연구할 구		
부 수	穴	
총 획	7	

講究(강구)　　究明(구명)　　探究(탐구)　　學究熱(학구열)

丶 冖 宀 灾 灾 究 究

引

- 활 궁(弓) + 화살(丨)
활(弓)시위에 화살(丨)을 물려서 끌어당기다.

끌 인		
부 수	弓	
총 획	4	

引導(인도)　　引上(인상)　　引受(인수)　　引出(인출)

ㄱ ㄹ 弓 引

導

- 길 도(道) + 마디 촌(寸)
길(道)을 손가락 마디(寸)로 가리켜 안내하듯이
인생길을 인도(引導)하다.

인도할 도		
부 수	寸	
총 획	16	

主導(주도)　　指導(지도)　　導入(도입)　　導出(도출)

丶 丷 亽 产 芦 芢 苩 首 首 渞 渞 道 道 導 導

核

- 나무 목(木) + 돼지 해(亥)
나무(木)가 돼지(亥)처럼 잘 자라서 씨를 맺다.

씨 핵		核心(핵심)　　結核(결핵)　　核武器(핵무기)
부 수	木	
총 획	10	一 十 才 木 杧 杧 柠 核 核 核

想

- 서로 상(相) + 마음 심(心)
서로(相) 마음(心)속으로 생각하다.

생각 상		回想(회상)　想起(상기)　豫想(예상)　發想(발상)
부 수	心	
총 획	13	一 十 才 木 和 和 相 相 相 想 想 想

走

- 흙 토(土)와 발 족(足)의 합자
흙(土)바닥을 발(足)로 박차며
달려 질주(疾走)하다.

달릴 주		走行(주행)　逃走(도주)　暴走(폭주)　完走(완주)
부 수	走	
총 획	7	一 十 土 キ キ 圭 走

起

- 달릴 주(走) + 몸 기(己)
달리기(走) 위해 출발선에서 몸(己)을 일으키다.

일어날 기		起源(기원)　起點(기점)　提起(제기)　起立(기립)
부 수	走	
총 획	10	一 十 土 キ キ 圭 走 起 起 起

徒	■ 걸을 척(彳) + 달릴 주(走) 걷다가(彳) 달리다가(走) 하며 군인 무리가 도보(徒步)로 이동하다.
무리 도	學徒(학도)　　生徒(생도)　　暴徒(폭도)
부 수　彳	
총 획　10	ノ ク 彳 彳 彳 彷 彷 徍 徒 徒

步	■ 그칠 지(止)와 젊을 소(少)의 합자 출발선에 그쳐(止) 있던 젊은이(少)들이 총소리에 발걸음을 옮기며 경보(競步)하다.
걸음 보	步行(보행)　初步(초보)　進步(진보)　退步(퇴보)
부 수　止	
총 획　7	｜ ト 止 止 丱 步 步

負	■ 쌀 포(勹) + 돈 패(貝) 담보를 묶어(勹) 두고 빌린 돈(貝)은 빚을 진 돈, 부채(負債)이다.
질 부	負擔(부담)　負傷(부상)　自負心(자부심)
부 수　貝	
총 획　9	ノ ク 冖 冇 负 负 负 負 負

擔	■ 손 수(扌) + 쌀 포(勹) + 바위집 엄(厂) + 걷는사람 인(儿) + 말씀 언(言) 손(扌)으로 바위(厂)를 감싸(勹) 들어, 어깨에 메고 걷다(儿). "아이고, 무거워!"란 말(言)이 절로 나오니 부담(負擔)이다.
멜 담	擔任(담임)　擔保(담보)　加擔(가담)　擔當(담당)
부 수　扌	
총 획　16	一 才 扌 扩 扩 护 护 护 扩 护 捵 捵 擔 擔 擔 擔

憂

- 머리 혈(頁), 덮을 멱(冖), 마음 심(心), 천천히 걸을 쇠(夊)의 합자
머리(頁)에 물수건을 덮고(冖) 있는 환자에게
천천히(夊) 다가가 걱정의 마음(心)을 전하며 근심하다.

근심 우	憂患(우환)　　憂慮(우려)　　憂國(우국)
부수 心	
총획 15	一 丆 丐 丙 百 百 直 直 惠 惠 惠 夢 夢 憂

優

- 사람 인(亻) + 근심 우(憂)
근심(憂)하는 자를 위로하는 사람(亻)은
마음이 넉넉하고 우수(優秀)하다.

넉넉할 우	優等(우등)　　優勝(우승)　　優先(우선)　　優位(우위)
부수 亻	
총획 17	丿 亻 亻 亻 亻 侢 侢 侢 偍 偍 偍 偍 偍 偍 偍 優 優

乃

허리 굽은 노인(㇠)이 막대기(丿)로 겨우 몸을 지탱하다.
이리하여 곧 생을 마치게 될 것이다.

이리하여/곧 내	乃至(내지)　　終乃(종내)　　人乃天(인내천)
부수 丿	
총획 2	丿 乃

秀

- 벼 화(禾) + 곧 내(乃)
벼(禾)를 곧(乃) 수확하다.
햅쌀로 밥을 지으니 맛이 빼어나 우수(優秀)하다.

빼어날 수	俊秀(준수)　　秀麗(수려)　　秀才(수재)
부수 禾	
총획 7	一 二 千 千 禾 禾 秀

鹿

사슴을 본뜸.
머리(亠) 꼬리(丿) 몸통(凹) 네 다리(比)
사슴의 뿔이 녹용(鹿茸)이다.

사슴 록	
부 수	鹿
총 획	11

鹿角(녹각)　　馴鹿(순록)　　白鹿潭(백록담)

丶 亠 广 户 庐 庐 庐 庐 鹿 鹿 鹿

麗

뿔(一一)과 눈(吅)이 큰 꽃사슴(鹿)의
고운 자태가 수려(秀麗)하다.

고울 려	
부 수	鹿
총 획	19

華麗(화려)　　美麗(미려)　　美辭麗句(미사여구)

慶

■ 사슴 록(鹿), 덮을 멱(冖), 마음 심(心), 천천히 걸을 쇠(夂)의 합자
녹용(鹿)을 보자기(冖)로 싸서
마음(心)을 담아 천천히(夂) 건네며 경사를 경축(慶祝)하다.

경사 경	
부 수	心
총 획	15

慶事(경사)　　慶弔(경조)　　國慶日(국경일)

丶 亠 广 户 庐 庐 庐 庐 唐 唐 廑 廫 廫 慶 慶

珍

■ 구슬 옥(玉), 사람 인(人), 터럭 삼(彡)의 합자
구슬(玉)이 사람(人)의 머릿결(彡)처럼
윤기가 흐르니 진귀(珍貴)한 보배이다.

보배 진	
부 수	玉
총 획	9

珍奇(진기)　　珍味(진미)　　珍風景(진풍경)　　珍羞盛饌(진수성찬)

一 二 f 王 王丶 玽 珍 珍 珍

267

榮

- 불 화(火火) + 덮을 멱(冖) + 나무 목(木)

불(火火)에 덮인(冖) 땔감(木)이다.
활활 타오르듯 영화롭게 번영(繁榮)하다.

영화/번영할 영		榮光(영광)	虛榮(허영)	富貴榮華(부귀영화)
부 수	木			
총 획	14	丶 丷 ᅮ ᅷ ᅸ ᅹ ᅺ ᅻ 炏 炏 榮 榮 榮 榮		

華

- 풀 초(艹) + 둘 이(二) + 풀 초(艹) + 지평선(一) + 뚫을 곤(丨)

지평선(一)을 뚫고(丨) 떠오른 해의 빛이
위아래로 펼쳐진 두(二) 초원(艹)에 반사되어 빛나 화려(華麗)하다.

빛날 화		榮華(영화)	華婚(화혼)	華奢(화사)
부 수	艹			
총 획	12	一 十 艹 艹 芢 芢 苹 苹 荅 荅 華		

取

- 귀 이(耳) + 또 우(又)

귀(耳)로 듣고 또(又) 들어서
지식을 얻어 취득(取得)하다.

취할/얻을 취		取消(취소)	採取(채취)	取材(취재)	爭取(쟁취)
부 수	又				
총 획	8	一 丆 FF F 耳 取 取			

得

- 걸을 척(彳) + 아침 단(旦) + 마디 촌(寸)

아침(旦)부터 부지런히 걸어(彳)
손마디(寸)에 원하는 바를 얻다.

얻을 득		得票(득표)	所得(소득)	得失(득실)	利得(이득)
부 수	彳				
총 획	11	丿 彳 彳 彳 彳 彳 律 律 得 得			

興

- 양쪽 두 사람(𠂉彐) + 같을 동(同) + 절구통(凢)
양쪽의 두 사람(𠂉彐)이 같이(同) 절구질(凢)하다.
서로 손발이 척척 맞으니 즐거움이 일어나 흥미(興味)롭다.

일어날 흥				
부 수	臼	興行(흥행)	興亡(흥망)	興奮(흥분)	復興(부흥)
총 획	16	ノ ｲ ｆ ｆ 日 日 日 門 門 門 門 甲 與 興 興			

趣

- 달릴 주(走) + 취할/얻을 취(取)
달려서(走) 뜻하던 완주 메달을 얻다(取).
달리기가 취미(趣味)이다.

뜻/달릴 취				
부 수	走	趣向(취향)	興趣(흥취)	趣旨(취지)	情趣(정취)
총 획	15	一 十 土 キ キ キ 走 走 赶 赶 赻 赻 趣 趣 趣			

味

- 입 구(口) + 아닐 미(未)
먹어(口)보니 원하는 맛이 아니(未)라서
양념을 넣어 맛을 내다.

맛 미				
부 수	口	興味(흥미)	趣味(취미)	意味(의미)	味覺(미각)
총 획	8	丨 冂 口 口⁻ 口⁻ 吽 味 味			

籍

나무(木) 의자에 앉은 선비(士)들이
대나무(竹)를 얇게 다듬어, 종일(日) 함께(共) 책을 만들다.
종이가 없던 시대의 문서, 서적(書籍)이다.

문서 적				
부 수	竹	國籍(국적)	戶籍(호적)	在籍(재적)	
총 획	20	ノ ′ ⺮ ⺮ ⺮ ⺮ 竺 竺 笁 筀 筀 筀 箝 箝 耤 耤 耤 籍 籍			

確

- 돌 석(石) + 덮을 멱(冖) + 새 추(隹)
새(隹)를 덮어(冖) 놓은 바구니 위에
돌(石)을 얹으니 확실(確實)히 날아가지 못하다.

굳을/확실할 확				
부 수	石	正確(정확)	確固(확고)	確定(확정)	確認(확인)
총 획	15	一 丁 ア 石 石 石 矿 矿 矿 矿 碎 碓 碓 確 確

證

- 말씀 언(言) + 오를 등(登)
증인석에 올라서(登) 말(言)하다.
증거가 되는 증언(證言)을 하다.

증거 증				
부 수	言	確證(확증)	證據(증거)	證明(증명)	保證(보증)
총 획	19	` 二 三 言 言 言 訁 訁 訝 訝 誇 誇 諮 諮 諮 證 證 證 證

據

- 손 수(扌), 범 호(虍), 돼지 시(豕)의 합자
범(虍)이 앞발(扌)로 멧돼지(豕)를 제압하여
자신의 근거지(根據地)를 지키다.

근거 거				
부 수	扌	根據(근거)	論據(논거)	準據(준거)	依據(의거)
총 획	16	一 扌 扌 扩 扩 扩 扩 扩 护 护 护 據 據 據 據 據

副

- 하나 일(一) + 입 구(口) + 밭 전(田) + 칼 도(刂)
한(一) 가족이 겨울 동안 먹을(口) 배추를
밭(田)에 재배하여 칼(刂)로 수확한 다음 김장하다.

다음 부				
부 수	刂	副應(부응)	副題(부제)	副會長(부회장)	副作用(부작용)
총 획	11	一 ア 戸 百 百 畐 畐 畐 畐 副 副

應

- 큰바위집 엄(广) + 사람 인(亻) + 새 추(隹) + 마음 심(心)
궁(广)에서 키우는 애완 새(隹)가
사람(亻)과 마음(心)이 통하여 지시에 응하다.

응할 응

부수	心
총획	17

應答(응답) 對應(대응) 呼應(호응) 應急(응급)

丶 亠 广 广 庐 庐 庐 庐 庐 庐 雁 雁 雁 應 應 應

援

- 손 수(扌) + 손톱 조(爫) + 하나 일(一) + 벗 우(友)
손(扌)을 뻗어, 홀로(一) 외롭게 있는
벗(友)의 손(爫)을 잡아 도와주다.

도울 원

부수	扌
총획	12

應援(응원) 援助(원조) 救援(구원) 後援(후원)

一 † 扌 扌 扌 扌 护 护 护 援 援

券

- 땀방울(丶丶) + 둘 이(二) + 사람 인(人) + 칼 도(刀)
두(二) 사람(人)이 땀(丶丶)을 흘리며 열심히
칼(刀)로 목판에 문서를 새기다.

문서 권

부수	刀
총획	8

旅券(여권) 證券(증권) 食券(식권) 入場券(입장권)

丶 丶 丷 ⺍ 半 尖 券 券

卷

- 문서 권(券)과 무릎마디 절(㔾)의 합자
무릎(㔾)을 구부리고 앉아
문서(券)를 정리하여 책으로 엮다.

책 권

부수	㔾
총획	8

卷數(권수) 席卷(석권) 壓卷(압권) 上卷(상권)

丶 丶 丷 ⺍ 半 尖 卷 卷

暖

- 해 일(日)과 도울 원(援)의 합자

태양(日)의 도움(援)으로 인해 지구가 따뜻하다.

따뜻할 난		暖房(난방) 溫暖(온난) 暖流(난류)
부 수	日	
총 획	13	丨 冂 冃 日 日¯ 日⸍ 日⸌ 昄 睅 晘 晘 暖 暖

房

- 문 호(戶) + 사방 방(方)

문(戶)이 사방(方)에 있는 방이다.
(앞뒤 출입문과 창문 두 개)

방 방		獨房(독방) 冷房(냉방) 房門(방문) 畫房(화방)
부 수	戶	
총 획	8	` ⸍ ⸌ 戶 戶 戶 房 房

糧

- 쌀 미(米) + 헤아릴 량(量)

쌀(米)가마니를 헤아려(量) 곳간에 보관하다.
한 해 동안 먹을 양식(糧食)이다.

양식 량		糧穀(양곡) 食糧(식량) 軍糧米(군량미)
부 수	米	
총 획	18	⸍ ⸌ ⸌ 丬 丬 米 米 籵 籵 粈 粍 粮 粮 糧 糧 糧 糧 糧

穀

선비(士)가 덮어(冖) 놓은 벼(禾) 한(一) 말을
꺼내어 몽둥이로 찧으니(殳) 쌀이 나다.
쌀은 곡식(穀食)이다.

곡식 곡		穀物(곡물) 雜穀(잡곡) 穀類(곡류) 五穀(오곡)
부 수	禾	
총 획	15	一 十 士 圥 声 声 壳 壳 彀 彀 彀 穀 穀 穀 穀

姉

- 여자 녀(女) + 시장 시(市)
  능숙하게 시장(市)을 보는 손위 누이(女)이다.

손위누이 자		
부 수	女	
총 획	8	姉妹(자매)　　姉兄(자형)

ㄑ 女 女 女 妒 妒 姉 姉

妹

- 여자 녀(女) + 아닐 미(未)
  여성(女)의 모습이 갖추어지지 아니한(未)
  사춘기 전의 어린 여자 아이는 손아래 누이이다.

손아래누이 매		
부 수	女	
총 획	8	男妹(남매)　　妹弟(매제)　　妹夫(매부)

ㄑ 女 女 女 妒 妹 妹 妹

拍

- 손 수(扌) + 흰 백(白)
  손(扌)의 흰(白) 면인 손뼉을 마주 치며 박수(拍手)를 보내다.

손뼉칠 박		
부 수	扌	
총 획	8	拍車(박차)　　拍子(박자)　　拍掌大笑(박장대소)

一 亅 扌 扌 扩 扩 拍 拍

笑

대나무(竹) 잎(一)을 모아 만든
커다란(大) 침대 위에서 뛰어놀다.
재미있어 웃음이 나 폭소(爆笑)하다.

웃을 소		
부 수	竹	
총 획	10	談笑(담소)　　冷笑(냉소)　　失笑(실소)　　微笑(미소)

丿 亠 亇 竹 竹 竺 竺 竺 笑 笑

憤	■ 마음 심(忄) + 풀/꽃 훼(卉) + 돈 패(貝) 마음(忄)을 다하여 가꾼 꽃(卉)이 돈(貝) 가치가 없다 하니 분하다.
분할 분	
부 수	忄	憤怒(분노)　　憤痛(분통)　　激憤(격분)　　悲憤(비분)
총 획	15	丶 丨 忄 忄 忄 忄 忄 忄 忄 忄 忄 忄 忄 憤 憤

奴	■ 여자 녀(女) + 또 우(又) 안주인(女)의 지시를 받아 일하고 또(又) 일하는 종, 노비(奴婢)이다.
종 노	
부 수	女	奴隷(노예)　　奴婢(노비)　　賣國奴(매국노)
총 획	5	𡿨 夕 女 奴 奴

怒	■ 종 노(奴) + 마음 심(心) 누명을 쓰고 노비(奴)가 되었으니 마음(心)속에 화가 치밀어 성내며 분노(憤怒)하다.
성낼 노	
부 수	心	激怒(격노)　　怒發大發(노발대발)　　喜怒哀樂(희로애락)
총 획	9	𡿨 夕 女 奴 奴 怒 怒 怒

努	■ 종 노(奴) + 힘 력(力) 종(奴)이 노비에서 벗어나기 위해 힘(力)써 노력(努力)하다.
힘쓸 노	
부 수	力	努力(노력): 뜻을 이루기 위해 몸과 마음을 다하여 힘씀.
총 획	7	𡿨 夕 女 奴 奴 努 努

寢

- 집 면(宀) + 조각 장(爿) + 오른손 우(⺕) + 덮을 멱(冖) + 또 우(又)
집(宀)안의 널빤지 조각(爿)으로 만든 침대 위에서 손(⺕)으로 이불을 끌어 덮고(冖), 또(又) 끌어 덮으며 잠자다.

잠잘 침
부 수: 宀
총 획: 14

寢室(침실)　　寢臺(침대)　　就寢(취침)　　不寢番(불침번)

丶 丶 宀 宀 宀 宀 寍 寍 寍 寍 寍 寍 寢 寢

床

- 큰바위집 엄(广) + 나무 목(木)
가게(广) 앞의 나무(木)로 만든 평상(平床)이다.

평상 상
부 수: 广
총 획: 7

冊床(책상)　　寢床(침상)　　起床(기상)　　臨床(임상)

丶 一 广 广 庄 床 床

扁

- 문 호(戶) + 책 책(冊)
문(戶)과 책(冊)은
납작하여 편평(扁平)하다.

납작할 편
부 수: 戶
총 획: 9

扁舟(편주): 조각배.

丶 ㇗ ㇕ 戶 戶 扁 扁 扁 扁

篇

- 대나무 죽(竹) + 납작할 편(扁)
대나무(竹)를 납작하게(扁) 다듬어 책을 만들다.

책 편
부 수: 竹
총 획: 15

短篇(단편)　　長篇(장편)　　續篇(속편)　　豫告篇(예고편)

丿 ㇒ ㇒ 𥫗 𥫗 𥫗 𥫗 笁 笁 笁 笁 篇 篇 篇 篇

組	■ 실 사(糸) + 또 차(且) 실(糸)을 엮고 또(且) 엮어, 옷감을 짜서 조직(組織)하다.
짤 조	組合(조합)　　組立(조립)　　組織(조직)
부 수 　糸	
총 획 　11	⸌ ⸍ ⸎ 乡 糸 糸 糽 組 組 組 組

織	■ 실 사(糸) + 소리 음(音) + 창 과(戈) 실(糸)과, 창(戈)처럼 뾰족한 바늘로 박음질 소리(音)를 내며 짠 직물(織物)이다.
짤 직	紡織(방직)　　毛織(모직)　　織造(직조)　　織女星(직녀성)
부 수 　糸	
총 획 　18	⸌ ⸍ ⸎ 乡 糸 糸 糽 紵 紵 紵 緕 緕 緕 織 織 織

毛	동그랗게 말아 올린 개의 꼬리털을 본뜸.
털 모	毛髮(모발)　　毛孔(모공)　　毛細血管(모세혈관)
부 수 　毛	
총 획 　4	⸌ ⸍ 三 毛

孔	■ 아들 자(子) + 오리새 을(乚) 개구쟁이 아들(子)이 나무 구멍 속의 새(乚)집에서 알을 꺼내다.
구멍 공	瞳孔(동공)　　穿孔(천공)　　骨多孔症(골다공증)
부 수 　子	
총 획 　4	⸍ 了 子 孔

寅

- 집 면(宀) + 하나 일(一) + 말미암을 유(由) + 여덟 팔(八)
집(宀) 하나(一) 구하지 못한 이유(由)로
팔방(八)으로 동굴을 찾아다니는 범이다.

범 인

*12지신: 子 丑 寅 卯 辰 巳 午 未 申 酉 戌 亥

부 수	宀
총 획	11

丶 丶 宀 宀 宀 宀 宮 宙 宙 寅 寅

演

- 물 수(氵) + 범 인(寅)
동물학자가 물(氵)범(寅)의 생태에 대해
자신의 주장을 펴며 연설(演說)하다.

펼 연

演藝(연예)   公演(공연)   再演(재연)   演技(연기)

부 수	氵
총 획	14

丶 丶 氵 氵 氵 汴 汴 汴 泸 渲 渲 演 演 演

藝

흙(土)과 돌(八)을 쌓아 만든 둥근(丸) 아궁이에
건초(艹)를 지피며 옛날이야기를 재미있게 말하다(云).
말하는 재주도 예능(藝能)이다.

재주 예

藝術(예술)   工藝(공예)   書藝(서예)   武藝(무예)

부 수	艹
총 획	19

一 十 十 艹 艹 艹 艹 艹 埶 埶 埶 藝 藝 藝 藝 藝 藝 藝 藝

劇

- 범 호(虎), 돼지 시(豕), 칼 도(刂)의 합자
범(虎)과 돼지(豕)를 칼(刂)로 죽이는
행위는 심한 비극(悲劇)이다.

심할 극

演劇(연극)   劇場(극장)   劇本(극본)   劇烈(극렬)

부 수	刂
총 획	15

丨 丨 丅 广 广 卢 庐 庐 虍 虐 虜 豦 豦 劇 劇

歡

- 풀 초(艹) + 입 구(口) + 입 구(口) + 새 추(隹) + 하품 흠(欠)
풀(艹)숲의 새(隹)들이 짹짹(口口) 하품(欠)하듯 소리 지르며
기뻐 환호(歡呼)하다.

기쁠 환				
부 수	欠	歡喜(환희)	歡待(환대)	哀歡(애환)	歡送(환송)
총 획	22				

丶 丷 ⺌ ⺮ 艹 节 芑 苩 营 营 萱 藋 藋 藋 藋 藋 歡 歡 歡

仰

- 사람 인(亻) + 기도하는 팔 모양(𠂉) + 무릎마디 절(卩)
사람(亻)이 무릎(卩)을 구부리고 앉아, 두 손을 모아(𠂉) 기도하다.
신을 우러러보며 신앙(信仰)을 가지다.

우러러볼 앙				
부 수	亻	信仰(신앙)	崇仰(숭앙)	推仰(추앙)	
총 획	6				

丿 亻 亻 伫 佒 仰

迎

- 우러러볼 앙(仰)과 뛸 착(辶)의 합자
우러러보는(仰) 큰 인물이 찾아오니
뛰어(辶)가서 맞이하여 영접(迎接)하다.

맞이할 영			
부 수	辶	迎入(영입)	歡迎(환영)	送舊迎新(송구영신)
총 획	8			

丶 𠃋 𠂉 卬 㔾 㐰 㐰 迎

喜

- 열 십(十) + 콩 두(豆) + 입 구(口)
열(十) 개의 콩(豆)을 구워 주니
아이가 맛있게 먹으며(口) 기뻐서 희희낙락(喜喜樂樂)하다.

기쁠 희				
부 수	口	喜劇(희극)	喜悲(희비)	喜悅(희열)	喜消息(희소식)
총 획	12				

一 十 土 吉 吉 吉 吉 吉 壴 喜 喜 喜

悲	■ 아닐 비(非) + 마음 심(心) 뜻하는 대로 아니(非)되어 마음(心)속으로 슬퍼하며 비관(悲觀)하다.			
슬플 비	悲劇(비극)	悲鳴(비명)	悲壯(비장)	悲痛(비통)
부 수 心				
총 획 12	ノ ナ ヲ ヲ ヲ 非 非 非 非 悲 悲 悲			

孤	■ 아들 자(子) + 그네(瓜) + 나 사(厶) 외아들(子)이 그네(瓜)에 나(厶) 홀로 외롭고 고독(孤獨)하게 앉아 있다.		
외로울 고	孤立(고립)	孤高(고고)	孤軍奮鬪(고군분투)
부 수 子			
총 획 8	了 了 孑 孑 孑 孤 孤 孤		

鳴	■ 입 구(口) + 새 조(鳥) 알을 노리는 구렁이가 나타나니 새(鳥)가 울며(口) 비명(悲鳴)을 지르다.		
울 명	共鳴(공명)	自鳴鐘(자명종)	孤掌難鳴(고장난명)
부 수 鳥			
총 획 14	丨 口 口 口' 口' 口' 口' 口' 鳴 鳴 鳴 鳴 鳴		

鐘	■ 鐘(= 鍾) 鐘 - 동자승(童)이 쇠(金)로 된 종을 쳐 타종(打鐘)하다. 鍾 - 쇠(金)로 된 무거운(重) 종을 쳐 타종(打鐘)하다.		
종 종	警鐘(경종)	鐘閣(종각)	自鳴鐘(자명종)
부 수 金			
총 획 20	ノ 𠂉 𠂉 𠂉 𠂉 𠂉 金 金 鈩 鈩 鈩 鈩 鐘 鐘 鐘 鐘 鐘 鐘		

依

- 사람 인(亻) + 옷 의(衣)
사람(亻)이 옷(衣)에 의지(依支)하여 몸을 보호하다.

의지할 의
부 수	亻
총 획	8

依存(의존)　依據(의거)　依託(의탁)

丿 亻 亻 亻 衣 依 依 依

存

- 하나 일(一) + 사람 인(亻) + 아들 자(子)
한(一) 사람(亻)에게 자녀(子)가 있으니
그가 존재(存在)하는 이유이다.

있을 존
부 수	子
총 획	6

保存(보존)　共存(공존)　存續(존속)　實存(실존)

一 ナ 才 疒 存 存

回

맷돌을 본뜸.
가운데 구멍이 뚫린 맷돌이,
돌아 회전(回轉)하다.

돌 회
부 수	口
총 획	6

回復(회복)　回想(회상)　回避(회피)　回收(회수)

丨 冂 冂 回 回 回

復

걸어(彳)다니며 일하던 사람들이
해(日)가 저물어 잘(ㄥ) 때가 되니 천천히(夂)
다시 집으로 돌아와 복귀(復歸)하다.

돌아올 복/다시 부
부 수	彳
총 획	12

反復(반복)　復舊(복구)　復活(부활)　復興(부흥)

丿 𠂆 彳 彳 彳 彳 彳 復 復 復 復 復

連	■ 수레 차(車) + 뛸 착(辶) 수레(車)가 빠르게(辶) 지나간 자리에 바퀴 자국이 이어져 연속(連續)되다.
이을 련	連載(연재)　連結(연결)　連關(연관)　連休(연휴)
부 수　辶	
총 획　11	一 厂 厂 户 亘 亘 車 車 連 連 連

持	■ 손 수(扌) + 절 사(寺) 손(扌)에 제물을 가지고 절(寺)에 다니며 지속(持續)하여 기도하다.
가질 지	支持(지지)　所持(소지)　持參(지참)　持分(지분)
부 수　扌	
총 획　9	一 亅 扌 扌 扌 扩 挂 持 持

續	■ 실 사(糸) + 팔 매(賣) 상품이 팔리는(賣) 길이 실(糸)처럼 이어져 접속(接續)되다.
이을 속	繼續(계속)　存續(존속)　續續(속속)　相續(상속)
부 수　糸	
총 획　21	⺀ ⺀ 幺 幺 糸 糸 糽 絆 絆 綪 綪 綪 綪 續 續 續 續

往	■ 걸을 척(彳) + 주인 주(主) 주인(主)이 부지런히 걸어서(彳) 오고 가며 거래처를 왕래(往來)하다.
갈 왕	往復(왕복)　往年(왕년)　右往左往(우왕좌왕)
부 수　彳	
총 획　8	丿 ㇒ 彳 彳 彳 衎 衎 往 往

或	■ 창 과(戈) + 입 구(口) + 하나 일(一) 혹시(或是) 적이 쳐들어올까봐 한(一)마디 암호(口)를 쓰며 창(戈)을 들고 지키다.
혹시 **혹**	或如(혹여) 間或(간혹) 或者(혹자)
부 수 : 戈	
총 획 : 8	一 ｢ 戸 冃 戸 或 或 或

如	■ 여자 녀(女) + 입 구(口) 입술에 붉은 연지를 바른 여자(女)들의 입(口)이 모두 같아 보이다.
같을 **여**	如前(여전) 缺如(결여) 如實(여실) 何如間(하여간)
부 수 : 女	
총 획 : 6	ㄑ 纟 女 如 如 如

提	■ 손 수(扌) + 옳을 시(是) 옳다고(是) 생각되는 방안을 손(扌)으로 끌어와 제시(提示)하다.
끌 **제**	提報(제보) 提案(제안) 提起(제기) 前提(전제)
부 수 : 扌	
총 획 : 12	一 寸 扌 扌 扩 押 押 押 捍 捍 捍 提

報	행운(幸)이 있기까지 이끌어주신 스승님께 무릎(卩)을 꿇고 두 손(又) 모아 절하다. 뜻한 바를 이루었다 알리고 은혜를 갚아 보답(報答)하다.
알릴/갚을 **보**	報告(보고) 通報(통보) 報復(보복) 報恩(보은)
부 수 : 土	
총 획 : 12	一 十 土 キ 半 坴 幸 幸 幸 朝 報 報

282

域	■ 흙 토(土) + 혹시 혹(或) 혹시(或) 멧돼지가 농작물을 훼손할까봐 우리 지역(地域)의 농토(土)를 지키다.
지경 역	區域(구역)　　領域(영역)　　廣域市(광역시)
부 수　土	
총 획　11	一 十 土 土' 圤 坷 坷 垣 域 域 域

採	■ 손 수(扌) + 손톱 조(爫) + 나무 목(木) 묘목(木)을 옮겨 심기 위해 두 손(扌 爫)으로 캐어 채취(採取)하다.
캘 채	採集(채집)　　採錄(채록)　　採用(채용)　　採點(채점)
부 수　扌	
총 획　11	一 十 扌 扌' 扩 扩 扩 扩 採 採 採

擇	■ 손 수(扌) + 그물 망(罒) + 다행 행(幸) 손(扌)을 그물(罒)망에 넣고 행운(幸)을 가려 선택(選擇)하다.
가릴 택	採擇(채택)　　兩者擇一(양자택일)
부 수　扌	
총 획　16	一 十 扌 扌 扩 扩 扩 扌 擇 擇 擇 擇 擇 擇 擇 擇

錄	■ 쇠 금(金) + 깎을 록(彔) 쇠(金)를 조각칼로 깎아(彔)내다. 동판에 글을 새기어 기록(記錄)하다.
기록할 록	登錄(등록)　　錄音(녹음)　　收錄(수록)　　錄畵(녹화)
부 수　金	
총 획　16	ノ 人 人 仝 全 全 余 金 鈩 釤 釤 鈩 錚 錚 錄

混	■ 물 수(氵) + 해 일(日) + 견줄 비(比) 바닷물(氵)과 해(日)가 나란히(比) 놓여, 바다색이 석양빛과 섞이어 혼합(混合)되다.			
섞일 혼	混雜(혼잡)	混線(혼선)	混同(혼동)	混亂(혼란)
부 수 氵				
총 획 11	` ` 氵 氵 汩 汩 汩 汩 混 混 混			

亂	손(爫)에 창(矛)을 든 성문(冂) 수비병들이 개인(厶)의 이익(연봉인상)을 위해 또(又) 새(乚)떼처럼 어지럽게 난동(亂動)하다.			
어지러울 란	亂離(난리)	亂舞(난무)	亂暴(난폭)	亂鬪(난투)
부 수 乙				
총 획 13	′ ′ ′ ′ ′ ′ 冎 冎 冎 冎 冎 亂			

鬪	양쪽의 왕(鬥)이 콩깍지(豆)처럼 몸의 마디(寸)마다 철갑을 두른 후 싸움하다.			
싸움 투	鬪志(투지)	鬪士(투사)	鬪爭(투쟁)	戰鬪(전투)
부 수 鬥				
총 획 20	丨 丨 丨 丨 丨 丨 丨 鬥 鬥 鬥 鬥 鬥 鬥 鬥 鬪 鬪			

志	■ 선비 사(士) + 마음 심(心) 공부를 마친 선비(士)가 마음(心)속에 큰 뜻을 품고 과거시험에 지원(志願)하다.			
뜻 지	意志(의지)	同志(동지)	志望(지망)	志向(지향)
부 수 心				
총 획 7	一 十 士 志 志 志 志			

雜

- 갓머리 두(亠) + 사람 인(人人) + 나무 목(木) + 새 추(隹)
갓(亠)쓴 사람들(人人)이 풍물패를 보기 위해
나무(木) 위에 올라가 새(隹)떼처럼 섞이어 있으니 혼잡(混雜)하다.

섞일 잡		複雜(복잡)	雜誌(잡지)	雜音(잡음)	雜貨(잡화)
부 수	隹				
총 획	18	`丶亠亣立卒卆卒杂杂新新新雜雜雜雜`			

誌

- 말씀 언(言) + 뜻 지(志)
스승이 하는 말(言)의 뜻(志)을 기록하다.

기록할 지		書誌(서지)	日誌(일지)	雜誌(잡지)
부 수	言			
총 획	14	`丶亠二宀言言言言計計詰詰誌誌`		

星

- 해 일(日) + 날 생(生)
우주에 태어나(生) 태양(日)처럼
스스로 빛을 발하는 별은 항성(恒星)이다.

별 성		流星(유성)	行星(행성)	衛星(위성)	巨星(거성)
부 수	日				
총 획	9	`丨冂冃日尸旦旱星星`			

座

- 큰바위집 엄(广) + 사람 인(人) + 사람 인(人) + 흙 토(土)
궁(广)에서 사람들(人人)이 토지(土)의 활용도에 대하여
자리에 앉아 좌담(座談)하다.

자리 좌		座席(좌석)	座標(좌표)	講座(강좌)	計座(계좌)
부 수	广				
총 획	10	`丶亠广广庐庐应应座座`			

召	■ 칼 도(刀) + 입 구(口) 칼(刀)을 들고 부르다(口). 강제로 불러 소집(召集)하다.			
부를 소	召喚(소환)		召集令狀(소집영장)	
부 수	口			
총 획	5	ㄱ 刀 刄 召 召		

招	■ 손 수(扌) + 부를 소(召) 손짓(扌)하여 손님을 불러(召) 초대(招待)하다.			
부를 초	招來(초래)	自招(자초)	招請(초청)	
부 수	扌			
총 획	8	一 十 扌 扌 打 押 押 招 招		

請	■ 말씀 언(言) + 푸를 청(靑) 푸른(靑) 청춘의 기상으로 힘차고 자신 있게 말(言)하며 청혼(請婚)하다.			
청할 청	要請(요청)	請託(청탁)	申請(신청)	請求(청구)
부 수	言			
총 획	15	` 亠 ㄠ ㅑ 言 言 言 訁 訁 許 詰 請 請 請 請		

婚	■ 여자 녀(女) + 성씨 씨(氏) + 날 일(日) 여자(女)가 다른 성씨(氏)의 남자와 날(日)을 정하여 혼인(婚姻)하다.			
혼인할 혼	結婚(결혼)	約婚(약혼)	破婚(파혼)	離婚(이혼)
부 수	女			
총 획	11	ㄑ 乂 女 女 妤 妤 妖 婎 婚 婚 婚		

朱

- 누운사람 인(⺊) + 나무 목(木)
죽은 사람(⺊)을 나무(木) 장작으로 화장하다.
불꽃이 붉은 주홍(朱紅)색이다.

붉을 주	朱黃(주황)　　　近朱者赤(근주자적): 붉은빛을 가까이 하면 붉어짐.
부 수	木
총 획	6

ノ ┘ 匸 牛 牛 朱

紅

- 실 사(糸) + 만들 공(工)
실(糸)을 봉선화로 물들여
옷을 만드니(工) 붉은 홍색(紅色)이다.

붉을 홍	粉紅(분홍)　　　紅潮(홍조)　　　朱紅(주홍)
부 수	糸
총 획	9

￨ ㄥ 幺 幺 糸 糸 糸 紅 紅

鉛

월요일부터 금(金)요일까지 학교 책상(几)에서
글을 읽고(口) 쓸 때 사용하는 것은
흑연(연필심)이 박힌 연필(鉛筆)이다.

흑연 연	黑鉛(흑연)　　　色鉛筆(색연필)　　　亞鉛(아연)
부 수	金
총 획	13

ノ 人 ㅅ ト 乍 두 今 金 釒 釒 釣 鉛 鉛

粉

- 쌀 미(米) + 나눌 분(分)
쌀(米)을 잘게 나누니(分)
가루, 분말(粉末)이 되다.

가루 분	粉筆(분필)　　　粉食(분식)　　　粉乳(분유)
부 수	米
총 획	10

丶 丷 ⸝ 半 半 米 米 粉 粉 粉

亢	높이 올린 배의 돛을 본뜸. 배가 돛을 높이 올리고 항진(亢進)하다.
높을 항	亢進(항진): 위풍당당하게 앞으로 나아감.
부수 亠 총획 4	丶 亠 㐅 亢

抗	■ 손 수(扌) + 높을 항(亢) 손(扌)에 든 무기를 높이(亢) 치켜들어 겨루며 항쟁(抗爭)하다.
겨룰 항	抗拒(항거)　　抗議(항의)　　反抗(반항)　　抗辯(항변)
부수 扌 총획 7	一 十 扌 扩 扩 扩 抗

巨	벽장(匚)이, 큰 상자(口)가 들어갈 정도로 크고 거대(巨大)하다.
클 거	巨創(거창)　　巨人(거인)　　巨星(거성)　　巨金(거금)
부수 工 총획 5	一 匚 匞 巨 巨

拒	■ 손 수(扌) + 클 거(巨) 손(扌)을 크게(巨) 펴서 막아 거부(拒否)하다.
막을 거	拒絶(거절)　　拒逆(거역)　　抗拒(항거)
부수 扌 총획 8	一 十 扌 扩 扩 拒 拒 拒

逆

- 뿔 달린 투구(亠) + 삼지창(屮) + 뛸 착(辶)

뿔 달린 투구(亠)를 쓴 무장들이 삼지창(屮)을 들고 뛰어(辶)가다.
정권에 거스른 역도(逆徒)이다.

거스를 역		逆轉(역전)	逆行(역행)	逆境(역경)	逆說(역설)
부 수	辶				
총 획	10	` ´ 亠 弟 弟 弟 逆 逆 逆			

航

- 배 주(舟) + 높을 항(亢)

배(舟)가 돛을 높이(亢) 올리고 항해(航海)하다.

배 항		航空(항공)	順航(순항)	難航(난항)	缺航(결항)
부 수	舟				
총 획	10	´ 丿 丹 月 舟 舟 舟 航 航			

陰

- 언덕 부(阝) + 이제 금(今) + 말할 운(云)

언덕(阝) 아래는 한낮인 지금(今)도
그늘져 음침(陰沈)하니 가지 말라 말하다(云).

그늘 음		陰地(음지)	陰陽(음양)	綠陰(녹음)	陰散(음산)
부 수	阝				
총 획	11	` ´ 阝 阝 阶 阶 阶 阶 陰 陰 陰			

散

- 함께 공(共), 고기 육(肉/月), 칠 복(攵)의 합자

농부들이 함께(共) 온몸(月)으로 도리깨질하다(攵).
곡식이 떨어지며 흩어져 분산(分散)되다.

흩어질 산		解散(해산)	發散(발산)	閑散(한산)	散步(산보)
부 수	攵				
총 획	12	一 十 廿 廿 甘 芦 背 背 背 散 散			

吳

팔다리를 大자로 벌리고 목을 뒤로 젖히며(4획) 말하다(口).
거들먹거리며 **큰소리치다**.

큰소리칠 오	
부 수	口
총 획	7

吳越同舟(오월동주): 원수지간일지라도 어려운 상황에서는 서로 협력함.

丶 口 口 只 吳 吳 吳

誤

■ 말씀 언(言) + 큰소리칠 오(吳)
사리에 맞지 않는 말(言)로 큰소리치는(吳) 것은
스스로를 **그르치는** 행위이다.

그르칠 오	
부 수	言
총 획	14

誤解(오해)   誤差(오차)   誤答(오답)   誤算(오산)

丶 亠 三 三 言 言 言 訂 訂 誤 誤 誤

差

■ 양 양(羊)과 만들 공(工)의 합자
부드러운 양(羊)털로 만든(工) 옷은
촉감이 **달라** 차별(差別)된다.

다를 차	
부 수	工
총 획	10

差異(차이)   時差(시차)   差等(차등)   隔差(격차)

丶 丷 厸 亼 半 羊 差 差 差

低

■ 사람 인(亻) + 뿌리 씨(氏) + 하나 일(一)
사람(亻)이 심마니에게, 산삼뿌리(氏) 한(一) 가닥이 끊어졌으니
가격이 **낮은** 저가(低價)라 하다.

낮을 저	
부 수	亻
총 획	7

低下(저하)   低音(저음)   最低(최저)   高低(고저)

丿 亻 亻 仁 仾 低 低

底	큰 집(广) 마당에 있는 나무의 뿌리(氐)는 지면(一)의 밑에 있다.
밑 저	海底(해저)　底意(저의)　底力(저력)　基底(기저)
부수　广	
총획　8	丶 一 广 广 庀 庇 底 底

邊	자기(自) 논의 사방(方)에 나 있는 쥐구멍(穴)을 뛰어(辶)다니며 막다. 뛰어다닌 논둑은 논의 가장자리, 변두리이다.
가 변	海邊(해변)　周邊(주변)　底邊(저변)　邊方(변방)
부수　辶	
총획　19	丶 丆 白 白 白 白 臬 臬 臭 臭 臱 粤 粤 邊 邊 邊 邊

疑	■ 비수 비(匕), 화살 시(矢), 창 모(矛), 발 족(足)의 합자 칼(匕), 화살(矢), 창(矛)을 든 사람들의 서둘러 이동하는 발걸음(足)이 의심(疑心)되다.
의심할 의	疑問(의문)　質疑(질의)　半信半疑(반신반의)
부수　足	
총획　14	丶 匕 卡 芒 芷 矣 矣 矣 矣 疑 疑 疑 疑 疑

帝	■ 설 립(立), 덮을 멱(冖), 수건 건(巾)의 합자 임금이 용포를 입고 서(立) 있는 모습이 커다란 수건(巾)을 덮어(冖) 놓은 듯하다.
임금 제	帝王(제왕)　皇帝(황제)　帝國主義(제국주의)
부수　巾	
총획　9	丶 一 亠 立 产 产 帝 帝 帝

權

나무(木)와 풀(艹)이 우거진 깊은 숲속에서
새들(隹)이 자신의 영역을 지키기 위해
거듭 소리지르며(口口) 권세(權勢)를 다투다.

권세 권

부 수	木
총 획	22

主權(주권)　　權利(권리)　　權限(권한)　　執權(집권)

一 十 十 十 朴 朴 朴 朴 朴 村 栉 梼 梼 梼 榨 榷 榷 權 權 權 權 權

限

■ 언덕 부(阝) + 머무를 간(艮)
언덕(阝)이 사방에 머물러(艮) 있으니
막혀 한정(限定)되다.

한정 한

부 수	阝
총 획	9

制限(제한)　　期限(기한)　　無限(무한)　　權限(권한)

' 3 阝 阝' 阝ㄱ 阝∃ 阠 阴 限

威

■ 사람 인(人) + 여자 녀(女) + 창 과(戈)
여(女)인(人)이 창(戈)을 치켜들다.
여장부의 위엄(威嚴)을 보이다.

위엄 위

부 수	女
총 획	9

威力(위력)　　權威(권위)　　威勢(위세)　　示威(시위)

丿 厂 厂 厂 反 反 威 威 威

勢

■ 흙 토(土) + 돌(丶) + 흙 토(土) + 둥글 환(丸) + 힘 력(力)
흙(土)과 돌(丶)을 쌓아 만든 둥근(丸) 아궁이의
화력(力), 불의 세력(勢力)이 세다.

세력 세

부 수	力
총 획	13

姿勢(자세)　　態勢(태세)　　優勢(우세)　　實勢(실세)

一 十 士 土 耂 耂 耂 坴 坴 剚 埶 埶 勢 勢

律	■ 다닐 행(行)과 붓 율(聿)의 합자 실행(行)을 목적으로 붓(聿)을 들어 기록한 법칙이 율법(律法)이다.
법칙 률	法律(법률)　　自律(자율)　　規律(규율)　　調律(조율)
부수　彳	
총획　9	ノ ク 彳 彳 彳 彳 律 律 律

背	■ 북쪽 북(北) + 고기 육(肉/月) 성의 북(北)문을 지키는 두 병사가 서로의 몸(月)에 기대고 앉아 졸다. 임무를 등지고 배임(背任)하다.
등 배	背景(배경)　　背信(배신)　　背後(배후)　　背泳(배영)
부수　月	
총획　9	丨 丨 키 北 北 北 背 背 背

掃	■ 손 수(扌) + 오른손 우(彐) + 덮을 멱(冖) + 수건 건(巾) 두 손(扌彐)에 청소 도구를 들고 머리에 수건(巾)을 덮어(冖) 쓰다. 쓸고 닦으며 청소(淸掃)하다.
쓸 소	一掃(일소)　　掃蕩(소탕)　　掃除(소제)
부수　扌	
총획　11	一 十 扌 扌 扫 扫 扫 扫 掃 掃 掃

遺	■ 귀할 귀(貴) + 뛸 착(辶) 병의 진행이 빨라서(辶) 귀한(貴) 말을 남겨 유언(遺言)하다.
남길 유	遺産(유산)　　遺傳(유전)　　遺物(유물)　　後遺症(후유증)
부수　辶	
총획　16	丶 口 口 中 虫 史 貴 貴 貴 貴 貴 遺 遺 遺

宣	집(宀)안의 천장(一)에서 바닥(一)까지 햇살(日)이 들어오다. 태양이 햇빛을 널리 베풀다.
베풀 선	宣布(선포)　宣言(선언)　宣告(선고)　宣傳(선전)
부수 　宀 총획　9	丶丶宀宀宀宁宵宣宣

布	■ 삐침 별(丿) + 하나 일(一) + 수건 건(巾) 막대기(丿) 하나(一)로 베를 다듬이질하여 수건(巾)처럼 부드럽게 펴다.
베/펼 포	公布(공포)　配布(배포)　分布(분포)　流布(유포)
부수　巾 총획　5	丿ナ扌右布

希	■ 옷을 꿰맨 모양(乂) + 베 포(布) 낡은(乂) 베(布)옷을 입은 노동자가 열심히 일하며 잘 살기를 바라여 희망(希望)하다.
바랄 희	希求(희구): 바라며 구함.
부수　巾 총획　7	丿乂㐅쑈丯쑈希希

厚	■ 바위집 엄(厂) + 날 일(日) + 아들 자(子) 산속의 바위집(厂)에서 날(日)마다 공부하는 아들(子)은 학식이 두터워 후덕(厚德)하다.
두터울 후	重厚(중후)　溫厚(온후)　濃厚(농후)
부수　厂 총획　9	一厂厂厃厈厚厚厚厚

仁

사람(亻) 둘(二)이서 서로 협력하여
어려움을 극복하니 어진 사람이다.
(어질다: 마음이 너그럽고 사리에 밝다.)

어질 인		
부 수	亻	
총 획	4	ノ 亻 亻 仁

仁義(인의)   仁慈(인자)   殺身成仁(살신성인)

季

■ 벼 화(禾) + 아들 자(子)
벼(禾)의 아들(子)은 '모'이다. (모가 자라서 벼가 됨.)
모를 심어야하는 모내기 철, 계절(季節)을 표현함.

계절 계		
부 수	子	
총 획	8	ノ 二 千 千 禾 秂 季 季

夏季(하계)   冬季(동계)   四季(사계)

香

■ 벼 화(禾) + 해 일(日)
벼(禾)가 햇빛(日)에 익어 가며
벼 익는 향기(香氣)를 내다.

향기 향		
부 수	香	
총 획	9	ノ 二 千 千 禾 禾 禾 香 香

香料(향료)   香水(향수)   香臭(향취)

候

사람(亻)이 적설량을 재어 기후(氣候)를 확인하다.
노인은 지팡이(丨)로, 목수는 자(工)로,
사냥꾼은 화살(矢)로 재다.

기후 후		
부 수	亻	
총 획	10	ノ 亻 亻 亻 亻 亻 亻 候 候 候

徵候(징후)   症候群(증후군)   候補(후보)

盜	■ 물 수(氵) + 하품 흠(欠) + 그릇 명(皿) "물(氵) 한 그릇(皿) 얻어 마실(欠) 수 있을까요?" 하며 집안을 염탐하는 도둑이다.			
도둑 도	盜賊(도적)	盜聽(도청)	盜用(도용)	盜難(도난)
부 수 皿				
총 획 12	` ｀ 氵 氵 沪 汐 次 次 浴 浴 盗 盜			

賊	■ 돈 패(貝) + 창 과(戈) + 열 십(十) 돈(貝) 가치가 높은 창(戈) 열(十) 개를 훔친 도적(盜賊)이다.			
도적 적	海賊(해적)	逆賊(역적)	賊反荷杖(적반하장)	
부 수 貝				
총 획 13	｜ 冂 冃 月 目 貝 貝 則 則 則 賊 賊 賊			

刑	■ 문을 잠그는 빗장(开) + 칼 도(刂) 빗장(开)은 감옥형, 칼(刂)은 목을 베는 형벌(刑罰)을 뜻함.			
형벌 형	刑事(형사)	刑法(형법)	處刑(처형)	減刑(감형)
부 수 刂				
총 획 6	一 二 テ 开 刑 刑			

罰	■ 감옥의 창살(罒) + 말씀 언(言) + 칼 도(刂) 말(言)을 못하도록 독방(罒)에 가두어 벌하고 칼(刂)로 목을 베어 벌하다.			
벌할 벌	罰金(벌금)	嚴罰(엄벌)	罰點(벌점)	罰則(벌칙)
부 수 罒				
총 획 14	` 冂 冂 罒 罒 罒 罚 罰 罰 罰 罰 罰 罰 罰			

怨	밤(夕)에 무릎(㔾)을 구부리고 바르게 앉아 마음(心)속으로 지난날을 돌아보며 어리석은 자신을 원망(怨望)하다.
원망할 원	怨恨(원한)　　怨聲(원성)　　怨讎(원수)
부 수　心	
총 획　9	ノ ク ㇹ ㇺ 夗 夗 怨 怨 怨

恨	■ 마음 심(心/忄) + 머무를 간(艮) 심장(忄)이 뛰지 않고 머물러(艮) 멈출 만큼 원한(怨恨)이 사무치다.
한할/원한 한	恨歎(한탄)　　痛恨(통한)　　悔恨(회한)
부 수　忄	
총 획　9	ﾞ ﾞ 忄 忄 忄 忄 恨 恨 恨

妨	■ 여자 녀(女) + 사방 방(方) 여자(女)든 남자든 사방(方)에서 수다를 떨고 있으면 공부에 방해(妨害)된다.
방해할 방	無妨(무방)　　妨害(방해)
부 수　女	
총 획　7	ㇳ ㇰ 女 女 妒 妨 妨

慰	■ 주검 시(尸) + 제단 시(示) + 마디 촌(寸) + 마음 심(心) 조문(제단示 위의 관尸)을 가서 상주에게 한마디(寸) 마음(心)을 전하며 위로(慰勞)하다.
위로할 위	慰安(위안)　　慰問(위문)　　慰勞(위로)
부 수　心	
총 획　15	ㇰ ㇱ 尸 尸 屋 屋 屋 尉 尉 尉 慰 慰 慰

修	사람(亻)이 머리털(彡)을 휘날리며 목검(丨)으로 치는(攵) 연습을 하다. 검술을 닦으며 수행(修行)하다.
닦을 수	研修(연수)　修養(수양)　修習(수습)　修理(수리)
부수　亻	
총획　10	丿 亻 亻 亻 亻 攸 攸 攸 修 修

整	■ 묶을 속(束) + 칠 복(攵) + 바를 정(正) 나뭇짐을 묶고(束) 툭툭 치면서(攵) 바르고(正) 가지런하게 정리(整理)하다.
가지런할 정	調整(조정)　整備(정비)　整列(정렬)　整然(정연)
부수　攵	
총획　16	一 一 一 一 一 束 束 束 敕 敕 敕 敕 整 整 整

均	■ 흙 토(土)와 없을 물(勿)의 합자 흙(土)덩이를 깨어 없애니(勿) 고르고 균등(均等)하다.
고를 균	平均(평균)　均一(균일)　均衡(균형)
부수　土	
총획　7	一 十 土 圴 均 均 均

齊	■ 亠= 농부가 쓴 농립, Y= 보리 이삭, 刀 = 낫, 氏 = 허리를 숙여 보리 베는 농부, 爿 = 가지런히 묶어 둔 보릿단 농부가 보리를 베어 묶은 것처럼 집안을 가지런히 하여 제가(齊家)하다.
가지런할 제	一齊(일제)　齊唱(제창)　整齊(정제)
부수　齊	
총획　14	一 亠 亠 亠 亣 亣 亣 亣 齊 齊 齊 齊 齊

濟

- 물 수(氵) + 가지런할 제(齊)

물살이 약하여 강물(氵)이 가지런할(齊) 때 건너가다.

건널 제			
부 수	氵	經濟(경제)　　決濟(결제)　　救濟(구제)	
총 획	17	` ` 氵 氵 氵 沪 沪 沪 沪 濟 濟 濟 濟 濟 濟 濟	

經

하나(一)의 실(糸)개천(川)이 만든(工) 물길은
물이 지나는 경로(經路)이다.
지난 역사 속 성현들의 사상을 글로 적은 경서(經書)이다.

지날/글 경		
부 수	糸	經過(경과)　經驗(경험)　經歷(경력)　牛耳讀經(우이독경)
총 획	13	乚 幺 幺 牟 牟 糸 紅 紅 經 經 經 經 經

營

보자기(冖)로 창문을 가린 후, 양쪽에 불(火)을 밝히고
말을 주고받으며(呂) 비밀회의하여
기업을 경영(經營)하다.

경영할 영		
부 수	火	營利(영리)　營業(영업)　營農(영농)　營養(영양)
총 획	17	` ´ 丬 屮 屮 屮 屮 ⺍ 𡗗 𡗗 𡗗 營 營 營 營 營

爲

- 손톱 조(爫) + 원숭이가 웅크리고 앉아 있는 모습(爲)

원숭이가 손톱(爫)으로 동료 원숭이(爲)의
털 고르기를 하다.

할 위		
부 수	爪	營爲(영위)　行爲(행위)　爲主(위주)　作爲(작위)
총 획	12	` ´ 𠂉 𠂊 爫 𠂇 戶 爲 爲 爲 爲 爲

揮

- 손 수(扌) + 군대 군(軍)
- 손(扌)에 긴 지휘봉을 쥐고 휘두르며
- 군대(軍)를 지휘(指揮)하다.

휘두를 휘
- 부 수: 扌
- 총 획: 12

揮帳(휘장)　發揮(발휘)　陣頭指揮(진두지휘)

一 十 扌 扌 扩 扩 扩 护 捐 捐 捏 揮

帳

- 수건 건(巾) + 긴 장(長)
- 커다랗고 긴(長) 수건(巾)이니 장막(帳幕)이다.
- 긴(長) 수건(巾)으로 싸서 보관한 비밀 장부(帳簿)이다.

장막/장부 장
- 부 수: 巾
- 총 획: 11

通帳(통장)　布帳(포장)　日記帳(일기장)

更

- 하나 일(一) + 말할 왈(曰) + 삐침 별(丿) + 손(乀)
- 다시 한(一) 번 더 말하여(曰) 고쳐지지 않으면
- 회초리(丿)를 들어(乀) 바로잡아 고치다.

고칠 경/다시 갱
- 부 수: 曰
- 총 획: 7

變更(변경)　更新(경신/갱신)　甲午更張(갑오경장)

張

- 활 궁(弓) + 긴 장(長)
- 활(弓) 만드는 방법을 길게(長) 설명하다.
- 명궁의 비법을 베풀어 주장(主張)하다.

베풀/주장할 장
- 부 수: 弓
- 총 획: 11

出張(출장)　冊張(책장)　張力(장력)　張本(장본)

銅

- 쇠 금(金) + 같을 동(同)

쇠(金)와 같은(同) 금속인
구리로 동상(銅像)을 만들다.

구리 동	
부 수	金
총 획	14

銅錢(동전)   靑銅(청동)   銅像(동상)

丿 ㇒ ㇒ ㇒ 乍 乍 乍 金 釒 釖 釖 銅 銅 銅

錢

- 쇠 금(金) + 창 과(戈) + 창 과(戈)

쇠(金)로 창(戈)을 만들어 팔다.
재료비가 비싸 돈을 벌어도 본전(本錢)이다.

돈 전	
부 수	金
총 획	16

換錢(환전)   銅錢(동전)   急錢(급전)   葉錢(엽전)

丿 ㇒ ㇒ ㇒ 乍 乍 乍 金 釒 銭 銭 銭 錢 錢 錢

條

- 사람 인(亻) + 잘려 나간 나뭇가지(丨) + 칠 복(攵) + 나무 목(木)

사람(亻)이 나무(木)의 웃자란 가지(丨)를 쳐(攵) 내어
조건(條件)에 맞게 가꾸다.

가지 조	
부 수	木
총 획	11

條約(조약)   條理(조리)   條項(조항)   條目(조목)

丿 亻 亻 亻 攸 攸 攸 條 條 條 條

件

- 사람 인(亻) + 소 우(牛)

사람(亻)이 소(牛)뿔에 받힌 사건(事件)이다.

사건 건	
부 수	亻
총 획	6

物件(물건)   與件(여건)   案件(안건)   要件(요건)

丿 亻 亻 亻 仁 件

而	턱수염이 가지런히 난 모습을 본뜸. 말을 이어 도와주는 어조사로 쓰임.
수염/말이을 이	似而非(사이비): 겉보기에는 비슷하나 본바탕은 아주 다름.
부 수 而	
총 획 6	一 ア 丁 丙 而 而

儒	비(雨)가 수염(而)처럼 가지런히 내리니 단비이다. 단비같은 사람(亻)은 선비이다. (선비: 학식과 인품이 높아 가정과 사회에 이로운 사람.)
선비 유	儒學(유학) 儒生(유생) 儒敎(유교)
부 수 亻	
총 획 16	ノ 亻 亻 亻 伊 伊 伊 伊 儒 儒 儒 儒 儒 儒 儒

佛	■ 사람 인(亻) + 아닐 불(弗) 사람(亻)이 아니(弗)된 자라 할지라도 마음을 고쳐먹으면 부처가 될 수 있다.
부처 불	佛堂(불당) 佛經(불경) 佛敎(불교)
부 수 亻	
총 획 7	ノ 亻 亻 伊 佛 佛 佛

宗	■ 집 면(宀) + 제단 시(示) 집(宀) 안의 제단(示)에서 제사 지내는 집은 종가(宗家)이다. (마루: 지붕이나 산등성이의 가장 높은 부분)
종가/마루 종	宗孫(종손) 宗敎(종교) 世宗大王(세종대왕)
부 수 宀	
총 획 8	丶 宀 宀 宀 宁 字 宗 宗

崇	■ 산 산(山) + 마루 종(宗) 산(山)마루(宗)에 단을 쌓고 하늘에 제를 지내는 곳은 높고 숭고(崇高)하다.
높을 숭	崇拜(숭배)　　崇尙(숭상)　　崇禮門(숭례문)
부 수　山	
총 획　11	` 〃 屮 屮 屶 峃 峃 峯 崈 崇 崇

拜	■ 손 수(手), 손 수(手), 하나 일(一)의 합자 두 손(手手)을 하나(一)로 모아 절하며 세배(歲拜)하다.
절 배	答拜(답배)　　再拜(재배)　　拜上(배상)
부 수　手	
총 획　9	ˊ ˊ ˊ 手 手 手 手 拜 拜

推	■ 손 수(扌) + 새 추(隹) 엄마 새가 손(扌: 날개)으로 아기 새(隹)를 밀어 주며 비행 연습을 추진(推進)하다.
밀 추	推測(추측)　推定(추정)　推移(추이)　推理(추리)
부 수　扌	
총 획　11	一 亅 扌 扩 扩 扩 扩 拃 拃 推 推

進	■ 새 추(隹) + 뛸 착(辶) 새(隹)가 빠르게(辶) 날며 나아가 진행(進行)하다.
나아갈 진	推進(추진)　進展(진전)　增進(증진)　進退兩難(진퇴양난)
부 수　辶	
총 획　12	ˊ ˊ ˊ 亻 亻 亻 亻 亻 隹 隹 隹 進

聖	■ 귀 이(耳), 입 구(口), 맡길 임(任)의 합자
	상대의 말을 귀담아 듣고(耳)
	자신이 말하는(口) 것에 책임(任)지는 성인(聖人)이다.
성인 성	聖賢(성현)　　神聖(신성)　　聖君(성군)　　太平聖代(태평성대)
부 수　耳	
총 획　13	一　厂　F　F　王　耳　耴　聊　聊　聖　聖　聖

賢	■ 신하 신(臣) + 또 우(又) + 돈 패(貝)
	신하(臣)가 굶주린 백성을 위해 또(又) 돈(貝)을 쓰니
	어질고 현명(賢明)하다.
어질 현	賢人(현인)　　賢母(현모)　　集賢殿(집현전)　　愚問賢答(우문현답)
부 수　貝	
총 획　15	一　丁　丐　丐　臣　臤　臤　臤　臤　臤　臤　督　賢　賢

찾아보기

ㄱ

가
家 60p
可 70, 131
歌 70
價 122
加 122
叚 178
假 178
暇 179
街 190

각
各 97
角 114
覺 258
刻 262

간
干 7
間 49
艮 103
簡 229
看 241

감
凵 10
甘 14
感 92
減 195
監 206
敢 232

갑
甲 100

강
江 56
強 87
降 203
講 212
康 241

개
開 82
介 97
改 123
個 243

객
客 124

갱
更 300

거
擧 124
去 137
居 226
據 270
巨 288
拒 288

건
巾 13
建 125
健 125
件 164, 301

걸
傑 205

검
檢 223
儉 223

격
格 122
激 197
擊 200

견
犬 13
犭 13
見 79
堅 243

결
決 126
結 147
潔 228
缺 231

경
冂 6
京 84
景 127
競 128
輕 142
敬 166
警 248
驚 248
竟 252
境 252
鏡 253
傾 257
慶 267
經 299
更 300

계
彐 18
界 97
計 108
階 196
系 199
係 199
繼 208
戒 248
鷄 261
季 295

고
古 81
高 84
苦 118
考 123
告 128
固 167
庫 221
故 242
孤 279

곡
曲 12
谷 171
穀 272

곤
丨 4
困 202

골
骨 89

공
廾 22
工 54
空 69
公 77
共 77
功 80
攻 232
孔 276

과
戈 8
科 78

305

과
　果　105
　過　137
　課　173

관
　觀　124
　關　165
　官　240
　管　240

광
　光　110
　廣　128
　鑛　207

교
　交　25
　校　25
　敎　34
　橋　129

구
　口　7
　白　20
　九　29
　區　91
　求　98
　球　98
　救　143
　丘　148
　具　160
　句　165
　舊　166
　構　222
　究　263

국
　國　35
　局　155

군
　軍　36
　君　117
　郡　117
　群　204

굴
　屈　215

궁
　弓　7
　宮　236
　窮　251

권
　勸　181
　券　271
　卷　271
　權　292

궐
　刂　4

게
　几　16

귀
　貴　174
　歸　242

규
　規　129

균
　均　298

극
　極　251
　劇　277

근
　斤　14
　堇　58
　根　103
　近　116
　筋　201
　勤　225

금
　金　9
　今　81
　禁　205

급
　及　84
　級　84
　急　110
　給　163

기
　氣　57
　其　64
　旗　64
　己　65
　記　65
　技　162
　基　169
　汽　169
　期　170
　奇　193
　寄　193
　器　230
　紀　253
　起　264

길
　吉　132

ㄴ

난
　難　224
　暖　272

남
　南　30
　男　42

납
　納　219

내
　內　60
　乃　266

녀
　女　24

녁
　广　18

년
　年　31, 72

념
　念　130

노
　奴　274
　怒　274
　努　274

농
　農　53

능
　能　162

ㄷ

다
多 80

단
旦 66
單 100
短 115
團 150
壇 156
斷 194
段 196
檀 253

달
達 247

담
談 132
擔 265

답
答 51

당
堂 97
當 155
黨 234

대
大 29
對 85
待 85
代 88
隊 189
帶 249

덕
德 168

도
刀 51
刂 51
道 67
圖 90
度 111
到 146
島 159
都 163
逃 245
導 263
徒 265
盜 296

독
讀 77
獨 159
毒 196
督 206

동
東 30
冬 41
動 63, 92, 142
同 69
洞 69
童 115
銅 301

두
亠 5
斗 17
豆 65, 113
頭 114

둔
屯 228

득
得 268

등
登 65
等 85
燈 261

ㄹ

라
羅 197

락
樂 74
落 127

란
卵 261
亂 284

람
覽 207

랑
朗 160

래
來 54

랭
冷 138

략
略 229

량
良 68, 160
量 145
兩 190
糧 272

려
旅 141
慮 235
麗 267

력
力 41
歷 137

련
練 170
連 281

렬
列 117
烈 197

령
令 136
領 136

례
禮 111
例 117

로
老 33, 42
路 99
勞 142

록
彔 113
綠 113
鹿 267
錄 283

론
論 213

료
料 163

룡
龍 236

류
類 140
流 171
柳 260
留 260

륙
六 28
陸 129

륜
侖 213
輪 214

률
律 293

리
里 62
吏 95
利 107
理 112
李 118
離 218

림
林 43

립
立 67

ㅁ

마
馬 141

막
莫 254

만
萬 37
滿 190

말
末 170

망
四 18
亡 157
望 157

매
每 62
買 76
賣 76
妹 273

맥
脈 234

멱
冖 6

면
宀 7
面 64
免 225
勉 225

명
皿 19

名 45
命 45
明 96
鳴 279

모
母 24
矛 101
模 254
毛 276

목
木 9
目 12, 78
牧 258

묘
妙 193
墓 254
卯 260

무
無 139
母 196
舞 204
務 212
武 240

문
門 32
文 44
問 50
聞 50

물
勿 17
物 68

미
米 57
美 74
未 170
味 269

민
民 36

밀
密 217

ㅂ

박
朴 118
博 207
拍 273

반
半 90
班 98
反 114

발
癶 15
牛 21
發 106
友 178
髮 178

방
方 14
放 82
防 183
訪 262
房 272
妨 297

배
倍 135
配 235
背 293
拜 303

백
白 33
百 37, 52

번
番 104

벌
伐 238
罰 296

범
凡 22
犯 232
範 255

법
法 139

벽
壁 244

변
便 48
采 104
變 145
辯 247
邊 291

별
丿 4
別 86

병
病 94
兵 148
竝 184

보
普 184
甫 207
寶 231
保 240
步 265
報 282

복
卜 6
攵 8
服 106
福 147
伏 203
複 220
復 280

본
本 103

봉
奉 133

부
卩 16
缶 21
父 24
夫 54
部 81
府 198
富 202
否 209
婦 242
負 265

副 270
復 280

북
北 30

분
分 91
憤 274
粉 287

불
不 46
弗 141
佛 302

비
匕 6
非 138
費 141
鼻 144
比 151
備 182
飛 191
批 192
祕 217
卑 255
碑 255
悲 279

빈
貧 202

빙
冫 10
氷 161

人

사
厶 6
巳 15
糸 15
四 27
寺 49
事 60
士 76
社 83
史 95
使 95
死 100
思 123
仕 133
査 152
寫 153
私 237
射 238
謝 239
辭 247
師 255
舍 258

산
山 31
算 52
産 154
散 289

살
殺 238

삼
彡 11
三 27
參 122

상
上 70
相 132
尙 155
賞 156
商 164
象 183
狀 185
傷 215
常 239
想 264
床 275

색
色 57

생
生 26
省 114

서
西 30
書 77
序 153

석
夕 32
席 94
石 103

선
先 26
線 99
善 123
選 124
船 140
仙 174
鮮 174
宣 294

설
舌 56
雪 119
說 149
設 184

성
姓 45
成 80
省 114
性 168
城 244
誠 246
聲 249
盛 249
星 285
聖 304

세
世 54
歲 135
洗 150
稅 219
細 256
勢 292

소
小 29
少 42
所 61
消 119
素 223
笑 273
召 286
掃 293

속
束 110
速 110
俗 230
屬 243
續 281

손
孫 79
損 201

송
松 199
頌 211
送 211

쇠
夊 32

수
水 9
氵 9
殳 18
數 52
手 56
首 67
樹 105
囚 111
受 216
授 216
收 227
守 233
秀 266
修 298

숙
宿 173
叔 206
肅 233

순
順 153

순
純 228

술
術 74
戌 92

숭
崇 303

습
習 88

승
勝 107
升 191
昇 191
承 208

시
示 13
矢 18
尸 20
時 49
豕 60
市 66
始 72
是 78
施 184
詩 192
試 224
視 250

식
植 47
食 68
式 91
識 161
息 226

신
辰 53
身 89
申 96
神 96
信 102
新 107
臣 174
辛 244

실
室 34
失 96
實 125

심
心 12
深 262

십
十 29

씨
氏 36, 48

ㅇ

아
西 20
兒 134
我 212

악
惡 168

안
安 59
案 164
眼 253

암
暗 238

압
壓 195

앙
央 86
仰 278

애
愛 79

액
液 205
額 209

야
也 63
夜 75
野 101

약
弱 87
藥 105
約 131

양
羊 19
易 66
陽 75
洋 116
養 134
樣 254

어
語 44
魚 140
漁 140

억
億 135

언
言 44
彦 154

엄
厂 16
广 16
嚴 233

업
業 101

여
予 101
余 179
餘 179
與 193
如 282

역
易 229
域 283
逆 289

연
然 43
煙 205
緣 247
延 251
燃 261
研 263
演 277
鉛 287

열
熱 158

엽
葉 127

영
英 86
永 116
映 187
榮 268
迎 278
營 299

예
豫 183
藝 277

오
五 28
午 31
吳 290
誤 290

옥
玉 93
屋 166

온
溫 111

완
完 126

왈
曰 48

왕
王 35
尢 180
往 281

외
外 32

요
幺 12
要 136
曜 176
謠 230

욕
浴 171

용
用 95
勇 102
容 230

우
又 14
彐 14
羽 19
牛 25
禺 37
右 55
雨 59
友 173
尤 180
郵 188
遇 252
憂 266
優 266

운
運 93
云 172
雲 172

웅
雄 151

원
園 109
遠 116
元 126
原 130
願 130
院 134
源 187
員 189
圓 189
援 271
怨 297

월
月 8

위
韋 35
位 144
偉 151
委 189
衛 241
圍 256
威 292
慰 297
爲 299

유
酉 19
内 22
有 61
由 112
油 112
遊 206
乳 216
遺 293
儒 302

육
肉 43
育 43

율
聿 19

은
銀 112
隱 217
恩 239

을
乙 4
乚 4

음
音 74
飮 94
陰 289

읍
邑 68

응
應 271

의
衣 53, 106
醫 105
意 109
義 212
議 213
儀 214
依 280
疑 291

이
耳 15
二 27
以 149
移 214
易 229
異 248
而 302

익
弋 16
益 201

인
人 5
亻 5
𠆢 5
儿 5
又 17
因 130
忍 208
認 209
印 223
引 263
寅 277
仁 295

일
日 8
一 27

임
任 133

입
入 46

ㅈ

자
子 24
自 40
字 44
者 87
姿 186
資 187
姉 273

작
作 72
昨 72

잔
殘 208

잡
雜 285

장
爿 21
長 33
場 66
章 115
將 181
獎 181
壯 182
裝 182
狀 185
障 244
腸 245
帳 300
張 300

재
在 93
才 115
再 125
財 154
災 154
材 163

쟁
爭 128

저
貯 167
低 290
底 291

적
的 160
赤 175
績 199
適 236
敵 237
積 259
籍 269
賊 296

전
田 42
前 55
電 59
全 64
戰 100
典 139
專 149
傳 149
展 157
轉 214
錢 301

절
卩 10
切 143
節 165
絶 194
折 215

점
占 20
店 164
點 231

접
接 216

정
井 21
正 47
定 91
庭 109
情 158
亭 172
停 172
丁 182
政 198
程 203
靜 233
精 246
整 298

제
弟 26
題 78
第 99
除 180
制 220
製 220
祭 250
際 250
提 282
帝 291
齊 298
濟 299

조
爪 17
鳥 21
祖 50
朝 119
操 150
調 152
助 210
早 218
造 221
兆 245
組 276
條 301

족
足 46
族 81

존
尊 235
存 280

졸
卒 148

종
種 145
終 148
從 243
鐘 279
宗 302

좌
左 55
座 285

죄
罪 139

주
- 、 10
- 主 61
- 住 61
- 晝 75
- 注 109
- 舟 138
- 周 152
- 週 152
- 州 175
- 酒 234
- 走 264
- 朱 287

죽
- 竹 51

준
- 準 188

중
- 中 31
- 重 63, 142
- 衆 204

즉
- 則 129
- 卽 165

증
- 曾 194
- 增 195
- 證 270

지
- 至 34
- 止 47, 135
- 紙 48
- 地 63

- 知 161
- 支 162
- 指 210
- 智 229
- 持 281
- 志 284
- 誌 285

직
- 直 47
- 職 219
- 織 276

진
- 辰 53
- 眞 228
- 陣 237
- 盡 251
- 珍 267
- 進 303

질
- 質 145

집
- 集 108

ㅊ

차
- 車 36
- 且 50
- 次 186
- 差 290

착
- 走 17
- 辶 17
- 着 146

찬
- 贊 211
- 讚 211

찰
- 察 250

참
- 參 122

창
- 窓 82
- 唱 159
- 倉 221
- 創 221

채
- 採 283

책
- 冊 20
- 責 133

처
- 處 226

척
- 彳 11

천
- 川 11
- 天 45
- 千 52
- 泉 99, 187

철
- 中 11
- 鐵 175

첨
- 僉 222

청
- 靑 33
- 淸 118
- 聽 257
- 廳 258
- 請 286

체
- 體 89
- 切 143

초
- 草 37
- 初 146
- 招 286

촉
- 蜀 159

촌
- 寸 7
- 村 53

총
- 總 209
- 銃 215

최
- 最 146

추
- 秋 41
- 隹 108
- 酋 235
- 推 303

314

축
　祝　147
　縮　195
　築　222
　畜　259
　蓄　259

춘
　春　40

출
　出　46

충
　虫　87
　充　155
　忠　246

취
　就　181
　取　268
　趣　269

측
　測　183

층
　層　194

치
　致　127
　置　185
　治　198

칙
　則　129

친
　親　79

칠
　七　28

침
　針　197
　侵　232
　寢　275

칭
　稱　210

ㅋ

쾌
　快　236

ㅌ

타
　他　169
　打　176

탁
　卓　158

탄
　炭　167
　歎　226
　彈　257

탈
　脫　218

탐
　探　262

태
　太　75
　態　186
　兌　218

택
　宅　134
　擇　283

토
　土　9
　討　213
　兔　225

통
　通　102
　統　198
　痛　237

퇴
　退　219

투
　投　186
　鬪　284

특
　特　86

ㅍ

파
　巴　15
　破　201
　波　203
　派　234

판
　板　156
　判　192

팔
　八　28

패
　貝　76
　敗　175

편
　便　48
　扁　275
　篇　275

평
　平　59, 83
　評　192

폐
　閉　217

포
　勹　11
　包　256
　胞　256
　砲　257
　布　294

폭
　暴　200
　爆　200

표
　表　106
　票　188
　標　188

품
　品　144

풍
　風　88
　豊　89

315

피
皮 200
疲 202
避 245

필
必 136
筆 153

ㅎ

하
夏 40
下 70
河 161

학
學 25

한
韓 35
漢 58
寒 138
閑 179
限 292
恨 297

함
咸 92

합
合 51

항
巷 190
港 191
降 203
亢 288
抗 288

航 289

해
海 62
害 168
解 180
奚 260

핵
核 264

행
行 73
幸 80

향
向 88
鄕 242
香 295

허
許 131
虛 222

헌
憲 220

험
驗 224
險 224

혁
革 249

현
現 93
顯 246
玄 259
賢 304

혈
頁 40
穴 69
血 204

협
協 210

형
兄 26
形 90
刑 296

혜
亠 10
惠 239

호
戶 13
虎 104
號 104
湖 157
好 185
乎 227
呼 227
護 241

혹
或 282

혼
婚 147, 286
混 284

홍
紅 287

화
火 8
禾 41
話 56
化 58
花 58
和 83
畫 108
貨 231
華 268

확
確 270

환
患 143
丸 158
環 252
歡 278

활
活 57

황
黃 113
況 185

회
會 83
回 90
灰 167

효
孝 34
效 162

후
　後 55
　厚 294
　候 295

훈
　訓 73

훼
　卉 22

휘
　揮 300

휴
　休 62

흉
　凶 132

흑
　黑 156

흡
　吸 227

흥
　興 269

희
　喜 278
　希 294

8급~4급 한자선생님

초판 1쇄 발행 2020년 7월 29일

글 한재희 · 한수진
그림 김예본
편집 한수진
디자인 박현주
펴낸곳 커다란나무
출판등록 2015년 7월 21일 제 2015-000001호
전화 041.932.5679 / 010.5209.2121
전자우편 allbigtree@naver.com

ISBN 979-11-964759-5-6   13700

* 이 책은 저작권법에 의해 보호받는 저작물이므로
  무단 전재 및 무단 복제를 금지합니다.
* 이 책 내용의 전부 또는 일부를 이용하려면 반드시
  저작권자와 커다란나무의 서면 동의를 받아야 합니다.

이 도서의 국립중앙도서관 출판예정도서목록(CIP)은 서지정보유통지원시스템 홈페이지 (http://seoji.nl.go.kr)와 국가자료종합목록 구축시스템(http://kolis-net.nl.go.kr)에서 이용하실 수 있습니다. (CIP제어번호 : CIP2020030473)